杏 坛 学 术 论 丛

丛书主编 姜红

突发的繁荣与平日的寂寥

中日公益广告运行机制比较研究

邬盛根 著

中国传媒大学出版社
·北京·

序文 1：公益广告传播需要讲导向

国际广告协会全球副主席、中国广告协会会长　张国华

中国的公益广告事业如同许多新生事物一样，在经历了最初的稚嫩后逐步成长壮大。改革开放至今 40 多年，中国社会、经济、文化等各个领域都发生了巨大的发展变革与转型。在这个过程中，我国的公益广告创作和传播也获得了巨大变化和产生了积极影响，从宣传标语式、口号化、直白劝导式公益广告发展到今天更为丰富化、艺术化的公益广告创意，从政府责任推进、主流媒体积极传播推广发展到今天新媒体公益、微公益、社会化创意、人人参与的全民化公益。公益广告作为传播公益精神、培养社会公益意识的有力传播工具，是培育社会公共道德和人类命运共同体意识、加强思想意识宣传、强化媒体社会责任的必然选择，也是增进人们友好交流、社会和谐，满足人民日益增长的美好生活的必要路径。

广告需要讲导向。党的十九大报告中明确提出，坚定文化自信要弘扬中华民族的优秀文化。公益广告是弘扬优秀文化的重要载体，要坚持以习近平新时代中国特色社会主义思想和党的十九大精神为指导，将公益广告纳入新时代宣传总体部署中，围绕中心，服务大局，紧密配合党和国家重大战略部署、重大主题宣传和重大活动，积极宣传党的路线方针政策，普及科学知识，弘扬社会主义核心价值观，唱响主旋律，传播正能量。公益广告承载着维护社会公平正义、规范社会道德、树立正确价值观、推动公益事业发展的历史责任，特别是现代公益广告创作中加入优秀传统文化元素，对弘扬优秀的民族文化精华、践行社会主义核心价值观具有重要意义。

公益广告需要讲创意，更需要讲导向。创意不是评价公益广告价值的唯一标准，知行合一才是公益广告的最大价值。如何让公益广告入眼入脑入心，往高处走、往心里去、落实在行动中，如何让公益广告更富有生命

力，让中国特色社会主义新时代的政治文明和精神文明建设成果真正意义上生根、开花、繁荣。这不仅仅是关乎公益广告的创意创作和传播的问题，更是关乎公益广告可持续发展和机制建设的问题，如何提高公益事业项目的透明性，为公益事业赋能，提升更多人参与公益的积极性等，正是本书作者邬盛根希望回答的问题。公益问题是一个道德文明发展水平的问题，更是一个社会公众思想共识、公益机制促进的激励问题，我非常赞同作者邬盛根这个观点。公益事业发展需要全社会的舆论共识与行动参与，不是让少数人做许多公益事，而是让社会上的每一个人都有机会为公益做一点点事。本书作者邬盛根将主书名起为《突发的繁荣与平日的寂寥》，我认为这是对我国公益广告运行现状的一种描述，也是强调构建我国新时代公益广告运行机制的逻辑起点，经济繁荣必须有公益繁荣的跟进，这种公益繁荣是可持续的、常态化的、广泛传播的；而“平日的寂寥”就是警示我们，公益不是一种冲动，而是一份事业和理想，公益广告不仅是一种公益传播工具，更是一种公共传播资源。从资源角度看，就是必须让公益广告资源价值实现最大化、可持续，因此，必须有理性规范的公益机制和甘于寂寥、默默奉献的公益人的努力，必须有公益资源的边界意识和保护意识。另外，公益广告纯粹性与商业参与问题、公益广告事业中政府、企业、社会的多元责任与协同问题等在本书中也被一一呈现。本书是作者邬盛根在其国家社科基金一般项目结项成果的基础上重新编辑而成，又经历了将近三年的打磨，从中日两国公益广告运行机制比较视角，在公益文化渊源、公益传播资源管理以及公益广告主导者构想、机制建设实践等方面都做了很好的研究和创新探索。邬盛根教授一直专注公益广告研究和推进公益广告事业发展，我在此表示真挚感谢与积极肯定。同时，我也呼吁和期待全球范围内的公益广告合作与交流，鼓励更多有识之士为中国公益广告事业的创新发展，贡献智慧，凝聚力量。

张国华

于 2019 年 10 月 25 日，江西南昌，第 26 届中国国际广告节

序文 2：践行公益是广告人的崇高责任

北京大学新闻与传播学院副院长、教授，陈刚

践行公益是广告人的崇高责任，传播公益广告是广告业一定要承担的崇高责任，当然也是广告研究者的崇高责任。中国是公益广告资源投入最多的国家，如何利用这些资源产生更好的广告效果，避免公益资源的浪费，是我们亟待解决的重大问题。2020 年是我国各行各业面对疫情挑战、经历极不平凡的一年，其间公益广告所承担的功能和职责比过去任何时候都更加丰富。特别是在新媒体数字传播技术不断演进发展的环境中，数字化公益广告的传播，具有传播速度快、灵活多样、互动强等特点，同时它又贴近社会热点、贴近生活日常、贴近年轻人情感需求，其创新的表现形式增添感染力，吸引人们深度参与。数字化公益广告扩大了公益亮点，让其成为新闻话题，在人们的分享与转发中成为有影响力的内容，从而带动更多的公益传播，产生更多的公益行动。

当然，在全球格局巨变和我国社会转型背景下，仅仅讨论公益广告的技术层面问题是不够的，我们一定要明确公益广告的政治属性。我国对公益广告管理有非常明确的规定，2013 年中共中央办公厅印发的《关于培育和践行社会主义核心价值观的意见》就明确提出“运用公益广告传播社会主流价值、引领文明风尚”。可见公益不仅仅是做公益，而是在坚持政治性的同时，强化公益性，发挥专业性，实现三者的有机统一。这就需要人们对公益广告机制进行研究讨论，我想这也正是这本《突发的繁荣与平日的寂寥——中日公益广告运行机制比较研究》的研究价值所在。

公益广告不仅是一种公益传播工具，它更是一种公共传播资源。从资源观角度看，如何实现这种公益广告资源价值最大化、可持续地被利用，是时效性、前沿性的问题。公益广告的纯粹性与商业参与的多方博弈问题其实是一种公共资源管理问题，公益广告作为一种公共传播资源具有价值增值空间，能被多元化的公益广告运行主体所认同，现在重点在于构建一种公益广告运行机制。本书作者邬盛根创新性地提出采用奥斯特罗姆“多中心理论”下的“使用者协会”模式，以“社会企业”形式探讨构建我国公益广告运行机制，采取包括政府、媒体、企业等共同参与的有限合伙制方式，实现主导者层面自治管理以及市场化运作公益广告项目，这对我国突破公益广告运行瓶颈和机制困境有重要的理论价值与现实意义。公益广告运行的新机制需要通过实际运行管理去不断完善，同时也必须思考、分析数字传播技术对于提高公益广告传播效果和完善机制构建运行的可能贡献。

亚里士多德说过，凡是最多数人分享的事物往往是最少数人关照的事物。我非常赞赏和支持本书作者邬盛根长期关注公益广告领域并持续研究所付出的努力。作为一名研究者，应不考虑任何利益，唯以真诚示人。面对当今新时代技术巨变所带来的人性和利益的博弈，以及由此产生的复杂变化，政府、企业和个人都要付出更多努力，共创美好，才有美好。

是为序，亦共勉。

陈刚
于 2020 年 11 月 13 日，厦门，第 27 届中国国际广告节
广告学术委员会常务理事会议

序文3：公益广告是一种公共传播资源

武汉大学新闻与传播学院副院长、教授，《新闻与传播评论》主编　姚曦

从我国公益广告发展的几十年历程来看，相对于商业广告研究，公益广告在我国的学术研究是比较滞后的。无论是实践研究还是理论研究，我国公益广告的主题内容、传播方式以及运行机制都未被重视但非常有研究价值，特别是在当前全球化背景下，研究我国国情背景下和党政体制下的公益广告运行机制问题，不仅仅关系到我国社会转型时期公益事业的发展，更重要的是我们需要对标到公益传播全球化语境中我国公益传播话语权问题上。

关于公益广告运行机制研究，我国学者们有着太多的分歧与争议，主要体现在两个方面：一是公益与商业的关系问题。关于公益广告概念的讨论是充分的，分歧主要体现在公益广告纯粹性和商业参与的博弈关系，即“益公”“去商”和“人本”等问题。1714年，荷兰著名思想家伯纳德·曼德维尔提出一个所谓“恶花结善果”的悖论，在其著作《蜜蜂的寓言》一书中他这样说：使人变为社会性动物的，并不是人的追求合作、善良天性、怜悯及友善，相反，人的那些最卑劣最可恶的品质，恰恰是最不可或缺的造诣，使得人适合于最庞大、最幸福与繁荣的社会。亚当·斯密也认为，一个企业在追逐利润的同时，“看不见的手”的调节还带来相应的社会利益。这些都提示我们，“私益”和“公益”之间并不总是对立的，公益的产生和生产有其自身的逻辑规律，我们需要关注和培育这种追求“长期私利”的公益价值认同。二是公益广告运行机制的构建问题。目前，学者们研究的焦点集中在已有的西方公益广

告运行机制在我国公益实践中的适用性和如何实现制度创新的问题上。机制是文化的产物，公益广告运行机制的构建既有回应当下公益广告运行瓶颈问题的考量，也有关于国家、社会、经济、历史和文化等更多学科视角和研究理路的“公共性”问题的讨论，因此，需要从公共利益和公共精神培育、公共物品供给和公共传播资源利用等“公共性”问题研究入手，系统分析国家、社会和企业的公益广告运行价值以及公益广告事业的内在规律和公共性问题的发展对策。本书作者邬盛根对公益广告有着长期的学术关注和研究积累，关注国家与社会的关系、企业经济、广告文化产业实践等问题。他曾大胆提出我国公益广告运行的“主体观”和“资源观”，强调公益广告是一种公共传播资源，必须要有明确的公益价值主体边界和公共管理制度创新，强调公益广告运行的公共性选择问题关系到公益广告的价值实现。本书作者邬盛根在其博士毕业论文《中国公益广告的价值实现：公共性视角——基于社会结构系统的分析》中提出，在国家—社会—企业关系框架下重点研究公益广告的价值属性、公共性选择及公益广告运行的社会价值和经济价值具有实现意义。他的新作也是在其国家社科基金一般项目“中日公益广告运行机制比较研究”结项报告的基础上，经过课题组成员反复讨论修正而成，重点分析界定公益广告多元主体的利益冲突与互动关系，将公益广告运行传播置于我国政体国体背景下讨论，构建一种多中心、多层次、多元主体参与的公益广告运行机制。

我曾经送给邬盛根一本理查德·桑内特的《公共人的衰落》，桑内特在书中给我们展示了一个现代社会特有的公共生活现状，以大城市人们生活的方方面面为背景，揭示出人们紧张和焦虑的情绪，找到一种妥协的方法的同时，强调“积极的社会生活中心”的重要意义，指出了生活在私人领域中的人们应当积极参与公共活动，在社会中主动积极地追求自身的利益。在此，我同样地看到了邬盛根的这种焦虑、妥协和所追求的理想目标。相对于西方公益广告运行实践和理论研究，我国公益广告运行环境因素与实际变化有着更多不确定性和复杂性，奥斯特罗姆的“多中心理论”和“使用者协会”模式给予我们有限启示的焦虑是真实的，需要接受专家学者们的批评指正，更加需要结合我国丰富的公益广告实践加以检验。公共利益属于利益范畴，是涉及不特定的、最多数人的一种特殊利益，公益广告运行需要明确公益广告运行主导者机制和公共传播资源价值管理以及制度创新。不特定意味着最多数人的普惠，意味着公益广告资源价值的边界限制。从东西方已有的公益理论与实践来看公益广告事业的运行似乎都有着现成的答案，但公益广告事业的实际运行并没有我们想象的那么简单，这可能就是从事社会科学课题研究的魅力所在。

谢谢邬盛根的付出，期待着同道中人更多的研究，更新的实践。

姚曦

于 2020 年 11 月 13 日，厦门，第 27 届中国国际广告节

广告学术委员会常务理事会议

目 录

绪 论 公益广告研究的缘起

我在高校从事了近30年的广告学专业教学，在课堂上讲广告学课程，我一直偏向经济商科类的。2008年我参与教育部、国家留学基金委与日本电通株式会社的合作项目——中国高等教育广告学专业师资研修项目，并赴日本东京学习，有机会接触到AC日本，接触到公益广告的专题。2009年我又获得了国家社科基金一般项目立项，开始专注于“中日公益广告运行机制比较研究”课题调研，将关注点从市场竞争上的商业广告研究转向公共利益诉求、社会贡献以及公益广告运行机制比较研究上。2016年2月，习近平总书记在新闻舆论工作座谈会上首次提出，广告宣传也要讲导向。这让我们课题组成员深切地感受到进一步研究我国公益广告的意义和责任，感知到我国公益广告事业中远未被充分开发和利用的社会价值和经济价值。

2013年，以“中国梦”“24字社会主义核心价值观”为主题的系列公益广告在各大主流媒体发布，在我们生活的空间里处处都能感受到公益广告的宣传热潮，该系列广告产生了良好的公益宣传效果和社会影响。从1986年我国发布第一条电视公益广告至今已有30多年了，公益广告事业伴随着我国社会经济增长和公益事业发展而不断成长壮大，公益广告的年制作量、播出时长，呈现持续增长态势。根据国家新闻出版广电总局不完全数据统计，全国公益广告年制作条数从2014年的4万多条增加到了2015年的6.3万多条，到2016年已经突破“10万+”，达15万条。根据最新统计，2018年全国公益广告制作数量总计达27万多条，已站上“20万+”的台阶。从年播量来看公益广告也是连年递增，从 2014 年到 2018 年，我国公益广告年播量从 1 000 万分钟、1 600 万分钟、3 000 万分钟、3 836 万分钟到 4 759 万分钟，4 年间翻了两番。我们在课题调研中也发现，我国公益广告事业取得如此巨大成绩的同时，影响制约着我国公益广告事业发展的瓶颈仍然存在：媒体运动式的公益宣传、公益广告资金匮乏、公益广告创意品质低下、商业化的公益侵蚀、公益人才缺乏等，而更大的担忧则是所有这些问题交织在一起所产生的不良循环：政府公益广告投入有限，社会公益乏力，公益广告应该发挥的宣传作用没有得到完全发挥，公益广告本身作为一种公共传播资源的价值乃至社会公信力在无形中降低与流失。

公益广告，是一个舶来词汇，国外有关公益广告的研究起源于西方的公益思想，即回馈社会、反哺社会。20 世纪 40—50 年代，西方经济的高速发展和商业营销推广的泛化对社会造成的种种负面影响渐渐显现，引起了社会各界的不满和指责。企业界开始反思自身的行为，更具有公益责任和思想的企业公民及绿色营销、社会营销和公益营销等经营理念逐步被工商企业界广泛接受和传播，其中企业参与公益广告投放已成为企业承担社会责任的一种常见行为。20 世纪 40 年代初的美国产生了公益广告，其是为社会公众服务的非营利性广告，亦称公共服务广告。后来公益广告引入日本，被称为公共广告，《电通广告词典》将其定义为“企业或团体表示它对社会的功能和责任，表明自己过问和参与如何解决社会问题和环境问题，向消费者阐明这一意图的广告”①。它与美国意见广告相似，目的是在社会公众中塑造企业的公关形象。以日本为例，1971 年，在日本企业公害不断、社会风气不正、市场信心受损的状况下，日本公共广告机构作为民间团体正式成立，其会员包括广告主、媒体和广告公司，约

① 张明新，余阳明．我国公益广告初探[J]．当代传播，2004(1)：32 - 33.

有1 300家。公德、环保、沟通成为这个团体活动的三大主题，它支援企业、社会和政府的各类公益事业，提出并实践了CSR战略（Corporate Social Responsibility），即企业社会责任，这对日本社会的各个方面产生了深远影响，企业、劳动者、消费者、社区等社会各方的社会责任意识和公益意识普遍得到提高。在美国、日本等西方国家，公益广告起步早，且逐渐发展形成了一套较为完善的公益广告运行机制，同时伴随着日益增长的公益广告需求和发布，公益广告理论研究和实践总结也取得了长远发展。

从总体上来讲，我国的公益广告相对于商业广告而言起步较晚。笔者在中国知网上以关键词“公益广告”查询，发现从1980年至今，有关公益广告的论文信息有4 822条。我国有关公益广告的研究焦点主要在公益广告本体研究、功能和价值研究、问题研究和运行机制研究等方面，对于我国公益广告存在问题的研究是充分的，且大多数学者观点一致，分歧主要集中在对概念中“去商”和“公与私关系”等的认知上，而学者们对公益广告的功能价值和运行机制缺乏系统深入的研究。早在1714年，荷兰著名思想家伯纳德·曼德维尔提出过一个著名的“曼德维尔悖论”，在其著作《蜜蜂的寓言》一书中他曾这样说：使人变为社会性动物的，并不是人的追求合作、善良天性、怜悯及友善，相反，人的那些最卑劣最可恶的品质，恰恰是最不可或缺的造诣，使得人适合于最庞大、最幸福与繁荣的社会。亚当·斯密也认为，一个企业在追逐利益的同时，“看不见的手”的调节还带来相应的社会利益，他还认为这种社会利益目标并不是企业所追求的。简单地说，公益与私利并不只有对立的逻辑，公益机制的设计基础就在于“长期的自利”的价值认知与理念倡导。

本书主书名叫《突发的繁荣与平日的寂寥》，既是对我国公益广告运行现存问题的一种描述，又是时刻提醒我们这是构建我国公益广告运行机制的逻辑起点，繁荣有繁荣的必要，寂寥有寂寥的必然。公益广告不仅是一种公益传播工具，更是一种公共传播资源。在我国公益广告供给中，政府、媒体承担着主要的责任，投入了大量资源，可依然存在着供给缺口，尤其是资金瓶颈制约着我国公益广告的高品质、成规模以及良性健康发展。从资源观角度来看，笔者认为，要实现这种公益广告资源价值最大化且可被持续地利用，公益广告纯粹性与商业参与的多方博弈问题是关键。这其实是一种公共资源管理问题，公益广告作为一种公共传播资源的价值增值空间与运行规则要想被更多的公益广告运行主体所认同，重点在于构建一种适合我国国情体制的公益广告运行机制，使政府、企业、社会等各方从公益广告事业发展中获益，这是本书研究的意义所在。我们需要通过这种公益传播资源的运行管理实践，去构建并完善我国公益广告运行机制，提高我国公益广告的社会价值贡献与经济价值贡献。

第一章　公益与广告

——公益广告纯粹性的提问

是“公益”还是“广告”？之所以如此提问，是基于我们对我国公益广告的发展现状和商业化倾向问题的考察。今天的广告充斥着我们社会经济生活的各个角落，特别是1978年改革开放后我国广告业又经历了近40年的发展，广告的经济属性、商业价值已经深入人心，可人们对于公益广告的认知还停留在媒体投放的宣传主流价值观、意识形态、资源环境保护和公共社会道德的公益广告上，或是企业、公益组织投放的公益广告层面上，在实际操作层面上，人们一般也不太会去深究公益广告与商业广告有何本质区别。公益广告需不需要加以明确界定和规范？何为公益广告的纯粹性问题？如何看待商业力量参与到公益广告之中？这些问题因为公益广告主体的多样性和管理的模糊性，鲜有人深入追问。《辞源》中“公益”的定义为“公共之利益。相对于一个人之私利、私益而言”。也有学者认为，公益即公共利益（public interests, public welfare），是指不确定的、多数人利益和自下而上的公共性。公益是政府、公民在共同的、共识的领域和场景中关注公共事务，为增进共同利益，推进社会公正、公平发展而采取的集体性协调行动。[①] 人们对公益概念的理解不同，对公益广告自然也会有不同的解读，会产生对公益广告的纯粹性和商业化倾向的不同意见。

---

① 彭小兵．公益慈善事业管理[M]．南京：南京大学出版社，2012：32－33．

一、公益广告概念的理解与相关争议

最早定义公益广告概念的是美国(在20世纪40年代初提出公益广告概念),其公益广告的定义为“为社会公众制作发布的、不以营利为目的、某种观念的传达,呼吁关注社会性问题,以合乎社会公益的准则去规范自己的行为,支持或倡导某种社会事业和社会风尚”①。这一概念体现了公益广告服务社会公众的公益性和非营利性的根本属性。

综合论文文献资料分析,学者们对于公益广告概念的研究大致可分为以下几种类型。②

第一类是从公益广告的发布主体角度界定的,分歧突出表现在公益广告发布主体是否为纯粹公益目的和非营利性。国内多位学者也曾借鉴美国广告协会对公益广告的定义,从广告发布者的发布目的出发,认为“公益广告分为公共广告和意见广告两类。公共广告主要针对发布主体所关心的社会问题而发布各类广告。而意见广告则是表述发布企业对社会现象的见解和态度,它能够侧面展示企业的公益形象,突出企业的独特个性”③。在日本,公益广告被称为公共广告,社会各界对公共广告有着一致的认识,认为它是“企业或团体通过广告的形式表明自己过问和参与如何解决社会问题和环境问题,通过这种形式展示企业社会责任,并向消费者阐明这一意图的广告”④。姚曦、邬盛根则强调了公益广告的纯粹性,“公益即公共的利益,与之相对的是私人利益,所有的公益事物都不言而喻地排斥私利的搭便车行为,更不能被部分私人所占取和利用”。因此,

---

① 王多明.中国广告词典[M].成都:四川大学出版社,1996.

② 邬盛根.公益广告的价值实现:公共性视角——基于社会结构系统的分析[D].武汉:武汉大学,2014.

③ 潘泽宏.公益广告导论[M].北京:中国广播电视出版社,2001(6).

④ 黄升民,杜国清.公益广告:企业理念的重构与表现[J].国际广告,1997(5):4.

公益广告纯粹性的本质应该是“纯粹的公益性”，即绝对公益性。[①] 胡悦在《广播公益广告三要素》一文中明确了公益广告的组织单位，特别提到了公益广告是为谋求社会公共利益的，最大特点就是不以营利为目的。[②]

学者们对公益广告定义的研究都非常明显地突出了发布主体对公益广告内容、公益性动机的影响并对此展开讨论。从公益广告实践来看，公益广告发布的主体非常广泛，包括政府、媒体、社会组织、企业和个人等。王首程认为参与公益广告传播的各类主体，应该遵守一个规则，即“既不直接从中谋求部门的、产品或服务的市场收益，也不对间接的市场利益怀有期待”[③]。有学者介绍了有关日本公益广告纯粹性的情况。日本公益广告作品里没有企业冠名和其他商业信息，只是在结尾冠以“日本公共广告机构”的名称，以此提升日本公益广告的公信力和公共广告机构的影响力。日本企业虽然出资制作了公益广告，但是它们在公益广告的投放中得不到任何回报。[④] 也有学者认为企业参与公益广告会对公益广告的独立性产生破坏，他们认为必须保证公益广告生产过程和广告内容确定不受企业干预。[⑤] 也有学者对主张公益广告纯粹性的观点提出了批评，认为这种研究角度不仅不利于调动企业投身公益广告事业的积极性，还给企业投身公益广告事业设置了障碍。[⑥] 而张敏则断言，公益广告纯粹性的要求是不切实际的，是一种绝对化的认识，必然导致公益广告的萧条。[⑦] 而赵民认为，企业参与公益广告活动，带有商业性企图是正常的，但是不应该以商业信息冲击公益广告内容，企业的商业利益可以通过某

---

① 邬盛根，姚曦．我国公益广告的纯粹性研究［J］．中国地质大学学报（社会科学版），2011(6)．

② 胡悦．广播公益广告三要素［J］．记者摇篮，2008(5)．

③ 王首程．建立促进公益广告持续发展的长效机制［J］．中国广告，2009(1)：105．

④ 王勇．日本——会员制让公益广告耐力持久［J］．中国广告，2008(2)：36．

⑤ 贺娅琳．中国大陆公益广告研究综述 1994—2004［D］．厦门：厦门大学，2006．

⑥ 庄新红．公益广告机制缺失下的我国公益广告发展现状探析［D］．兰州：兰州大学，2008．

⑦ 张敏．为公益广告提供法制平台——关于公益广告发展繁荣的想法和建议［J］．广告大观，2007(5)：29．

种手段在公益广告内容之外获得。①

第二类是从广告内容和特点角度界定公益广告的，突出公益广告的社会性、公益性，认为公益广告是义务性的宣传、鼓动和教育。倪宁在《公益广告及其传播》中，在对公益广告的界定中突出了公益广告内容的特殊性，认为公益广告内容应该是“当前人们最为关心的，与社会公益密切相联系的”内容。有学者指出，公益广告是“以倡导和维护公共生活秩序和公共道德”为主的广告；②是以“宣传文明观念、科学思想和新的生活方式”为主的广告。③ 在这些定义中学者们都列举了公益广告内容及其主要作用，突出了公益广告的社会性、公共性。

第三类是从功能价值角度界定公益广告的，大多是相较于商业广告突出公益广告在经济建设、社会发展、道德风尚、精神文明建设等方面的公益观念宣传作用。如叶英英在《公益广告的创意与表现》一文中提出，公益广告是“可以影响公众的行为，或推动一种事业的发展”的广告形式。④ 潘泽宏在《公益广告导论》一书中也指出，公益广告是以“进行善意的规劝和引导”“规范人们的社会行为”“实现人与自然和谐永续发展”为目的的广告宣传。⑤

我们从公益广告最基本的概念出发，没有发现什么太多异议或是难以理解的公益广告内涵。2016 年，由国家工商行政管理总局、国家互联网信息办公室、工业和信息化部、住房城乡建设部、交通运输部、国家新闻出版广电总局共同发布的，自 2016 年 3 月 1 日起施行的《公益广告促进和管理暂行办法》（以下简称《办法》）第二条规定，本《办法》所称公益广告，是指传播社会主义核心价值观，倡导良好道德风尚，促进公民素质和

---

① 赵民，李东．公益广告的现状及其发展的几点建议[J]．新闻大学，1997(2)：88.
② 姜灵钟．参与公益广告，提升公司形象[J]．现代广告，2000(8)：49.
③ 潘泽宏．广告的道德解读[J]．湖南商学院学报，2004(1)：13－16.
④ 叶英英．公益广告的创意与表现[J]．辽宁大学学报，1999，12 (4).
⑤ 潘泽宏．公益广告导论[M]．北京：中国广播电视出版社，2001.

社会文明程度提高，维护国家和社会公共利益的非营利性广告。政务信息、服务信息等各类公共信息以及专题宣传片等不属于本《办法》所称的公益广告。该《办法》第七条规定，企业出资设计、制作、发布或者冠名的公益广告，在符合一定条件下可以标注企业名称和商标标识。该《办法》同时规定了我国公益广告的非营利性的具体要求。值得注意的是，公益广告在日本《电通广告词典》中被定义为“企业团体表示它对社会的功能和责任，表明自己过问和参与如何解决社会问题和环境问题，向消费者阐明这一意图的广告”[①]。它与美国意见广告的概念相似，突出了企业团体在公益广告中的主体作用，目的是在社会公众中塑造企业自己的公关形象。在我国，意见广告与意见广告类型的企业公益广告、企业署名公益广告是并存的，2014 年到 2017 年，意见广告开始出现更多的案例。以华为的“向李小文学习”（2014 年）、“芭蕾脚”（2015 年）、厚积薄发系列广告（2016 年），SK-II 支持独立女性的广告（2015 年）最为典型。这些意见广告的共同之处在于：（1）企业根据自身与社会公众交流的需要，自发创意、制作、发布意见广告。华为的需求是改善和塑造企业形象，SK-II 通过系列广告对女性问题发声以获得女性目标消费群体对企业和产品的支持。（2）针对某一社会问题表态。[②]

无论是从公益广告定义中的一些关联词，如“企业”“企业团体”“企业形象”“企业沟通”等来判断，还是从大众媒体上发布过的一些公益广告中寻找，我们都不难发现公益广告不可避免地附加了商业色彩，存在不纯粹的公益实践，似乎商业性因素是伴随着公益广告而出现的。无论是从西方的公益广告发展历程来看，还是从我国公益广告运行现实角度来看，政府、媒体、企业、非营利组织都可以是公益广告传播的主要发起者。政府

---

① 张明新，余阳明．我国公益广告初探[J]．当代传播，2004(1)：32－33.

② 冯少杰．意见广告的概念界定及发展现状[J]，广告大观(理论版)，2017(6).

通过公益广告进行政治宣传、道德建设、价值观构建等；媒体通过公益广告宣传主流价值观和公共精神，从而体现出大众媒体的社会责任；企业通过公益广告塑造企业形象，体现企业社会责任，提升企业美誉度；而非营利组织在我国公益广告传播方面的表现虽不突出但也发挥着非常重要的补充作用，特别是近几年国际性非营利组织在我国公益传播领域非常活跃。从我国公益广告内容来看，公益广告主要涉及安全、健康、环保、教育、亲情、文明道德、企业形象以及其他专题，如奥运会、自然灾害援助等多个方面。可以看出，我国公益广告实践不只关注社会性问题、宣扬社会公共精神、引导人们的价值取向，还注重政治宣传、企业公关形象塑造等。在我国，企业继政府之后成为我国公益广告运行的又一个主体。可是企业商业动机与公益广告的公益性、非营利性相冲突，这也直接导致了我国公益广告实践中公益价值的纯粹性和公信力被侵蚀、被损害。公益广告中企业的商业化参与使公益广告价值没有得到充分展现，归根到底是因为我国没有构建一种保障公益纯粹性与商业参与相互融合健康发展的公益广告运行机制。

我国大多数专家学者在公益广告问题层面的理论研究和探讨回应了实践的需要，其中争议最大的话题集中在公益广告运行机制问题上。有学者赞成照搬西方已经成熟的协会模式，有学者认为社会营销符合双赢的利益，公益广告可以采取市场化运作，也有学者提出与非营利性机构合作的方式运营公益广告。对此学界也存在较大的分歧：陈辉兴①和李振寰②都曾做过归纳；蔡静提出应该将承办主体由政府改为企业；程士安、陈文轩认为应以广告界为主体，关键是广告刊播媒体单位；童言认为企业、广告公司、媒介都有利益趋向，存在商业行为，不可能成为公益广告事

① 陈辉兴．中国公益广告研究述评：1991—2006[J]．广告大观(理论版)，2007(12)．

② 李振寰．新世纪以来我国公益广告传播者思考[J]．广告大观(理论版)，2010(2)．

业的运行主体，应当借鉴美国和日本的经验，建立公益广告机构，使其成为公益广告运行的主导者；王延雄则坚持仍以公权部门为主导力量，并作为公益广告资金投入的主体。上海大学张敏[①]在公益广告的运作模式研究中多次强调公益广告的繁荣得益于第三组织的建立，建议“由中宣部或者中央文明办出面，会同国家工商总局共同设立专门组织——中国公益广告基金会，负责沟通和协调党政机关各部门、社会组织、广告代理机构、媒体、企业各界的关系，建立筹集审核计划、吸引管理资金、制定落实规范、保障公益均衡、推进相关活动、组织赛事测评、鼓励学术研究的长效机制，充分发挥公益广告在市场体制中的公共宣传职能”[②]。而黄升民否认了众多学者热衷的、建立公益广告专门管理协会的方式，他认为“中国的现状是因为企业的经济还不发达，价值理念还不宏大，以及由个体构成的社会价值意识还处于较低水平，所以共同成立协会，并通过合力来运作还尚有距离”。“公益广告最终目的不外乎是促进社会进步，而不该去计较是否有商业意图”，但同时黄升民也强调“为了和世界接轨，公益广告是明确的非营利性的”，“我们需要新的概念来界定和推荐我国的公益广告活动”[③]。郑文华指出“公益广告的运营实行广告代理制”[④]。朱桂莲等认为，资金缺乏是主要原因，所以中国公益广告应该建立市场化的运行机制。[⑤] 但“在消费主义的影响下，电视媒体自身的商业化运营模式挤压了公益广告的生存空间”，“电视商业广告目前正在扮演着电视广告霸主的角色，形成一种霸权的消费广告文化，这些广告一方面主导了电视荧屏，另一方面促使电视公益广告的

---

① 张敏．公益广告繁荣机制论——广告业发展与和谐社会建设研究[J]．广告大观（理论版），2009(1)．

② 引自《2008年度上海市社会科学界第六届学术年会文集（政治·法律·社会科学卷）》中张敏的《公益广告的困境与出路》一文。

③ 黄升民．“中国公益广告”问题之辨析[J]．广告大观（综合版），2007(5)．

④ 郑文华．公益广告运行机制[J]．当代传播，2003(1)．

⑤ 朱桂莲，周佳．论公益广告的公民道德教育功能[J]．合肥工业大学学报，2009(6)．

自身价值发生改变，运作变得越来越趋向商业化”。① 在维持公益广告社会化运作方面，陈徐彬提出，“公益广告必须严格执行去商业化操作，而现在的公益广告中随处可见企业标识”，“商业化浓重的公益广告不仅损害了公益形象，也容易滋生制度黑洞”。② 陈红认为，“非营利性社会组织能够推动专项公益广告的发展”。非营利性社会组织设置了许多相关领域的公益项目，对我国公益事业的发展做出了巨大贡献。③ 董文琪主张非营利性组织可以同其他机构展开合作营销，“通过与政府、企业及其他公益组织的合作，能够达到优势互补、资源共享，最终营销绩效提高的目的”④。各个学者研究的角度不同、观点不同、分歧鲜明，但笔者发现，这些对于公益广告及其运行机制的观点交锋的基本焦点就是公益广告是否要坚持纯粹性。

笔者认为，如果对公益广告纯粹性本质存在认知偏差的话，那么我国公益广告的商业性参与和坚持公益纯粹性的冲突将会成为目前我国公益广告进一步发展的认知障碍。公益广告的商业化一方面背离了公益广告的公益属性，另一方面也使公益传播资源遭到商业性的侵占，威胁着公益广告的公信力和传播效果。当然，我们也必须承认，公益广告的商业性参与也有其现实的合理性。同样，笔者在此剖析公益广告纯粹性被侵蚀损害的深层原因，提出公益广告纯粹性的价值，指出现阶段我国纯粹公益广告的运行维护路径和方式，目的是构建一种适合我国国情的公益广告运行机制，以促进我国公益广告事业的可持续发展。这种争辩的意义就在于看清公益广告发展的过渡性问题和方向性问题，注意到我国公益广告从现实到理想的发展阶段路径选择问题。

---

① 吕鹏．消费社会背景下中国电视公益广告的生存和发展[D]．成都：四川大学，2006.

② 陈徐彬．中国没有“公益广告”[J]．广告大观（综合版），2007(5).

③ 陈红．论公益广告的有效传播[J]．新闻界，2009(4).

④ 董文琪．非营利组织的合作营销研究[M]．长沙：中南大学出版社，2007.

二、我国公益广告运行中的瓶颈问题与发展困境

我国的公益广告兴起于改革开放后现代广告全面发展时期，1986年，贵阳电视台《节约用水》公益广告片推出，收到了社会极好的反响，这是我国第一则电视公益广告片。1987年，我国第一个电视公益广告栏目——《广而告之》诞生，央视率先确立了大众媒体在我国公益广告传播中的核心地位。

我国公益广告事业由于政治、社会、历史等因素影响，从产生之初就是政府主导的，由媒体、企业参与的公益广告活动。1996年，国家工商管理总局组织了“中华好风尚”公益广告月活动，随后连续三年发文，号召工商企业界积极开展公益广告月活动和做好公益广告宣传。在1996—2008年间，国家工商管理总局、中央精神文明办等部委曾多次联合或单独开展主题公益广告月活动。一直以来，我国公益广告宣传在政府的积极推动下取得了非常好的宣传效果和社会影响，然而公益广告传播始终围绕着政府政策、社会道德、公共伦理等展开，缺少公益广告自身发展所需要的、系统化的组织和规划，也缺少社会第三方组织力量介入公益广告传播。因此，公益广告在发展过程中也产生了诸多问题，比如公益广告资金短缺，公益广告作品质量差、运动式集中发布、缺乏社会公众参与等。

（一）“公益”与“效率”——公益投入的责任与不足

我国的公益广告兴起于改革开放、现代广告全面解禁以后，政府利用大众媒体传播以社会文明、公共道德为主题的公益广告。以央视等为龙头的主流媒体机构成为创作传播各类公益主题广告的主力军，无论是公益广告作品创作数量，还是发布规模及传播影响力，在我国公益广告传播

史上都留下了浓墨重彩的一笔，特别在2008年汶川地震之后，各种带有众志成城、赈灾救灾、重建家园、共创美好等宣传语的公益广告频繁推出，引起了全国人民的关注，这一时期我国电视公益广告的发布传播更是创下了历史新高。

政府在公益广告传播中的投入和占位，从长远发展意义上讲，为促进我国公益广告事业的发展打下了坚实的社会基础。十八届三中全会决议进一步明确了打造法治政府和服务型政府，我国政府职能转变是必然的，政府支持和鼓励更多社会力量参与公益广告事业也是必然的。

1. 公益广告运行中政府投入的“日常”与“非常”

如前文所述，我国的公益广告从公益广告创意制作到发布整个环节，大多数是由政府发起组织和推广传播的，公益广告主题是由政府统一规划和制定的。2001年，党中央颁布《公民道德建设实施纲要》，对社会主义市场经济条件下公民道德建设提供了重要指导，有力促进了社会主义精神文明建设。中国特色社会主义和中国梦深入人心，人们践行社会主义核心价值观、传承中华优秀传统文化的自觉性不断提升，我国全面推进社会公德、职业道德、家庭美德、个人品德建设，持续强化教育引导、实践养成、制度保障，不断提升公民道德素质，促进人的全面发展，使社会呈现出积极向上的和谐态势。从20世纪90年代开始，政府发起的公益广告传播有相当一部分都是围绕救灾救助、捐款捐物等公益主题，这类公益广告由于发布及时、次数多、集中度高而有着较高的社会关注度，在各种自然灾害和公共危机事件中也起到了良好的作用，受到各级政府、媒体和社会公众的一致好评，传播效果大大超过平时的公益广告。“救急”的公益广告宣传效果好过平日常见的“宣传类”公益广告，因此这就产生一种错觉，好像公益广告传播就是一种“非常”传播行为，久而久之，就产生了我国公益广告的运行状态——“突发的繁荣与平日的寂寥”。

2. 公益广告运行资金困境与社会公益的驱动力不足

公益广告实现的是公共利益的表达、公共精神的价值传播，我国公益广告在发展过程中一直存在的最主要问题便是资金匮乏。公益广告事业是非营利性的、公益性的，政府在公益广告事业的投入是有限的，更是没有回报的，但是政府的职责和义务又要求政府必须坚持公益广告事业的投入，因此，资金的缺乏促使政府需要引入社会力量，这样能解决我国公益广告运行存在的资金困境，同时这一举措也是公益广告实现长期可持续发展的必然选项。政府必须鼓励社会更多力量来参与公益广告创作和传播，以便公益广告事业实现可持续发展。但是社会力量与企业参与公益广告都有着自身的利益诉求，政府鼓励社会力量、企业参与公益广告的动力在哪里？社会力量、企业参与公益广告的自身利益诉求又如何表达？政府因此处于坚持公益广告纯粹性和推动商业化参与的两难境地。

3. 政府职能转变与公益广告创造性劳动的投入不足

公益广告运行问题归根到底是创造性劳动的投入、运行、管理问题，有限的公益广告资本和知本投入导致公益广告运行质量提升乏力，大量的创意一般、制作不精、发布随意的公益广告作品出现在我们眼前。近些年来，我国政府采取政府购买、服务外包等形式，在公益广告上加大投入，媒体上出现了一大批创作精良、感动人心的优秀公益广告作品，比如央视在每年春节期间推出“回家”“中国字”“筷子篇”等一系列春节团圆主题的公益广告，在人们心中产生了非常强烈的情感冲击，增强了公益广告本身的公信力和受众对公益的认同，而这又增加了政府、媒体和企业公益投入的信心，也激发了公益广告运行的动力。因此，公益广告创造性劳动投入不足就无法实现公益广告良性运行。

(二)"双赢"与"投机"——企业参与公益的得失

纵观我国公益广告事业发展历程,我们不难发现我国政府、企业和公众对公益广告的重视程度在不断加强。越来越多的企业开始意识到,如果借助公益广告,将公益广告所传达的社会责任、公共精神与企业的文化和理念相结合,对企业会起到很好的宣传效果,更容易被广大受众所接受,同时企业参与公益,也为公益广告的运作注入了更丰富的资金和资源,为公益广告的运作增添了活力。1994 年,中央电视台《广而告之》栏目就开始接受企业冠名,标志着我国公益广告商业化的开始,在此之后,企业参与公益广告在我国越来越普遍,我国商业化的企业公益广告更是越来越多。

公益广告事业因企业资金支持而得以提升创意水准,也促成媒体上公益广告广泛传播。而公益广告能够为企业塑造良好的形象,有助于企业提高市场份额,获得社会效益和经济效益双重回报,这本来就是一种双赢格局。我们常见的这种公益广告叫企业公益广告,企业通过公益广告传达企业理念,与潜在消费者实现良好沟通,潜移默化地给消费者留下良好印象,因此,从企业角度来讲,企业公益广告弥补了企业原先只有商业广告的不足,企业公益广告不同于商业广告,其诉求能够直达消费者内心,获得消费者的好感与认同,而企业公益广告运行之所以在现阶段能够被广大社会公众及消费者认同并一直存在,原因主要有三点:其一,最根本的原因便是我国缺乏一个有效、系统的公益广告运行机制,我国公益广告发展存在资金缺乏的问题,确实需要企业的资金支持,保证公益广告事业健康成长和持续运行。其二,我国对公益广告中的商业化参与并没有给予必要的关注和规范,企业参与公益广告事业动机各异,没有一个外在评判标准;其三,当下我国企业的社会责任感和公益意识在不断增强,参与公益广告创作发布成为其参与市场竞争的一个有力武器。

正如前文所述,企业参与公益广告其实是促进公益广告发展的有效之举，大多数学者的观点都表达了这个共识，但由于我国没有一个合适的公益广告运行机制，因此，企业参与公益广告是无规则的，企业参与公益广告毕竟有着其自身的商业动机和利益诉求，往往会出现一些“搭便车”现象和“公地悲剧”问题，公益广告的商业化问题也同样会侵蚀公益广告的纯粹性，消解受众的公益认知和公益广告公信力。公益广告的过度商业化是指“公益广告作品中含有过多的商业性信息，有时甚至商业信息多于公益信息。这是一种有意混淆公益广告与商业广告界限的行为，目的是宣传企业信息，‘借公益广告为企业谋利’”。在我国公益广告实践中最为突出的问题就是公益广告的商业化现象泛滥。可见，企业参与公益广告更看重的是“广告”的部分，而不是“公益”。这种商业化与公益广告的本质属性是相违背的，利用公益广告的宣传形式“投机”公益广告，或是利用公益广告来塑造企业形象，企业的行为本身无可非议，毕竟企业一切活动都是受利益驱动的，以经济利益为最终目的，可对于公益广告本身发展来说，从短期来看，公益广告的商业化解决了公益广告发展的资金短缺和动力缺失问题，但从长期来讲，公益广告商业化使公益广告逐渐丧失自身的公益纯粹性，公益广告本身的公信力和社会声誉会因此面临巨大挑战。这种挑战之一是社会公众、消费者对公益广告“公益性”的质疑，挑战之二是企业也会因为公益广告的公信力下降而失去投入公益广告的信心，最终依然影响公益广告运行效率问题。

（三）“私益”与“公益”——转型社会的利益博弈

“私益”与“公益”，本质上都是一种利益，与一定的利益主体相关。从西方发达国家经济社会发展经历来看，人的行为方式正在朝着更加个人主义和以自我为中心的方向发展，[1]人们在社会经济生活中的安全感缺

① 霍普．个人主义时代之共同体重建[M]．杭州：浙江大学出版社，2010.

失，企业责任事故、食品安全危机、社会诚信、民众冷漠、群体暴力等事件频发，不断涌现的社会公共问题冲击着社会利益的分配与再分配机制，社会如同进入了吉登斯所说的“旧的公共秩序已经崩溃，个体越来越倾向于自恋性的、享乐主义的自我追求”的时代。英国学者保罗·霍普在《个人主义时代的共同体重建》一书中阐述了西方社会的人们正朝着个人主义时代迈进，并从“后福特主义”、反传统性和全球化三个维度进行了说明。“后福特主义”时代推动了以自我为中心的行为方式的发展，人们更加重视个性化的生活和消费，导致规模消费向个性化消费转变，同时规模生产也向定制化生产转移。而当前先进的通信技术和互联网技术的发展更是加速了这种个人主义的发展，趣缘化、分层化和圈层化等使人们越来越少地参与统一的集体行动，这导致人们缺乏公共意识。反传统性则表现出现代性的内容不断冲击和削弱传统的价值观念和行为。全球化使国家进入全球市场，国与国之间越来越开放，从现实推进状态来说，全球化是一种西方发达国家的现代化文明和文化向发展中国家转移的过程，基于 WTO 框架下的全球化过程是政府的作用不断削弱的过程。现代化社会发展的错综复杂和不可预见性使个人的竞争压力日益增加，出现了个人之间联系弱化、个人与公共世界疏离以及由此而衍生出来的个人与国家距离变远、道德规范失灵、社会道德水准下降等一些基本连接被破坏的“社会原子化”现象。[①] 然而英国学者保罗·霍普在考察英美等西方国家社会之后，提出了通过建设公共精神文化来实现共同体重建的概念，指出仅仅依靠政府或市场力量来解决不断涌现的社会公共问题的思路是狭隘的，必须寻求社会“第三力量”[②]，呼吁社会需要一种超越政府和市场的公共精神，来培

---

① 田毅鹏．社会原子化与转型期中国城市社会管理之痛[J]．信访与社会矛盾问题研究，2013(3)．

② 非营利组织称为第三部门(the third sector)，亦称第三力量，与政府部门(第一部门)和企业界的经济部门(第二部门)，形成三种影响社会的主要力量。

育和引导人们的“公共性”价值观念，并提出了维护与繁荣地方共同体及其共同体生活的建设性方案。可见“私益”与“公益”就是一枚硬币的两面，在社会生活中总是以各种利益对立而又伴生的方式呈现在我们面前。

显然，中国社会正经历着一次继续深化改革的社会转型，社会经济发展的轮廓和人们生活工作的状态都发生了巨大变化。随着改革开放和市场经济的不断深入发展，整个社会经济竞争压力日益增长，社会的不安定因素也在不断增加，原有的单位集体观念趋于淡化，个人主义倾向日趋加重。中国社会这种“个人化”有着不同于西方国家的“中国语境”，刘小峰把它描述成“一种‘不完整’的个体化之路。一方面，改革开放后单位制的弱化以及‘去集体化’生活削弱了旧有的总体性社会机械控制方式，确实给个体公民带来了更多的流动、选择、自由和价值多元化以及创造个人生活的热情，但国家没有给予相应的制度保障与支持。另一方面，国家从以前的社会主义福利体系中抽身而出，用许多方式摆脱提供公共产品的责任，以达到减轻财政负担的目的，如20世纪90年代以来国家推行的住房改革、医疗改革和教育改革”①。个人主义倾向也意味着个体必须在身份建构和心理发展层面，面对个体的独立与以往传统的单位集体约束之间的张力寻求一种妥协和支持路径，而个体回到家庭和私人关系网络中——这些他们“脱嵌”开始的地方寻求支持。“反传统化”“脱嵌”“再入嵌”，所有这些西方个体化特征也同样发生在中国社会转型过程中的本土语境里。不同于西方社会的是，中国家庭仍然是个体自我身份认同的基础和获取社会资源的重要途径，从这个角度上看，个体的组织观念淡化和个人主义倾向进一步加深了。与此同时，在我国社会转型时期，公民主体意识的觉醒、经济发展和生活质量的提高使得公民自我利益表达意

① 刘小峰．个体化时代与中国生活体验——读保罗·霍普《个人主义时代之共同体重建》[J]．学术界，2015(4)：239－245．

识越来越强，公民不仅仅满足于私利的追逐，还深刻意识到“私益”与“公益”的相关性，开始关注社会公平、公共秩序、生态环境、食品安全等公共问题、公共事件，逐渐形成一种主动参与、能动性强的公民意识和个人生活方式。可见，转型时期的中国社会一样需要保罗·霍普所表述的公共精神文化，以引导人们重构共同体价值观念，同时必须要加强纯粹公益广告传播来培育这种社会生活领域的“公共性”。

2006 年 8 月，中央文明办等四部门（中央文明办、国家工商总局、国家广电总局和新闻出版总署）发布《关于建立“全国思想道德公益广告作品库”的通知》，中国广告协会受托负责建立、管理、使用、维护全国思想道德公益广告作品库。2013 年 2 月，中宣部、中央文明办、中央外宣办等七部门联合发文要求依托《人民日报》、中央人民广播电台、中央电视台、中国网络电视台、中国移动等 5 家单位设立 5 家“讲文明，树新风”公益广告制作中心，分别牵头设计制作平面类、广播类、影视类、网络类、手机类公益广告，形成公益广告作品库。我们看到，政府鼓励公益广告事业发展的举措就是以“共同体理念”建立公益广告创作发布共享的公共平台，以此为基础，号召企业、非营利组织、个人等积极广泛地参与到公益广告活动中来，推动公益广告新机制建设，形成多元主体的公益广告运行机制，为我国公益广告运行、竞争和可持续发展提供机制平台和实践探索。

三、“纯粹性”的现实召唤——我国公益广告运行现实的必要性

我国改革开放数十年来，取得了举世瞩目的成就，与之相伴随的现代广告业也得到了迅猛发展，其中公益广告传播一直是社会精神文明建设的重要路径和手段。从 1986 年贵阳电视台拍摄的《节约用水》公益广告播出至今，我国的公益广告已经走过了 35 年历史，一直处于不断创新和

发展的过程中，在社会公共道德建设、精神文明建设、重大国际国家级活动宣传、自然灾害及突发公共事件的慈善捐助等方面发挥了巨大作用，并积累了丰富的实践经验和公益成果。但由于我国在理论研究和具体实践中没有形成一个系统有效的公益广告运行机制，我国公益广告发展瓶颈至今仍然集中体现在公益广告运行初期所出现的问题上：政府公益为主、资金匮乏、公益供给不足、创意水平低下、商业侵蚀、公益人才缺乏等。而所有这些问题交错在一起产生恶性循环，使公益广告的价值和社会公信力在无形中降低。今天的中国经济发展到了转型时期，物质生活水平不断提高，人们在社会交往中对于精神文明的需求也在不断增长，如今大街小巷随处可见颇具中国特色的公益广告。其中，以“社会主义核心价值观”为主题的公益广告不断传递正能量，宣扬积极向上的公共道德理念，掀起了公益广告的新热潮，因此 2013 年也被称为“中国公益广告元年”，我国的公益广告事业迎来了新的发展时期和机遇，我国的公益广告发展研究也得到了更多关注和重视。

从全球产业角度来看，当前全球经济也面临着转型和重塑，以美国为代表的西方发达国家为了重振国家经济，走出虚拟经济泡沫困境，必须要重启国内的“再工业化”战略，特别是再造实体经济中制造业的产业基础地位。因此，全球产业格局将面临重新洗牌，产业发展的“去全球化”趋势将掀起新一轮的技术革命和产业革命，产业创新与产业升级已成为当今各国面临的共同问题。从国内产业角度来看，近些年来中国经济持续高速增长和人力成本的攀升也预示着制造产业的再一次国际分工转移，因此，强化产业升级和自主创新，已经成为包括中国在内的各发展中国家和新兴市场国家经济稳定发展、国家利益实现的必由路径。

从全球消费市场和需求变化来看，面对全球经济不景气和发达国家减少进口导致的全球需求总量收缩问题，我国经济增长方式的转变，主要体现在改变以往依靠投资和出口的增长方式，转向依靠消费、投资、出口三驾马车协调拉动的方式，其中突出消费在经济增长中的作用，扩大内需、鼓励消费成为关键。中国作为全球最大最具潜力的消费市场，吸引着来自各个国家地区的产业投资和市场投入，但在高技术含量、高附加值和高投资回报产品的消费市场中，我国企业却是相对落后的。据联合国发展计划署相关统计，国际知名品牌在全球市场品牌中所占比例不到3%，而市场占有率却高达40%，销售额更是超过50%。① 相比较而言，由于优秀自主品牌的不足，我国企业在全球产业价值链中仅获得了十分廉价的加工制造利益，并没有在我国扩大内需政策和旺盛的消费需求中获得更多的市场利益。因此，加快建设自主品牌和现代服务业是我国产业结构优化升级和自主创新的核心内容及关键性支撑点。

我国制定“十二五”时期国家经济发展战略时特别强调了转变经济增长方式的重要性，其根本意义就在于强调经济增长过程中的环境友好、生活幸福、社会和谐、文化发展等超越经济因素的更加丰富的价值判断的重要性，具体表现在以下几个方面。② 第一，占主导地位的经济和财富方面的诉求，争取在30年内达到中等发达富裕国家和地区的标准。第二，更加广泛的国家安全方面的利益诉求，不仅表现在国家主权和领土完整等政治、外交和军事利益上，还表现在经济、科技、信息、资源和环境等安全利益上，且后者的重要性和迫切性更加现实。第三，文化和社会环境和谐发展的利益诉求，这一诉求充分表达出传承和发扬中华民族的文化文明成果，最终实现提升国家软实力的目标。第四，以文化文明输出为路径的国家认同的身份利益诉求。我国经济可持续发展和国际竞争能力的提升，主客观上都要求我国更多地在国内、国际事务中塑造和展示负责任大

---

① 娄向鹏．未来30年：中国如何当老大？[EB/OL].(2009-10-26)[2009-11-14]. http://www.emkt.com.cn/article/439/43944-2.html.

② 周天勇．如何维护21世纪中国的国家利益[N]. 经济参考报，2012-05-23(7).

国的国家形象。第五，寻求可持续和安全发展的长远利益诉求，确保资源稳定和供给充足，并长期保持不断增长的竞争能力以及突发事件应急处理能力。我们应该注意到，以上关于现阶段我国国家利益诉求的五种表达，其核心是发展经济强盛国家，但是国家的终极目标是传承和发扬中华民族优秀文化文明成果，这也是我国经济发展转型的战略目标。

在当今国际社会经济一体化的大背景下，经济全球化的意义悄然发生着变化。我国经济持续增长成为全球第二大经济体，成为保持世界经济稳定的重要因素的同时，面对更加复杂的国际政治经济格局和国内经济发展压力，面对国际市场拓展、国际分工、相互融合又彼此对抗的国际竞争环境，我国"十二五"规划所确定的国家经济发展战略更加需要我们站在全球化层面上加以解读，清晰地阐释出经济增长方式和经济发展方式转变的现实路径，表达出我国政府、社会以及企业对经济和谐发展、社会文明进步的公共诉求。

（一）提升国家形象和国际地位需要提高社会文明程度和提升公众素质

我国国际地位和国家形象的提升有赖于经济发展，又有赖于我们社会文明进步。2011 年 1 月，美国纽约时代广场播放的中国国家形象广告片成为一个标志性事件，它表明随着中国经济的不断发展，中国成为世界第二大经济体，因此，在国际舞台上中国国家形象的重塑成为政府关注的焦点。随着中国利益的全球化，中国面临的挑战也必然是全球化的，作为最大的发展中国家与西方发达国家的对话与交流也必然是全方位的、全民化的，基于经济增长和发展成就，我们必须要促进中国乃至全人类的文明进步。近年来，国内有关中国国家形象、讲好中国故事、国际传播等研究主题的讨论与论文也越来越多，而这种讨论更多的是包括社会制度、价值观念、人文文化、公共文明等软实力的培育提升方面内容，我国国家形象塑造和国际地位提升的关键在于促进我国社会文明程度的提高和公众素质的提升。

(二)贯彻国家经济发展战略依赖于供给侧要素质量的提高

转变我国经济增长方式和经济发展方式,实现集约化和可持续发展的产业升级,需要产业劳动力素质的提高。促进经济增长的供给侧有劳动力、土地、资本、创新等四大要素,供给侧结构性改革就是要从提高四大要素的供给质量出发,用改革的办法推进结构调整,矫正要素配置扭曲,扩大有效供给,提高要素供给结构对需求变化的适应性和灵活性,提升经济增长的质量和数量。其中,劳动力要素除了技术技能要素,还应该包括公民素质要素,且技术技能要素与公民素质要素之间相互影响相互促进。政府倡导的社会主义核心价值观即"富强、民主、文明、和谐,自由、平等、公正、法治,爱国、敬业、诚信、友善"正是体现了这种促进发展的要求。从社会环境、经济发展到个人修养等公共意识和公益精神的传播需要社会力量支持和全民参与,而公共意识和公益精神也是我国贯彻执行国家经济发展战略的根本保障。

(三)发展民族品牌和振兴文化产业需要我国广告产业的良性发展

每一个广告都是品牌的长期投资,发展民族品牌和振兴文化产业需要广告产业的良性发展。作为现代生产性服务业的广告产业,是文化创意产业的重要组成部分,2011 年,广告产业被国家纳入鼓励类产业目录,国家的一系列产业扶持制度安排给予了广告产业发展的政策环境。广告是要讲导向的,这种导向既有经济商业性导向,也必须要有政治、道德、公共责任和担当导向。广告企业需要创作有温度、有态度、有能量的广告作品,用广告传递爱心、良知和温度。公益广告是广告产业的一个组成部分，鼓励公益广告的创作投入，不仅有助于提升社会公民素养和文明程度，还有助于提升广告产业人员的职业素养和创作水平。基于国家品牌振兴发展与广告产业发展的内在关联，想要充分发挥广告产业在国民经济社会建设中的重要作用，就需要广告行业职业精神和自律机制作为保障，其中公益广告运行有助于提升中国广告产业的创作能力和水平，有助于广告产业实现健康可持续发展，促进我国改革开放与自主经济、自主品牌建设进一步发展。

（四）互联网时代的传播多元化更加需要公共舆论的正面导向

互联网技术应用与发展到今天，去中心化、多元化、个性化等特征已经不需要我们再做任何理论上的推演，喻国明教授就曾表达过相同的观点：互联网最大的一个改变就是激活了个人，使每个人成为一个主体，整个社会权力也好，影响力也好，社会主体也好，开始向这方面转移。传播学理论与实践告诉我们：人们看到的世界是媒体的世界。当下我国正处于经济社会转型期，各种危机冲突事件时有发生，再加上"碎片化"媒体传播现实中过多的负面信息传播，我们每个人的世界观和看待社会的视角自然而然地"负面"起来。互联网在许多公共群体事件中扮演着不太光彩的角色，混淆视听，让人们失去了对公共话题与利益的"真相"的探究热情和信心，社会进入所谓"后真相"[①]时代。因此，无论是媒体新闻报道还是公益广告传播，我们的社会都更加需要"正面的声音""正面的力量"来扶正扬善、正听正心。近年来，在各类媒体上频繁出现的"最美现象"就是这样一种向上、向善、向美的舆论"正能量"。

---

① 《牛津英语词典》选中的 2016 年度词汇 post-truth（"后真相"）所指的就是这样一种情况，"诉诸情感及个人信念，较陈述客观事实更能影响舆论的情况"（circumstances in which objective facts are less influential in shaping public opinion than appeals to emotion and personal belief）。

四、"公益"回归本质——纯粹公益广告的价值

上文一直在说公益广告的纯粹性，究竟什么是公益广告的纯粹性，什么样的广告才是纯粹的公益广告呢？公益广告之所以在"广告"前加上"公益"二字，就是要强调"公益"才是最终的目的，而"广告"只是采取的形式而已，这也同公益广告的根本属性公益性和非营利性不谋而合。"纯粹"的含义是指"不掺杂其他成分的，不含添加、替代或异质物质的，真正体现了事物本质的无杂念、纯净"。因此，纯粹的公益广告应该是不夹杂丝毫与私利有关、与公共利益无关的内容的绝对的公益广告。公益广告作为一种公共资源，拒绝一切私利的占有，公益广告应以公益为唯一目的，纯粹的公益广告与商业化的公益广告应该是完全对立的。

（一）公益广告纯粹性的实践

由于我国一直以来重视发布各类公益广告，所以在我国纯粹的公益广告一直存在，并在弘扬社会道德观、主流价值观和推动社会文明建设方面发挥着巨大作用。而这些年随着新媒体的发展，公益类自媒体的出现也为纯粹的公益广告的发展提供了全新的、更广阔的平台，但是公益广告在运行发展过程中也存在一些短视与弊端，比如公益广告的主题不符合公共利益，公益广告的发布时间无计划性，往往呈现事件突发时的公益广告繁荣现象。这都是我国社会公益力量薄弱，公益主体松散，组织不力而没有系统性导致的。

美国的公益广告是由社会各方共同发起并推动发展起来的。1942年，太平洋战争爆发促使美国成立战时广告理事会，战后，美国广告理事会正式成立，专门负责公益广告运行，是为社会进行服务的非营利性机构。虽然该理事会是由基金会出资支持或者企业等出资支持，但是良好

的激励机制让企业参与公益事业能够在公益广告之外获得巨大的政策支持以及其他利益回报，同时非营利组织、广告公司和媒体等也纷纷自愿加入公益广告的运行过程中，这一系列的运行条件和机制保证了美国公益广告的有效运作。1971年，日本为了解决一系列社会环境问题，仿照美国成立了公共广告机构，引入美国公益广告运行机制，1974年，该机构变成全国性的非营利机构，进行全国性的公益广告运作。特别值得一提的是，日本公益广告主题往往反映社会公众的意志和公共利益，同时，日本各类大型企业财团为公益广告的正常运作提供了大量资金支持，但是这些企业往往都不被允许利用公益广告来进行企业形象的塑造，公共广告机构也不允许在公益广告作品中有企业名称、产品形象等，在公益广告结尾处统一冠名“公共广告机构”，有效避免了商业元素对公益广告的直接侵蚀。日本公益广告运行机制，既保障了公益广告的有效运作，又保证了公益广告的纯粹性。而新加坡的公益广告运行机制完全由政府主导，它看似与我国一样，但事实上新加坡政府直接管理公益广告运行与传播，政府负责整个公益广告的运作和投资，主题和实施方案完全由政府制定，用以配合政府各项工作，完全没有企业可以参与的余地，从而保证公益广告的纯粹性。

学习和借鉴欧美和日本、新加坡等国家的公益广告运作方法，合理有效地解决公益广告的纯粹性和商业参与问题，这一点是明确的。应该说这些国家的公益广告运行机制我国不可能直接复制执行，但这些国家的公益广告运行机制在传递社会公德、维护社会秩序、保护环境和维护人类健康安全等方面的实践经验，将有助于我国公益广告事业健康有序发展。

（二）纯粹公益广告的价值

从公益广告运行实践角度来看，政府、媒体、企业、非营利组织是公益广告传播的主要发起者。政府通过公益广告进行政治宣传、道德建设、价值观构建等;媒体通过公益广告宣传主流思想和公共精神,从而体现媒体的社会责任;企业通过公益广告塑造企业形象,体现企业社会责任感,提升企业美誉度;而非营利性组织在公益广告传播方面表现突出且发挥巨大作用。多元的公益主体必然带来更加多元的公益广告主题,今天,公益广告已经远远不止于关注资源环境、社会性问题。笔者在中国知网和万方数据上以"公益广告功能""公益广告价值""公益广告意义"为关键词和篇名等进行精确搜索和模糊搜索,除去重复论文50～60篇,涉及公益广告价值的包括:公益广告的社会价值(马玉梅2000,陈家华、程红2003,殷国华2009,于雪等2013)、商业价值(李鹏、焦玉河2007,娄垂新2011,张志鹏,方卫2013,杨薏2013)、伦理价值(谢加封2007,郑秋鸾2011,宫立明、刘雨姝2012,梁玉萍2012,孙肇伦2013)、教育功能(王会文2012)、文化价值(张燕燕2009,干之静2012)、审美价值(罗静松2010)、新闻价值(张志红2011)。其中代表性的观点集中体现在以下几个方面:

第一,公益广告的社会功能研究。公益广告的核心功能就是创造社会效益、提升公民素质、营造良好的社会风气、促进社会文明进步与和谐发展。李如意在《正视公益广告的社会功能》[①]一文中的主要观点是:公益广告将社会观念、价值规范和行为准则作为宣传的主题,有效地利用了广告文化的利销性,但我们也不能因此任意拔高公益广告的社会功能,这样会使公益广告不堪重负,甚至事与愿违。王丽在《公益广告的德育功能探析》[②]中认为公益广告的德育功能包括:"潜移默化的教化功能""引正纠偏的导向功能""发人深省的警示功能""群策群力的凝聚功能""广泛深入的鞭策功能",等等。朱桂莲、周佳在《论公益广告的公民道德教育功

① 李如意.正视公益广告的社会功能[J].鄂州大学学报,2005(5).

② 王丽.公益广告的德育功能探析[J].东南传播,2011(7).

能》[①]一文中把公益广告的公民道德教育功能概括为几个方面：引导公民的道德价值取向，提升公民的道德认识和激发公民的道德情感。

第二，公益广告的经济功能研究。大多数学者在研究公益广告的社会价值时都会提到其商业价值，主要研究企业参与公益广告。公益广告的社会诉求就是实现社会价值，其间接目的是以社会影响提高公益广告的经济价值，其机制一般是利用社会效益提升企业影响力，继而推动市场产生商业价值。李鹏、焦玉河在《论我国公益广告的经济价值》[②]中提出的主要观点是，公益广告的直接目标是提高社会效益，但同时隐含着提高长远的经济价值的目标，公益广告以潜移默化的方式在受众心目中建立起了企业及产品的良好形象，提高了企业品牌的知名度和美誉度，而公益广告的经济价值提升得益于企业品牌形象和品牌价值的提升，公益广告具有社会效益和经济效益的双重价值。张志鹏、方卫在《论我国公益广告的经济价值》[③]中直接指出，公益广告已经成为企业提升品牌价值、塑造品牌形象的主要途径和手段。

第三，公益广告的伦理价值研究。笔者发现，从伦理学视角来研究公益广告的论文，原先都是归于社会功能研究范畴的，此次梳理相关研究文献发现，其价值研究的理论方法和价值叙述是不同于以往的。冠以公益广告功能价值研究的论文当中，近年来以“伦理价值”最多，这引起了笔者极大关注并将这一主题单独列出。《公益广告伦理价值研究》[④]的作者宫立明认为公益广告具有极其重要的伦理价值，他指出伦理价值研究的维度为规范伦理、美德伦理、生态伦理。他在文中还探讨了公益广告从规范认知和论证开始进行的道德教育，帮助人们认识规范，培养人的规则意

---

① 朱桂莲，周佳．论公益广告的公民道德教育功能[J]．合肥工业大学学报（社会科学版），2009(3)．

② 李鹏，焦玉河．论我国公益广告的经济价值[J]．东岳论丛，2007(4)．

③ 张志鹏，方卫．论我国公益广告的经济价值[J]．生产力研究，2013(9)．

④ 宫立明．公益广告伦理价值研究[D]．哈尔滨：东北林业大学，2011．

识，使人们形成自觉遵守规范的习惯和行为；分析了规范伦理维度下公益广告伦理价值的两个方面，即和谐社会的伦理秩序和公共生活规则；突出了美德伦理维度下公益广告伦理价值的三种表现，即传播社会主流价值观、倡导践行伦理责任、引导伦理精神回归；强调了公益广告以其独特的诉求方式和高频次媒体传播向社会公众传递生态伦理价值的两个目标，即强化公众“地球公民”的意识和传播生态伦理精神。谢加封在《广告的德行——论公益广告的伦理价值》[①]中论述了广告经济价值和伦理价值的平衡与互动对广告产业和谐发展的重要作用，公益广告的伦理价值体现在其能够凸显企业公民的社会责任、传达社会主流价值观、构建和谐的伦理规范。梁玉萍分析了公益广告伦理价值的多元性，根据亚当·斯密的同情理论提出公益广告应该运用共情的力量强化或巩固人们的某些道德观念，从而使人们自觉地践行规范。郑秋鸾在《我国公益广告的伦理价值与实现路径探析》[②]中提出公益广告进行道德建设不同于传统的伦理说教，而是在直观感染、审美享受和遵循心理接受规律中导入伦理价值，促进人与人的和睦相处、人与自然的平等共存、人与社会的和谐发展。

关于公益广告功能和价值研究还有一些比较有价值的论文，比如罗静松的《论现代公益广告的审美价值》、寇紫遐的《我国公益广告的隐性功能分析》、陈莉红的《从肯尼斯·伯克的认同说解读公益广告的和谐功能》、张燕燕和王秀峰的《电视公益广告的文化价值》等，都是从各自学科理论观点出发，创新丰富了公益广告的价值研究。

在此，笔者暂时搁置关于公益广告的纯粹性与商业化参与的争议，从纯粹公益广告的角度，就以下几个方面进一步分析公益广告的功能价值：

---

① 谢加封．广告的德行——论公益广告的伦理价值[J]．宿州学院学报，2007(5)．

② 郑秋鸾．我国公益广告的伦理价值与实现路径探析[J]．长春工业大学学报(社会科学版)，2011(4)．

第一，对广告行业本身而言，受众对于广告重利轻义的商业化倾向的认知非常普遍，比如说宣传公共精神的公益广告中插入商业化因素，这就强化了人们的公益广告商业化倾向的这种负面认知，因此，广告给人们带来的更多的是反感、回避、不信任。纯粹公益性的广告在一定程度上可以改变已有的商业化倾向认知，淡化商业广告传播可能带来的负面影响，提升广告行业的社会责任感和职业精神，重塑广告行业的口碑和形象；从另一个角度讲，社会公众和消费者可能容易接受和认同纯粹公益性的广告，对广告行业和从业人员保有信任和信心等。我们可以看到，纯粹的公益广告是从公益广告的根本属性出发，它的"去商业化"更能被受众认同和接受，能从根本上改善公众对公益广告的认知，增强公益广告的公信力，从而更加有利于公益广告社会功能的发挥。

第二，对个体而言，纯粹的公益广告将纯粹的公益思想与艺术相结合，在不知不觉中对人们的行为方式、思想观念等产生影响，促进人们良好的价值观和道德观的形成，加深人与人之间的交流，引导人们参与到社会共同体的生活中去。特别是在社会环境复杂、个人竞争压力剧增的今天，纯粹公益广告的播出，将会有助于人们净化心灵、平衡生活，实现心理上的满足，最终促进人与社会、自然的和谐相处。

第三，对大众媒体而言，特别是新闻媒体本身就有着承担公共服务和信息共享的载体责任，又不可避免地与经济利益、商业领域有着千丝万缕的联系。发布纯粹的公益广告有助于调和媒体为追求经济利益而过多播放商业广告所造成的失范形为，淡化媒介的商品属性和商业化传播表现，在一定程度上能提升媒介的自身品质和社会责任形象，重新提升受众对媒体的好感度。

第四，对整个社会而言，纯粹的公益广告是公共利益的表达，起到教育社会、规范社会行为的作用，有利于催生关注公共利益和社会公益的社会团体组织，有利于构建一个富有活力、和谐的社会环境，有利于增强整个社会的凝聚力。纯粹的公益广告既是公共利益的呼吁者又是公共利益的展示者，完全代表社会公共利益发出声音，推动社会各方面工作的进一步完善，反过来社会各方面的发展又能更好地促进纯粹公益广告的发展，这是纯粹公益广告的理想状态。

（三）"过渡时期的妥协"——公益广告纯粹性修正

理想很丰满，现实很骨感。现实中纯粹的公益广告运行并不是简单的分割而治。我国公益广告运行的实际情况，即政府、媒体一直投入的公益广告事业在发展过程中遇到的最大瓶颈便是公益资金缺乏，不充分调动社会力量参与公益是不利于实现公益广告可持续发展的，因此现阶段解决资金问题的方法便是企业的参与。如此产生的新问题就是企业参与公益广告与原先政府、媒体进行公益广告传播有着不一样的动机，公益广告既要保证纯粹性避免商业化侵蚀，又要吸纳充足的企业资金支持公益广告运转，这一对矛盾为公益广告纯粹性的实现设置了难题。说难题主要是杜绝公益广告商业化和保护商业参与公益积极性两者关系如何处理的问题，归根结底，难于实现公益广告纯粹性的根本原因是缺乏一个长期稳定、系统有效的公益广告运行机制，且这种机制需要一定的公益意识与社会文化基础，因此，在现实中需要一个过渡时期，需要对公益广告纯粹性进行妥协性的修正。

1. 过渡阶段公益广告文本的纯粹性

理想的纯粹公益广告应当是从公益广告主题的制定、资金的筹集、公益广告的内容制作、公益广告的发布甚至到参与主体的动机都必须是纯粹公益的。但是现实情况需要公益广告在纯粹性上做出妥协，即过渡时期公益广告纯粹性的修正方式是公益广告文本纯粹和商业化运作相结合。

想要了解公益广告文本纯粹性的内涵首先要对“文本”的范围做出规范，公益广告的文本主要指的是公益广告作品的内容，即公益广告的创意表现、主题制定以及展现在受众面前的整个作品内容。文本纯粹性即以上涉及公益广告文本的内容都必须是纯粹的，不包含任何商业信息或者涉及私人利益的信息，正如赵民和李东认为的，“对于一些由企业参与制作和发布的公益广告，可以在公益广告内容之外注明其参与情况，而不能以商品形象冲击公益广告内容”①。因此，所有包含“企业公益广告”“冠名公益广告”“含有隐性商业信息的公益广告”和“意见广告”的公益广告，都不是文本纯粹的公益广告。

要实现公益广告文本纯粹性需要做到以下几个方面：

首先，公益广告主题必须表达出公共利益和公共精神等。我们知道，公益广告主题是由公益广告行为主体制定的，公益主题的公共性、“自上而下”或“自下而上”主题产生方式、行为主体与受众的传受关系等问题都会影响公益广告文本纯粹性。公益广告得到企业资金支持之后，公益广告主题的制定往往会从企业的角度出发，符合企业的文本价值属性，或是企业直接或者跟风式地制定一些公益广告主题，使公益广告的主题往往偏离公益主题，出现商业化文本现象，用商业广告逻辑来运行公益广告是不恰当的。因此，为了保证公益广告文本的纯粹性，在主题制定时应当合理地避免企业参与，不要掺杂任何商业性的因素，这一点表面看上去是违背了企业的意愿，但实质上提升了企业参与公益广告的实际传播效果。公益广告行为主体要根据国情民意来制定公益广告主题，实际操作中对受众进行问卷调查，以期尽量获取受众的公益需求，准确把握亟待解决的社会公共问题。真正对整个社会公益价值观念起到引导和推动作用的公益主题是受到广泛关注的，是具有强大传播影响力的。

① 赵民，李东．公益广告的现状及其发展的几点建议[J]. 新闻大学，1997(2)：88.

其次,制作公益广告作品要坚持纯粹性的原则,不接受企业以赞助或者冠名等形式参与到公益广告制作中来,广告中不能直接或者间接出现企业名称、LOGO、企业形象、产品或者任何暗示企业的商业性元素。这一点在我国当下很难实现,难就难在一方面,企业参与公益广告的动机仍然是商业性的,雁过不留名的事情少有人做;另一方面,公益广告文本纯粹性的坚持和妥协,目的只有一个,就是保证公益广告能够一直得到公众的信任并持续发展,保持公益广告文本的纯粹性是为了储备公益信任。

最后,区别公益广告和意见广告,严格保证公益广告文本的纯粹性。重大公共危机事件或突发事件发生时,比如自然灾害、群体事件、大型活动,企业往往会通过广告的形式来表明自己的立场。比如,企业通过广告形式为受灾人民加油鼓劲,向英雄致敬献礼,等等,这种类型的广告被称为“意见广告”,虽然它是企业承担社会责任的一种方式,但无论其立场是不是公益的,广告文本依然直接呈现企业形象和具有经济动机的商业化元素,因此,这样的广告也不能成为文本纯粹的公益广告。在这里,需要鼓励企业和媒体自律,发挥社会公共监守功能。一方面,从媒体自身来说,媒体播出的公益广告内容应当严格符合公益纯粹性和播出政策要求,重视公益广告纯粹性的公共传播资源价值;另一方面,要强化我国公益广告发布的社会监督作用,现阶段我国媒体的市场化运作也让一些媒体在公益广告宣传过程中,为了提高广告费用或者实现其他私利目的加入商业化的元素,这一行为破坏了公益广告的纯粹性,媒体在公益广告发布过程中应该接受社会监督和评价意见,保证公益广告文本的纯粹性。

2. 保证公益广告文本纯粹性下的商业参与

保证公益广告文本的纯粹性并不排斥商业化运作,主张公益广告文本的纯粹性,并不意味着公益广告事业彻底排斥商业因素。这是因为:其一,公益本来就是一种公共利益,公益广告本身是一种社会公共事业,需要社会各方共同参与，政府力量和社会力量，包括经济组织、商业机构理应有共同承担起我国公益广告事业发展的责任；其二，面对社会经济发展的变化和营销传播环境的挑战，经济组织、商业机构作为社会有机体中的一员，在商业化发展过程中逐步意识到企业形象的重要性，需要合理地利用社会公共资源来获取更大的发展空间和市场竞争优势。因此，从企业的角度来看，企业有投入公益广告事业的主观热情，从公益广告发展的角度来看，充分而合理地利用商业支持是客观的现实要求，问题的关键是如何构建将两者结合起来的公益广告运行机制，这种机制既能合理地利用商业性参与的积极部分，同时还会对这种商业性参与进行必要的规范，以促使我国公益广告及公益事业健康有序发展。

企业参与公益广告运行，包括参与到资金筹集、公益广告创意征集与设计等环节中，不仅能够彻底改变我国公益广告资金匮乏问题，还能解决公益广告创意不足等问题。公共利益和公益精神主题的传达需要一些有创意、打动人心的公益广告，只有这样的公益广告才能真正触及受众的内心世界，引起共鸣。改变目前公益广告作品创意设计平淡无奇或同质化口号严重的现状，必须强调企业参与公益广告不能像过去那样无规则约束，也绝不能简单粗暴地以赞助、冠名等形式，将商业元素融入公益广告作品的传播中。因此，过渡时期我国公益广告运行可以采取公益广告文本纯粹性与合理的商业化运作相结合形式，这样既保障了企业商业化参与公益广告的积极性，又坚持了公益广告文本纯粹性原则。

3. 公益广告文本纯粹性下的商业回报

作为经济组织的企业有着与生俱来的资本属性，追逐利润、获取利益是无可厚非的。企业赞助公益事业、参与公益广告自然有着不可忽视的经济利益需求，于是企业在公益广告中署名成为最直接、最有效也是最简单易行的公益回报方式。但是坚守公益广告纯粹性原则需要企业改变现有的直接在公益广告中植入商业元素的做法，改变企业将公益广告作为获取经济利益的工具的意识。因此，企业作为公益广告运行过程中的参与者之一，需要在资金投入、创意设计等方面获得一定的激励和回报，如此企业才能在参与公益广告的商业化运作时更有动力。

要想构建公益广告商业化运行机制，首先要培育一个公益广告市场，在公益广告市场中建立公益广告创作与传播要素的交流交易平台，明确公益广告运行机构的职责与运行规则，以管理协调涉及公益广告的各种活动；其次要在全社会建立较为广泛的公益广告激励机制，建立从政府政策到吸引各种社会团体组织和个人进入该市场并进行交易的激励体系；最后要建立公益广告运行监督评估机制，对公益广告市场上行为主体的活动进行监督，面对市场主体和受众建立第三方公益广告反馈体系，评估利弊并及时做出修正。

五、结语

公益广告涉及公共利益诉求，其纯粹性要求必须受到尊重。公共利益是涉及不确定的、最多数人的一种特殊利益，尤其在我国社会转型时期，各种利益主体交错，国家与社会、企业的良性互动才能完美促成社会公共利益表达，促进社会和谐发展。于是，政府理性放权和社会依法增权以及企业转型升级，只有三管齐下公益广告的价值才能充分发挥出来。

公益广告纯粹性的实现是一个漫长而艰巨的过程，受到政府、企业、非营利性组织、公众等多方面公益广告行为主体的支持和维护，我们充分认识到坚持公益广告纯粹性的价值和重要性，并希望通过长期共同的努力建构一个系统成熟的公益广告运作机制。公益广告文本纯粹性是过渡时期的一种妥协与修正，绝对纯粹的公益广告是公益事业追求的理想状态。

第二章　公益与商业

——公益广告的企业参与

公益广告的商业化一直是社会各界质疑和争议的话题，关于企业是否应该加入公益广告事业的争论在西方社会也曾存在。在上一章我们已经讨论过，就目前中国的国情以及公益广告事业自身的发展特点来看，企业的参与是必不可少的。即使是在我国政府主导的公益广告运行环境里，公益广告仍然需要通过商业参与，接受企业的支持来解决公益资金短缺问题，丰富公益广告自身资源。同时，我们还可以将市场化的竞争机制引入公益广告的组织建构和管理中，促进我国公益广告事业健康发展。

随着社会经济发展，一个国家或地区的企业之间的竞争日益激烈，竞争形式也越来越多，然而不变的是企业应该抓住消费者和相关利益群体的诉求，或者就企业经营管理而言，企业如何在消费者心中保持自身良好的企业形象和声誉已经成为企业参与竞争和可持续发展的必要前提。就这一点来说，笔者发现，企业形象的形成对于一个企业来说需要这样一个过程，企业竞争首先是产品竞争、成本竞争和市场规模的竞争，然后才有企业形象层面上的竞争。企业最初参与公益广告是竞争需要、外在压力使然，塑造企业社会责任形象以形成差异化竞争优势的前提是企业有了内在的组织基础，企业真正以有组织的、内部制度化的、具体的行动来践行社会责任，并且把它提高到企业战略层面，这是一个巨大的公益进步工程。企业参与公益的动力来自哪里？这种公益动力和企业经营管理活动有何关系？企业将如何参与到公益广告活动中去？在这一章我们要回答这些问题。

一、企业社会责任的内在动机：由外在约束到内在自觉

企业具有资本属性，追逐经济利益和商业价值最大化的动机是由资本属性所决定的。企业参与公益广告的行为，不论是主动的，还是被动的，短期动机来讲就是塑造自身形象，对企业承担社会公益责任的认同与担当，可从长期动机来讲，企业最终目的还是追逐商业利益。这种资本属性驱使着企业在承担社会责任这一命题上不断实践与创新，与此相伴的是，理论研究上的争论一直持续着。

（一）企业社会责任理论的变迁

企业社会责任（CSR，Corporate social responsibility）的概念来源于西方企业经营管理实践。19 世纪中后期随着经济发展、现代企业制度逐渐完善，社会劳动阶层的维权意识和利益诉求不断增加，美国政府出台了《反托拉斯法》和《消费者保护法》，客观上对企业履行社会责任提出了新的制度要求，渐渐产生和形成了较为一致的企业社会责任观念，即企业在创造利润、对股东承担法律责任的同时，还要对员工、消费者、社区和环境承担责任。[①] 笔者梳理相关文献可知，"企业社会责任"最早由克拉克（1916）在《改变中的经济责任的基础》中提出，自企业社会责任概念提出之日起，企业有无社会责任的争论就一直没有停过。[②] 在 20 世纪 70 年代以前，大多数学者都认为企业社会责任是企业出于慈悲心而做的利他行为，企业也将其看作一个"外部性"问题，并没有给予太多重视。这一时期关于企业社会责任的争论的核心点是企业是否应该承担经济责任以外的

---

① 黄晓鹏．企业与社会责任：理论与中国实践[M]．北京：社会科学文献出版社，2010.

② 王昶，周登，DALY S P. 国外企业社会责任研究进展及启示[J]．华东经济管理，2012，26(3)：150－154.

社会责任。当时的主流观点认为企业的社会责任就是实现企业经济利润最大化。[①] 诺贝尔经济学奖获得者弗里德曼对于企业承担社会责任也是持反对意见的，他认为企业的天职只有一个，即获取利润，“在公开、自由而没有欺诈的竞争中，充分利用资源、能力去增加利润”；菲利普·科特勒重新定义了企业社会责任，他认为“是企业通过自由决定商业时间以及企业资源捐献来改善社区福利的一种承诺”，并提出了六种全新的企业社会责任营销模式，即“公益事业的宣传、公益事业关联营销、企业的社会营销、公司的慈善活动、社区志愿者活动、对社会负责的商业实践”[②]。日本电通给出的解释是：企业为了实现持续性发展和社会共生而从事的自主的活动。[③]

随着经济社会的发展，企业社会责任理论日益受到重视，从 20 世纪 70 年代开始越来越多的工商企业不再坚持将“追求利润最大化”作为企业唯一目标，也渐渐主动地去履行企业所应该承担的社会责任。这一时期的学者们也开始探讨企业除承担获取经济利益责任之外，还应该去关注和承担什么责任，或者运用更多的理论来阐释企业社会责任。最具有代表性的观点当属卡罗尔(Carroll)在 1991 年提出的“企业社会责任金字塔模型”，他认为企业应该承担的社会责任有四个层次，依次为：经济责任、法律责任、伦理责任和慈善责任，其中经济责任处于金字塔的底层，慈善责任处于金字塔的顶端。

在这一时期，企业社会责任理论还融合了利益相关方的理论，人们在讨论企业社会责任时，常常用“利益相关方”取代“社会”的含义。企业从自身角度出发，为满足各利益相关方的期待和需求，承担相应的社会

---

① FRIEDMAN M. The social responsibility of business 15 to increase its profits[J]. The New York times magazine, 1970(13).

② 科特勒，李．企业的社会责任：通过公益事业拓展更多的商业机会[M]．姜文波，译．北京：机械工业出版社，2006：3.

③ 任荣明，朱晓明．企业社会责任多视角透视[M]．北京：北京大学出版社，2009：182.

责任。

我国改革开放之后，伴随着市场经济的逐步开放与推进，企业发展中的不良问题频频出现，企业履行社会责任的呼声也越来越高。而到了今天，企业承担社会责任俨然已经成为我国企业生存与发展的一项重要决策，也成为全社会衡量、评价一家企业是否具有优良企业文化和良好企业声誉的新标准。企业社会责任理论自 20 世纪 80 年代中期传入中国，在中国的发展大致经历了三个阶段：第一阶段，80 年代中期到 90 年代中后期，学者们开始零散地研究，认为企业社会责任是企业在经营和营销过程中应该承担的、促进社会发展的责任与义务。第二阶段，20 世纪 90 年代末到 21 世纪初，特别是我国加入 WTO 之后，出现了全球化、跨文化和更加丰富多元的社会责任实践平台，我国企业践行社会责任的内容与范畴也日益多样化、多层次化。第三阶段，2006 年至今，在科学发展观和构建和谐社会的宏观背景下，企业社会责任理论引起政府、企业和社会的广泛关注。政府层面首先要求央企和国企带头践行企业社会责任，规定必须按照年度发布企业社会责任报告，一些非营利组织一马当先，成为推动企业社会责任发展的主要动力。理论上人们对企业社会责任也有了更深入的认识，更加明确企业社会责任是企业对相关利益群体以及自然环境承担的责任。

（二）企业社会责任的相关利益群体分析

关于企业履行社会责任的动机，从产生、演化的历程来看是一个由外而内的发展过程。从外部因素来说，有法律法规方面的强制约束，还有道德方面的无形规范，这是社会经济可持续发展的客观要求。从内部来说，现代企业也有其自己的发展愿景，有自己的企业使命和价值观追求，这些理念指引着企业组织和成员的行为。当然，企业做这些最关键的出发点还是追求企业自身的可持续发展，塑造良好的企业形象，提升企业品牌价值。

企业承担社会责任的对象是相关利益群体，即企业的员工、股东、合作伙伴、消费者、政府、自然环境等。根据卡罗尔的金字塔模式，我们将企业的社会责任分为四个层次，即经济责任、法律责任、伦理责任和慈善责任。从企业的角度来说，这四个层次又可以归纳为三个方面，即必尽责任、应尽责任和愿尽责任。经济责任和法律责任是企业的必尽责任。所谓经济责任，就是企业赢利的责任，赢利的前提是企业必须向社会提供优质的产品和服务，并且保证企业经营管理质量的一致性，这是企业生存的基础。法律责任要求企业在发展过程中必须遵守相关的法律法规，合法经营、依法管理，这是社会各个经济体之间可持续发展的强制性规范，也是企业自身的游戏规则。伦理责任，是指企业在经营管理活动中的道德责任与伦理规范，虽然不具有行为强制性，可这是企业之间约定俗成的，为社会经济领域各个成员所接受并认同的一种行为规范，企业自觉自愿尽其道德伦理之责。最后，慈善责任是基于企业自愿原则之上，是企业的愿尽责任。慈善责任要求企业做一个好社会公民，这需要企业自觉并自愿加入进来，不具有强制性。企业参与慈善活动，承担慈善责任，符合社会的倡导以及相关利益群体的期待，有利于企业提升外部形象和内部凝聚力，从而增加自身的无形资产，在激烈的市场竞争中保持持久的优势。所以，履行慈善责任虽然不是强制性的要求，但已经逐渐成为企业追求自身长期可持续发展的必然选择。

那么企业是如何具体实践各自的社会责任的呢？言简意赅地说就是企业在自觉自愿的基础上，将承担社会责任与自身的运营过程全面结合，即企业在自觉承担必尽应尽责任的基础上，自愿承担愿尽责任，将对利益相关方负责任的理念融入企业运营的全过程中，并且进行卓有成效的管理，包括成立 CSR 部门，制定企业社会责任战略，等等。

我们可以看到，随着时间的推移，企业社会责任被人们赋予了更广泛的内涵和外延，从一个外部性的压力转变为企业内部的文化自觉，从单一的经济责任扩展到多维度的经济责任、法律责任、伦理责任、慈善责任，从“股东至上”转变到满足各相关利益群体的期待（见表 2-1）。然而我们应该弄清楚的一点是，企业承担社会责任的出发点依然是满足自身需要，这是因为企业具有资本属性。

表 2-1①　企业对相关利益群体的责任②

利益相关方	相关责任
股东	1. 法律所规定的对股东权利的尊重 2. 对股东的资金安全和收益负责任 3. 向股东提供真实的经营和投资方面的信息，提供信息的渠道，包括财务报表、公司年会
雇员	1. 企业为员工提供健康安全的工作环境 2. 企业为员工提供平等的就业机会、升迁机会，以及接受教育的机会，使其不断自我发展完善 3. 企业为员工提供民主参与企业管理的渠道以及自我管理的机会
消费者	1. 企业对消费者的最基本责任——向消费者提供安全可靠的产品 2. 尊重消费者知情权以及自由选择权
政府	1. 合法经营，照章纳税 2. 企业支持政府的社会公益活动、慈善事业，服务于社会
环境	1. 树立人与自然和谐相处的价值观，努力做到尊重自然、爱护自然，合理利用自然资源 2. 把对环境负责和获取利润当成同等重要的问题来看待，实施绿色管理，积极倡导绿色生产和绿色消费 3. 将绿色审计作为企业管理的一个部分，企业进行严格的自我管理，将爱护环境作为企业的责任，在各项活动中严格自律

（三）企业社会责任形象造就企业竞争优势

迈克尔·波特（Michelle Porter）将竞争战略与企业社会责任相结合

① 李迎曦．论企业公益广告对社会责任形象的塑造[D]．合肥：安徽大学，2010.

② 利益相关方理论认为企业的利益相关方包括方方面面与企业利益相往来的群体，这里的主要利益相关方是根据《战略管理——利益相关者理论》和《企业社会责任多视角透视》整理所得。

进行研究，认为社会责任对于企业来说，是其实现创新和提升竞争优势的重要因素。他将社会责任分为反应型和战略型两种，并且认为只有通过战略性地承担社会责任，企业才能对社会施以最大的积极影响，同时收获最丰厚的商业利益。① 他认为 CSR 就是市场竞争的战略武器。企业对能带来社会效益又能带来经济效益的"互利"慈善领域进行战略性投资，从而塑造差异化的企业形象，增强公司竞争力。②

国内学者刘兆峰将企业对待股东以外的利益相关方以及企业对待社会问题的态度和行为，或者将人们对企业履行社会责任行为的评价，称为企业社会责任形象。③

从 20 世纪 80 年代开始，公众渐渐感知到，衡量一个企业的标准已不仅仅是看其产品和服务的质量，还要看它对社会问题、对自然环境的关注度以及对此所采取的行动。企业社会责任形象已经成为公众衡量一个企业的新标准，将直接或间接地影响企业的生存环境，比如税收政策，人才吸纳等方面，除此之外还将影响消费者的购买行为，这与企业的销售额呈正相关关系。在这一背景下，企业开始重视企业社会责任战略的规划。现在打开一些大型企业甚至中小型企业的官方网站，我们都能看到有专门的"企业社会责任"或"CSR"一栏。腾讯还专门建立了自己的公益网站"腾讯公益网"，将自己的公益成果和公益战略理念传播给公众。在企业社会责任战略下，公益元素得到越来越多的运用，如今公益营销已经成为企业营销的一种有效手段，像善因营销、战略性慈善营销已随处可见。投资公益广告渐渐成为企业公益战略中的一个重要环节。

---

① PORTER M E，KRAMER M R. The competitive advantage of corporate philanthropy[J]. Harvard business review，2002，80(12)：56 - 69.

② PORTER M E，KRAME M R. The competitive advantage of corporate philanthropy [J]. Harvard business review，2002，80(12)：5 - 16.

③ 刘兆峰. 企业社会责任与企业形象塑造[M]. 北京：中国财政经济出版社，2008：76.

二、西方发达国家和我国的企业社会责任实践的演化路径

西方国家企业在经历了曲折的企业社会责任“过度活跃”论战之后，企业社会责任的变迁已进入内部规则主导阶段。在西方企业社会责任理论观点形成和践行过程中，笔者发现，起初企业承担社会责任是企业及企业家类似于公益慈善的行为，完全是一个“外部”问题，并没有和企业经营管理相结合。这一时期甚至还在争论企业应不应该承担经济责任以外的所谓社会责任。当时的主流观点认为即使企业需要承担社会责任，其社会责任也是追求经济利润最大化。因此，企业履行社会责任的动机虽然不排除内在的公益精神、慈善意识，可就大多数来讲是迫于外部压力：有社会意识、市场潮流进步的要求，有法律法规方面的强制约束，还有伦理道德方面的无形规范等。2009 年以来，全球范围内包括尊重人权、保护环境、保护劳工权益、社会公益等议题受到国际社会的普遍关注而不断发展，企业社会责任已经成为现代企业有效的经营理念和行动规范，企业承担社会责任已被纳入企业的日常经营管理活动中，成为企业竞争力提升的战略性资源。企业社会责任的演化逻辑和特征表现为以下几点。

（一）企业社会责任的发展是从外部约束到内部规划的演化过程

企业迫于所面临的营商环境、慈善理念和政府政策，把履行社会责任视为一种应尽义务和责任，或是企业呼应外在期待所做出的一种被动回应，这是所有企业面对承担社会责任必经的初级阶段。特别是在我国，承担社会责任理所应当成为政府职责，而对于企业来说，承担社会责任只是意味着利润再分配里的公益慈善预算增加一部分而已。中国 WTO 论坛统计数据也显示，2001 年到 2009 年企业社会责任报告中的中国企业的数量迅猛增加。但同时报告中还列举了我国企业违法违纪的事件以及报

告中仅有慈善捐款内容的罗列，这些都表明了我国企业的社会责任意识要达到一种社会共同认知和企业内部规则主导的程度还有相当长的路要走。我们希望看到越来越多的企业意识到承担社会责任是企业创造差异化竞争优势、追求长期利益的战略投资，是企业形象提升的内在机制。

（二）企业社会责任的发展是由经济责任到社会责任的渐进过程

从企业和企业社会责任的定义及其发展解读，卡罗尔（1979）提出了CSR四层次模型，即经济责任、法律责任、伦理责任和慈善责任，且四种责任所占比例为4∶3∶2∶1，并强调经济责任的首要性。企业作为经济组织的“自利”动机是一切企业行为的原动力，因此，让企业承担社会责任的理念和行为也自然是从起初的经济利益“一元”驱动渐进到今天“多元”的企业社会责任追求。根据前文所述的西方国家企业社会责任的曲折演化过程可知，企业社会责任对于企业来说首先涉及“自利”和“他利”的观念问题，[①]曼德维尔悖论阐述了“恶花结善果”的实现路径。迈克尔·波特在《企业慈善事业竞争优势》中认为：企业从事公共事务，从表面上看是为了博得更多的认同和取得更好的营销效果，而实质上是为了实现公司竞争力的增强。有学者认为这是具有二元性的，即把利益群体和企业利润看得一样重要。也有学者将企业社会责任视为企业潜在竞争力提升的重要推动力。[②] 李洪彦认为：其一，企业承担社会责任所带来的长期收益大于承担社会责任的成本；其二，企业承担社会责任有利于企业利益相关者利润最大化目标的实现。[③] 因此，在当今，企业社会责任实践是有层次的，企业承担社会责任首先必须注重企业的经济责任和法律责任，在此基础上才能提及伦理责任和慈善责任，并且企业注重经济效益和社会效

---

① 曼德维尔．蜜蜂的寓言[M]．肖聿，译．北京：中国社会科学出版社，2002.

② 刘兆峰．企业社会责任与企业形象[M]．北京：中国财政经济出版社，2008.

③ 李洪彦．中国企业社会责任研究[M]．北京：中国统计出版社，2006.

益相交汇区域的经营管理行为，才能产生长期收益最大化的战略性意义，而没有经济责任和法律责任作为基础保障的企业社会责任是不会长久的。

（三）企业社会责任的发展是从结果导向的外部贡献到过程导向的内外价值转变的过程

企业社会责任是企业在经营的全方位、全过程中践行的社会责任，是企业所处的社会舆论、经济伦理、历史文化、道德习俗等文化环境因素不断内部化的结果，更是企业能否自觉将社会责任由外而内逐步纳入企业内部组织制度建构过程中的意识和努力。日本电通研修课程《企业社会责任》讲师、吉田秀雄基金会理事长松下隆代子女士在总结企业社会责任时，对企业的经营活动和社会活动的关系进行了企业社会责任转变的阶段性划分：第一阶段，企业的经营活动与社会活动是完全割裂的，先有经营活动再有社会活动，企业经营好了才去做社会贡献，投入公共事业的财力和精力是企业经营结果所决定的；第二阶段，企业的经营活动与社会活动的关系是同等重要的，企业一般会成立与企业经营管理活动相关的、专门负责处理社会责任和贡献相关工作的机构，在日本电通这个机构被叫作“社会贡献部”，该机构从企业内部践行社会责任并将其提升到与企业经营活动相同的地位，这不是一个简单的企业经营管理行为的变动，而是一种企业理念和经营战略的变革；第三阶段，企业的经营活动就是社会活动，企业社会责任理念融入企业组织和制度建设的各领域，企业会从承担社会责任的角度考量其经营管理行为，并通过企业社会责任实践实现利益最大化。可见，企业社会责任发展是企业从重视经营结果导向的外部贡献行为，到强化企业社会责任在企业经营管理过程中价值增值导向的转变。

(四)企业社会责任的发展是企业和政府、社会的互动过程

企业要承担社会责任,首先关注的就是企业的利益相关群体,即股东、合作者、员工及消费者,在当前市场竞争环境下没有企业是孤立存在的。[①] 供应链管理理论更是直接告诉我们,现代企业之间的竞争就是企业所在的产业链之间的市场博弈,市场成功的关键不再仅仅依赖企业本身经营要素的整合优化,而是依赖企业的利益相关者的共同发展,企业承担社会责任,要进一步关切非利益相关群体的利益诉求。这些今天看起来非常合理的社会生态理念是否能获得广泛共识,对于企业来说需要经历一个演化的过程。因此,不能孤立地要求企业建立和运行关于社会责任的内部规则,企业社会责任的实现还需要依赖于企业外部,需要建构企业与政府、社会、环境之间超越经济目的的信息交流与互动支持平台,这样有利于企业接触到社会上多种潜在的增长性的优质资源。日本由企业发起的公益广告活动常常关注环保、家庭暴力、老年人健康等不涉及经营的社会问题,[②]这些公益广告由社会相关评价机构评定并公开发布,在社会舆论和消费者市场上产生了很好的反馈和长远影响,由此也塑造和传播了企业形象。客观上越来越多的日本企业认识到也体会到履行社会责任能够给企业带来诸多利益,包括提升市场竞争能力、增强品牌建设、提升企业形象、吸引优秀员工、取得公众对企业的信任和降低企业经营风险等。2011 年 Giving USA 发布的年报调查数据显示,美国慈善捐赠金额 2010 年增加了 100 亿美元,增长 4%,总额达到近 2 910 亿美元,最大的接收者是宗教组织,占全部的 35%。可见,履行社会责任的内容是非常多元的,我国企业不能再将社会责任仅仅等同于捐赠或者参与公益事业,

---

① 弗里曼 . 战略管理:利益相关者的方法[M]. 上海:上海译文出版社,2006.

② 邬盛根,钱敏,王丹 . 1971—2010 日本公益广告主题变迁及比较研究[J]. 广告研究,2012(3).

这样的理解是不全面的，甚至是有害的。[①]

三、我国企业参与公益广告的形式与价值

（一）关于企业公益广告的规定

企业为提升自己的社会责任形象，以便在激烈的竞争中形成自己长久的竞争优势，纷纷投入公益事业中，而公益广告就是其公益战略或社会责任战略中的一个重要的环节。在我国，企业参与公益广告最初的动机一部分是应政府要求或是外部压力，是为了帮助政府解决公益广告事业发展的资金短缺和资源匮乏等问题。但就大多数企业而言，它们参与公益广告是完全出于公益慈善的企业道德良心，与政治经济利益无关，因为没有利益动机或是政治动机高于经济动机的想法，企业就无意明确企业公益广告的概念内涵和企业参与公益广告是一种投资企业公益形象和获得差异化竞争优势的发展战略，可以说，大多数企业不太重视企业公益广告创作与传播活动。

企业公益广告是公益广告的形式之一，是以企业为出资主体所做的公益广告，它不同于企业所做的商业广告，企业公益广告的主题必须是公益的，不能有商业元素。企业公益广告也区别于纯粹的公益广告，在企业公益广告中企业处于广告信息传播主体地位，是公益广告活动的发起人和传播内容的决策者。企业决定着公益广告传播的形式、对象、内容，决定着传播的信息对社会的作用和影响。[②] 企业公益广告也是企业利用其彰显和提升自己社会责任形象的有效手段。当然，企业公益广告与纯粹的公益广告也存在着相同点，二者都是公共利益和公益精神的诉求。公

---

① 张薇，金赫．企业如何履行社会责任[N]．光明日报，2012－06－08(10)．

② 曾小彤．关注社会，传播文明——谈电视公益广告[J]．国际广告，1996(11)：49．

益精神即将国家、社会和公众的利益视为最高利益的精神，这一精神是公益广告的灵魂所在，不管是纯粹的公益广告还是企业参与的公益广告都不能无视这一点。公益广告旨在推进公益的目的，要求企业公益广告不能以销售、促销为目的，不能掺杂过多的商业信息。

目前，我国企业公益广告大多采取了公益内容加入企业名称和标识的做法，它与有公益内容的企业商业广告不同，企业公益广告是围绕着公共利益和公益精神的诉求制作的，体现企业对某一社会问题和事件的意见或看法，或提出问题的解决途径，更像是美国广告中的“观念或意见广告”。事实上，企业更希望自己的公益广告看起来像是纯粹的公益广告，那样的话就会有更好的传播效果，只不过广告传播主体是企业而不是公益组织，而有公益内容的商业广告的主要目的还是传播商业信息，促进商品销售。

（二）企业公益广告的双重价值：商业价值与社会价值

企业作为市场经济的主体，追求利润、获取利益的经济动机往往需要社会大众的支持和理解，因此，企业在营销活动中经常借助公益广告形式与社会大众沟通，宣传自己，树立良好的企业形象。特别是在我国市场经济体制逐步建立和完善的环境中，处理好商业利益和社会利益关系问题，是关系企业经营发展的重要决策课题。就企业自身而言，尽到社会责任是企业发展到一定阶段的必然选择，企业参与公益广告彰显其履行了社会责任，是企业树立品牌形象的无形资产投资。但企业参与公益广告的原动力与笔者倡导的公益广告纯粹性存在一定出入和矛盾。当然，这不是企业的责任，而是我们缺乏完善有效的公益广告运行机制，来激励企业接受公益广告文本纯粹性并使企业积极参与公益广告变得合理有效。企业作为公益广告出资主体的特殊身份决定了企业公益广告的双重价值，既有社会价值，又有商业价值。这两方面的价值讨论也解释了企业参与公益广告事业的合理性和必然性。

1. 企业公益广告的商业价值

企业公益广告的形象塑造功能有利于企业意识到参与公益广告的价值,企业需要从现实的经济利益回报来考量企业公益广告的价值。企业参与公益往往是一种回馈社会的慈善赞助行为,因此参与公益广告就成了企业有了经济效益之后的事,即企业有钱了才会去投入公益广告活动,中小企业又认为做公益那是大企业的事等,有诸如此类想法的企业不在少数。还有一些企业认为参与公益广告是完全出自良心和公共道德,没有"钱景"的,根本不是买卖,还有的企业认为参与公益广告本身是一件可有可无的事情,政府和社会并没有就这一公益行为对企业进行硬性要求。事实上,企业参与公益广告是企业调整经营战略,主动履行社会责任,并获得竞争优势产生经济回报的经营行为。企业公益广告的商业价值正是企业参与发展公益广告事业的根本动力,体现在以下几个方面。

(1)树立企业社会责任形象,帮助企业取得竞争优势

企业参与公益广告事业是有需求的,在如今的市场环境中,随着技术手段的提升,以及信息的交流共享,市场的开放,同行业企业之间产品和服务同质化的问题严重,企业利用各种传播手段向受众传播大量的信息,受众在浩瀚的信息海洋中,很难感受到某一企业具体的产品或服务的优势。海量信息拥堵和企业同质化竞争的现实状况一再向我们证明,当今企业之间的竞争已经不仅仅局限于传统的产品或服务质量的单一层面的竞争,而是更深更广层次的企业形象和声誉的竞争。企业要想在竞争中取得优势地位,就必须抓住受众的眼球和情感需求,用有震撼力和冲击力的内容在受众的心目中留下良好的印象,而公益广告就是实现这一目的的有效手段。企业通过参与公益广告传达自己独特的价值观和经营理念,相较于商业广告,公益广告有着更好的传播效果,也更容易在受众心中生成对企业的良好认知。

企业参与公益广告事业,从长远来看,还能带动其销售增长。企业的

资本属性决定了企业必然追求利润最大化，而在追求利润的过程中，企业也渐渐意识到自己对社会的责任，自觉从事一些公益慈善活动，这些活动在提升企业形象的同时，还能给企业带来现实的销售收益。而消费者对于具有良好形象的企业的回报就是购买企业的产品和服务。2008 年 5 月 18 日晚，央视一号演播大厅举办的“爱的奉献——2008 抗震救灾募捐晚会”总共筹集善款逾 15 亿元。其中，中国著名饮料品牌罐装王老吉以一亿元人民币的国内单笔最高捐款诠释了民族企业社会责任的担当。社交网站上网民们纷纷留言：我以前从没有喝过王老吉，但是我以后一定会坚持喝下去。当年全国各大超市货架上的王老吉被抢购一空。

(2)促进企业公关平台建设和维护

企业公益广告由于具有公益广告的属性，所以也就具有了公益广告的传播优势。首先，从受众群体来说，企业公益广告覆盖的群体是相当广泛的，这取决于公益广告内容的广泛性，诸如环境保护、动物保护以及关爱老人这样的大众普遍关注的社会议题等，而且就某一个具体的公益广告而言，其受众群体也是比较清晰的。其次，从传播效果来说，相较于商业广告，企业公益广告更容易让受众卸下防备心理，因为通过公益广告的形式，企业将其对利益的追逐掩藏在对公益事业的积极支持和参与之中。孙子曰：“攻心为上。”企业以一个公平正义的视角，传递有益于普通大众的观点和见解，从而使更多的受众愿意参与进来，这为企业提供了一个与消费者或潜在消费者进行情感沟通的机会。

弗里曼在《战略管理：利益相关者管理的分析方法》一书中提出了利益相关者管理理论，该理论认为任何一个公司的发展都离不开各个利益相关者的投入或参与，企业追求的是利益相关者的整体利益，而非仅仅是某些主体的利益。[①] 利益相关者与企业是一种共生的关系，他们对企业

---

① 江若玫，靳云汇．企业利益相关者理论与应用研究[M]．北京：北京大学出版社，2009.

有着各种各样的期待,比如员工期待企业提供一个健康安全、管理有序的工作环境,政府期待企业是一个遵纪守法、奉献社会的企业公民等,企业是否能满足相关利益群体的期待甚至关乎企业的生死存亡。现在许多跨国合作项目彼此选择合作企业的时候,往往会将企业社会责任算作一个考核标准。企业通过公益广告这个载体向利益相关者传递自己的责任意识和信念,以给企业相关利益群体留下美好的印象,从而为自身营造一个良好的发展空间。

(3)强化企业定位与公益主题内容的相关性

企业在参与公益广告的创作传播过程中,会结合自身产品与服务的特色,选择具有关联性的需要关注的社会问题,通过公益广告进行情感沟通,在受众的心目中强化企业的定位,使企业得到受众的认可,进而提升受众对企业及其产品服务的认同度和忠诚度。

2013年年底,百事可乐联合中国妇女发展基金会、天猫商城推出了公益广告《快乐送》,提倡"家不以远近,乐无为大小"。广告还呼吁社会人士捐款2元参与给贫困母亲发放邮包的活动,让贫困家庭快乐过年。广告的主题曲改编自《快乐颂》,由《中国好声音》的导师庾澄庆和学员吴莫愁,以及《中国偶像》的导师黄晓明和学员艾菲主唱,蔡依林、罗志祥、杨幂以及快乐家族等一些年轻有活力的偶像也参与了舞蹈部分的演出。不管是歌曲还是舞蹈都活力四射,展现了年轻人以一个快乐的心态面对困难,并努力把自己的快乐尽可能地传递给更多人的积极心态。该广告的整体格调与百事可乐的定位是一致的,百事可乐主打年轻人的市场,打造代表年轻人的流行文化,而该公益广告的演绎者是大家耳熟能详的活力偶像,广告主要投放在年轻人的聚集地——各大网络平台上,广告倡导的"传送快乐"也是一个新鲜活泼的概念。可以说,百事可乐在呼吁人们加入这一公益行为的同时,已经潜移默化地强化了其品牌定位。捐款活动从2013年12月20日开始,截至12月29日18点,已有47 439

人参与到这个活动中来，捐款金额达到259 894元。该公益广告视频在优酷上发布不到5天，点击量就超过了400万，在QQ音乐上短短几天内收听量突破200万。

(4)为企业发展提供稳定和谐的社会舆论基础

相较于前三点的商业价值来说，这一价值表现得相对间接，需要的时间也相对较长。所谓“大河有水小河满，大河无水小河干”就是这一道理，企业通过公益广告推动社会和谐，反过来也可以说是为自己的生存营造了一个健康的生态圈，为企业发展提供了更大的空间。企业非常注重关系生存与发展的生态环境，企业在发展过程中，逐步认识到作为“社会细胞”的企业，想要健康长远地发展壮大，必须要有一个好的社会舆论环境，企业作为社会公民，理当义不容辞地付出努力。以日本企业踊跃投身公益广告事业为例，日本很多企业通过多种形式加入和支持日本公共广告机构(AC日本)，积极参与公益广告活动来体现企业自己的社会责任感，且所参与的公益广告并不体现企业的品牌商标和产品服务，这些企业愿意担当公益广告的幕后英雄，这一点对于我国如何建构社会公益机制是具有启发意义的。

2. 企业公益广告的社会功能

作为公益广告的一种，企业公益广告有着重要的社会功能，这些社会功能也解释了带有商业元素的企业参与公益广告的合理性。我们一般的认为公益与私益是相对的，非公即私，认为追求私益就是一种自私的、排他的行为，极端的观点甚至认为这是一个全部利己毫不利他的过程。企业作为一个经济组织，它追求的是利润的最大化，这是一种追逐私利的行为，也是一个“经济人”的角色。而公益事业追求的是公共利益最大化，是一种无私的善举，企业参与公益事业就必须履行一个“社会人”的角色，当然今天看来这两种角色是相互关联的。

从企业承担社会责任的角度来看，我们可以发现，企业从事体现社会责任的相关行为，其实是从企业自身的长久发展考虑，企业通过承担社会责任，支持慈善活动，来树立良好的企业形象，从而为自己营造更大的发展空间。在这一“长期的自利”过程中，企业参与公益是从自己的私利出发，做出利他的社会公益活动，最终达到利己的目的，这其实是一个双赢的过程。企业在利己的同时当然也能够带来很多利他的社会功能。这正如曼德维尔悖论所传达的，“如果从道德的角度看，受自利驱策的商业社会是应该受到谴责的，但如果想以‘公共精神’为基础而建立起一种充满美德的繁荣社会，那纯粹是一种‘浪漫的奇想’”。曼德维尔在《蜜蜂的寓言》一书中以蜜蜂为喻，道出“私人恶德即公共利益”。企业追逐自身商业利益的同时，又能够促进公共利益的实现，这主要表现在以下几个方面：

(1)企业公益广告促进了公益广告事业的常态化发展

在前文我们就讨论过，在企业参与公益广告之前，政府和媒体运行下的公益广告事业发展遇到了诸多问题，即公益事业整体上供给不足，主要表现在公益广告的供给主体过于单一；公益广告的总体数量较少且质量不高，内容缺乏创意，说教意味浓厚；公益广告在时间、空间和主题上的供给不均衡，供给主要集中在突发公共事件和举办各类赛事，以及重大政策发布时期，总体来说，集中式、运动式的公益广告传播状态过多过强，而受众参与意识较薄弱的公益广告事业难以持续地常态化运行。

企业参与公益广告之后，将为公益广告事业提供充足的资金，不仅能够保证公益广告的数量，还可以聘请专业的广告制作团队，以提升公益广告的创意，丰富公益广告的表现形式。以前公益广告只是在电视、广播或报纸上喊几句口号、打打字幕，而企业参与后的公益广告内容渐渐丰富，感人的画面加上创意的表现方式，越来越吸引受众的眼球。此外，公益广告的载体也日趋多样，在网络上随处可见企业参与制作的公益微电影或公益 MV，公益广告已经走进了我们的日常生活。除了在数量和质量上获得了提升，企业参与还丰富了公益广告主题的多样性，很多企业都根据自己的经营范围和企业文化理念，或是针对社会存在的需要关注的一些问题，确立各自的公益广告主题，而不是仅仅追随政策或突发公共事件，从某种程度上改善了公益广告“突发的繁荣与平日的寂寥”传播状况。而且，企业参与公益广告有利于塑造企业形象，这使得企业的参与获得了回报，有助于激发其他企业的参与热情。可想而知，当越来越多的企业参与公益广告事业时，将会形成企业在公益广告事业上长期参与和良性竞争的氛围，这将促进公益广告事业长久可持续发展。可以说，建立在私利基础上的公益才更有机会成为长久的公益。

(2)解决社会公共性问题，促进社会各个阶层的和谐发展

企业参与的公益广告往往对社会存在的、需要关注的问题提出意见或解决措施。在汶川地震发生后，企业纷纷慷慨捐资或出力制作公益广告，号召全国人民齐心协力，共同抗灾，通过各种公益广告号召人们向灾区捐资捐物，激励受灾人民自强自立，重建家园，给人以生的希望和力量。这些公益广告在慰藉灾民情绪、团结社会力量、合力共克时艰方面发挥了积极的作用。再比如腾讯投资制作的《弹指间，心无间》公益广告，反映的是亲人之间由于距离太近，而容易忽略相互之间的爱的问题，告诫我们要珍惜来自家人的爱，用沟通传递爱。其实这是一个普遍存在的社会问题，尤其是对于年轻人来说，距离越近的爱越不知道珍惜，这则公益广告不仅让我们关注到这一问题，还为我们提供了解决的方法，那就是沟通。自然环境保护、社会公共道德、精神文明、家庭伦理等，都是企业公益广告可以涉及的领域。

(3)发挥公益教化作用，培育利于企业发展的和谐舆论环境

企业公益广告的公益性特点使其更容易得到受众的认可，企业公益广告向受众传递有益的价值观或促使受众行为发生改变。企业利用充裕的资金和资源参与公益广告活动，促使公益广告的主题内容、创意形式更

加丰富和多元化，因此，企业公益广告能够在自身社会责任形象塑造中更加注重洞察消费者对于公益的需求，更加关注公益广告诉求的创意性和有效性。这一切努力都有利于企业公益广告实现其社会教化和价值导向的功能，从而创造有利于企业发展的和谐舆论环境，培育有利于企业发展的社会人文环境。比如，蒙牛的公益广告《蒙牛生态中国》就是以保护我国生态环境、解决生态问题为主题制作的。2009 年，蒙牛集团联合全国绿色委员会、国家林业局和中国绿化基金会共同倡导“携手生态中国，共建生态草原”，广告中蓝天、白云、广阔的青色草原让人向往，广告中的文案字字句句描述人与草原自然和谐相处的美景，展示野生动物聚集、植物生长、少数民族集中的草原区生活。这则广告更是向人们强调了生态草原对人类生存、民族情感维系的重要作用，警醒人们增强对生态草原的保护意识，也使人们加强了对蒙牛企业及其产品绿色环保的认知。

四、企业社会责任理论下企业公益广告的策略选择

企业公益广告作为企业的一个传播工具和手段，对企业社会责任形象的塑造具有很大的帮助作用。那么，企业如何利用公益广告最大限度地发挥这种作用呢？这就涉及对企业公益广告策略的思考，特别是涉及企业社会责任理论下企业公益广告策略的选择，因为企业公益广告中企业有着主导权。首先，企业做公益广告要找准定位，确立相关主题范围，在公益广告中占有一席之地；其次，要建立企业与企业参与的公益广告之间含蓄的、艺术化的关联；最后，在投放媒体的选择上也要不拘一格，企业需要整合与创新媒体资源。

（一）企业公益广告的主题选择

选择主题是企业参与制作公益广告的第一步，也关系到整个公益广

告的传播过程和效果。好的公益广告主题更能吸引受众的关注和参与，好的传播其本质特征是“播传”，是由受众积极主动参与而完成的。企业选择公益广告主题要遵循现实性和品牌性两个原则。按照时效性，可以将公益广告分为日常性的公益广告和突发性的公益广告。从我国企业的公益实践来看，突发性的公益主题很容易得到企业的重视，比如汶川地震期间，电视上的公益广告播放数量远远高于平时；再比如奥运会期间，随处可见带有企业 LOGO 的公益广告，倡导文明行为。这要求企业用敏锐的视角关注社会议题、企业身边的时事，顺势而为、借势传播。当然，这个时候关注参与的企业也会很多，无形中抬高了传播的门槛，企业公益广告极有可能会被淹没在海量且具有同质化主题的公益广告汪洋中。

其实，日常性的公益主题更应该得到企业的重视，直观的理解就是，企业所生产的产品大多数都是满足人们日常生活所需的，日常的公益广告主题往往更加具有代入感和生活场景的植入效果，反映人们日常生活中积累的较为普遍的困惑、焦虑和不安等问题，比如贫困儿童教育、亲子之间的代沟、新技术导致的人的异化等。像新传播技术导致的人的异化，已经成为现今社会一个非常值得关注的问题，比如年轻人因沉迷于手机和网络，而忽略亲人、工作和学习，有很多当事人并没有意识到这一问题。当这一问题通过公益广告的形式展现在人们面前的时候，冲击力可想而知。

所以企业公益广告主题的选择需要具有较强的现实针对性，不仅要紧抓时事，还要关注社会日常的普遍问题。只有这样，公益广告才能吸引更多受众的目光，引发受众的共鸣，进而影响或改变受众的观念及行为，真正发挥传播的“社会雷达”作用。

此外，企业公益广告的主题选择还要注重企业品牌定位原则，即主题的选择应该与企业的品牌定位相关联，与企业社会责任战略、公益营销战略相统一，与其他的公益活动相连接。在实际中这个原则应该是首要原则，企业选择的公益主题必须能够为企业品牌形象和战略服务。比如，当今的互联网企业认为“企业社会责任”是一种最为受尊敬的互联网企业标签，腾讯将自己的经营理念总结为“一切以用户价值为依归，发展安全健康活跃平台”，那就是要将“企业社会责任”落实到互联网如何提升人类生活品质上。腾讯在落实公益活动主题时，将焦点放在人与人之间的沟通、弱势群体和环境保护方面，从而开展了“腾讯新乡村活动”“网民行动”“月捐计划”“零公里行动”等一系列公益项目。腾讯网和腾讯公益网为各类企业的环保活动提供了平台。除此之外，腾讯自身也参与投资了诸如《保护地球从我做起》《一块钱》等公益广告，这些公益广告不管是沟通的主题，还是环保的主题，抑或是关注弱势群体的主题，始终都体现了“通过互联网提升人类生活品质”的企业社会责任观，以及“安全健康活跃”的企业理念。

企业经营环境和目标的现实性、发展性，要求企业在对公益广告和公益活动的主题进行选择时，要有定位意识、受众意识，也就是要满足相关利益群体的期待，要把企业人格化，企业要以一个社会公民的身份关心政府的政策，关心身边人的需求，选择能够最大化满足相关利益群体的关键利益问题，作为公益广告的主题。

（二）企业公益广告与企业之间的关联性

经济学上的企业的定义是“追求利润最大化的经营团体”，追求理想的商业回报，是企业经营行为的出发点，企业出资做公益也为了商业回报。然而，公益广告的本质在于“公益精神”的传播，目的是解决社会问题，提升企业自身形象等只能是企业做公益广告的附加“产品”，不可本末倒置，所以，企业能做的只有是在企业公益广告中，注入与企业相关的、隐性的、间接的元素。

一是加强企业在视觉和行为上的关联性。企业 LOGO 是企业最直观的视觉关联表达方式，此外，还包括企业标准字、标准色的呈现也直观地传递了企业的社会责任形象，再有就是企业代言人在企业公益广告中出镜，比如很多企业的领导人亲自做公益广告，借助其个人魅力和影响力，向社会宣扬企业所倡导的价值观。此外，选用本品牌的形象代言人也是一种视觉关联的方式，因为他们经常代表某一品牌出现在受众的视野中，受众无形中会将其与某企业或品牌联系在一起。2002 年，《关于进一步做好公益广告宣传的通知》对企业公益广告做了一些规范，例如，允许企业标识在电视中出现 5 秒钟，使用标题版的不得超过 3 秒，报纸和户外广告上刊载公益广告不得超过版面的 1/5，这为企业公益广告留下了相对宽泛的表达空间。

在行为方面，企业主要致力于传达企业行为与公益话题的内在一致性，传达企业以身作则，投身公益广告的热情，让受众在对某一话题感同身受的同时，认识到企业在承担社会责任，并且企业没有停留在言语宣传上，还做出了实际的公益行动。比如百事可乐《把乐带回家》公益片，向受众讲述了百事可乐的“快乐送公益大使”黄晓明作为一个邮递员推掉自己的工作，克服困难走到一个个乡村，给贫苦母亲送爱心邮包的故事。公益片向我们呈现了贫困母亲们的生活状况，在和母亲们的互动过程中，公益大使黄晓明也对公益有了新的认识：公益不是一个工作，而是一个能给人带来快乐的礼物。虽然在公益片中我们看到的是黄晓明的个人行为，但是应该没有观众会将其与百事可乐这个企业割离开来。

二是加强与企业经营理念的关联性。企业经营理念是企业的灵魂，它表示企业区别于其他企业所具有的独特价值观、信念、经营理念、宗旨、道德等。黄升民在《公益广告：企业理念的重构与表现》一文中曾指出：要想利用企业公益广告塑造企业形象，就应避免企业理念与企业公益广告要传达的理念不一致，企业制作、传播公益广告应视为企业宣传和贯彻自身理念的一种自然行为。2008 年，日本新干线播出的公益广告《日本，休息吧!》,其公益诉求就是鼓励大都市中快节奏工作生活的亚健康人群暂别工作、放慢脚步、外出访友、回故乡省亲等,好好调整身心、享受生活的乐趣。广告片非常温情感人,当人们静下来仔细想想,真心会被感动而接受此建议,所以当人们坐上新干线远行时,人们不仅接受了新干线的公益诉求,也接受了新干线的旅行服务,这就是企业公益广告的最高境界。这个境界就是把企业公益广告做得像是纯粹的公益广告,即在保证公益诉求和公益精神独立性的同时,企业公益广告勾连上企业的经营业务、企业文化,以一种润物细无声的方式影响受众的行为选择。

台湾的大众银行在2010年和2011年做了三则公益广告。《马校长的合唱团》讲述了一个平凡的没有受过音乐训练的老师不辞辛劳地教普通人家的小孩唱歌,教他们勇敢、自信地活着。他对孩子说:“你能唱出那么美的声音,就表示上帝对你与众不同,你也要爱自己的与众不同。”《母亲的勇气》讲述了一个63岁的台湾母亲,没有出过国,不会讲英语,经过三天飞跃三个国家,独自到委内瑞拉照顾生孩子的女儿的故事。她携带的中草药还被误认为是毒品遭严检,她情绪几近崩溃。一路上她匆忙、紧张、无助,然而坚忍、勇敢和爱让一个平凡的母亲变得不平凡。《梦骑士》讲述了一群平均年龄81岁的老人,患有各种病症,在一位同伴去世后,一起克服困难骑摩托车环岛,追溯年轻时的生活和梦想的故事。三则广告在一开头就追问观众:“人为什么活着?”结尾用一个字回答,“梦”,紧接着是“不平凡的平凡大众”以及大众银行的LOGO。这三则广告都以不平凡的平凡大众为主角,都是经真实故事改编。与人相关的公益主题,让我们真真切切地感受到了大众银行的文化理念——“关注平凡大众,延伸平凡大众的财富”。《梦骑士》与大众银行的隐性关联最为强烈,大众银行借这则广告鼓励人们勇敢追梦,不管年龄有多大,也不管有多少困难,然而,平凡人追逐梦想最需要的是什么?是钱。想要钱,可以找大众银行贷款。

（三）整合媒体资源，特别是推进新媒体互动创新，提升公益广告传播效果

企业要最大化地发挥企业公益广告对其社会责任形象的塑造作用，还需要找准相关受众群，整合媒体资源，最大限度地曝光企业公益广告。传统媒体如报纸、杂志、广播、电视、户外以及互联网、移动手机、数字新媒体等，都可以根据公益需求组合使用。比如，某些品牌的受众定位在年轻群体，那么经营者就应该重视大众传播手段以及正在涌现的分众化、个性化的新媒体传播手段的应用。这些媒体具有更好的信息资源，娱乐互动性和社会交往性强，而且在这些新兴的媒体上，好的公益主题及创意，还可因“轻公益、微公益”的话题性在年轻群体中进一步传播扩散，这对企业理念、公益主题内容的传播有积极意义。

五、企业公益广告的缺憾与追求

如果说塑造好的形象是企业做公益广告的起因，具体塑造策略就决定了企业公益广告传播过程和结果，那么企业公益广告会给企业带来的结果是什么呢？很多人可能会说，既然企业公益广告的优势那么明显，且企业的策略也可谓相当精准，对企业而言，结果必然是能够塑造企业差异化形象，促进企业长远发展。诚然，企业公益广告的这些优势和作用是不可否认的，但是，纵观我国企业的公益广告实践，我们不得不承认，企业公益广告也有其不可避免的、原生性的局限性，且在发展过程中也逐渐出现不少矛盾冲突或尴尬问题，这主要与我国企业的公益意识尚不成熟有关，主要体现在企业过于注重对企业公益广告商业价值的短期追求，而忽略战略性的、长远的公益价值。

(一)企业社会责任意识缺失下的企业公益广告规划失范

企业社会责任对于企业来讲是一个组织理念。企业从事公益广告事业的逻辑是,企业社会责任成为消费者或利益相关群体衡量企业的新标准,为了提升企业社会责任形象,企业对其营销战略进行调整,公益慈善战略越来越受关注,而企业公益广告就是这一战略的重要传播手段。而企业社会责任意识缺失的部分企业出于商业动机投入公益广告事业,看到别的企业从公益广告中获得社会与经济的双重回报,也盲目地参与却找不准自己的公益诉求定位,这部分企业缺乏整体的社会责任战略规划,虽然投入了财力和精力,却没有在受众心目中形成一个良好的企业社会责任形象。

此外,还有一部分企业将社会责任停留在表面宣传上,企业的实际行动却背离企业公益广告所塑造的社会责任形象,这无异于自欺欺人,一旦企业的不良行为被曝光,再完美的企业公益广告也挽救不了企业的坏形象,因为企业压根就没有把其社会责任落到行动实处。2008 年对蒙牛及所有奶制品企业来说,可谓难忘。三聚氰胺事件对蒙牛企业来说,虽未致命,也算是重创,这一年蒙牛亏损了 8 个亿。此前,蒙牛对公益事业的奉献吸引了社会大众的眼球,受到了众多好评。为支持儿童福利院的建设,被誉为“全球捐股第一人”的蒙牛创始人牛根生还创立了“老牛基金会”。然而此事一出,不光蒙牛的销售额直线下降,牛根生本人的人设也受到了社会大众的普遍质疑,可见,企业承担社会责任更重要的是落实到企业内部经营管理体系中和行为上。

(二)过度商业动机下的企业公益广告行为失范

每个广告都承载着广告主的动机,也就是广告目标。企业做公益广告应该有两个目标,一个是直接目标,一个是间接目标。所谓直接目标就是企业通过企业公益广告传递公益精神，以影响和改变受众的观点，促进社会公益和公共利益目标达成。所谓间接目标就是企业公益广告在促进社会文明进步的同时，向受众传递企业的社会责任形象，通过吸引受众关注社会公益话题，与消费者进行公益沟通从而获得消费者的好感，提升消费者对企业的忠诚度。直接目标是本，间接目标是末。然而，企业在进行公益广告实践过程中，可能本末倒置，甚至部分企业商业动机明显，从而引起受众的不适及反感。

在企业长期的经营中，广告一直被认为是营销的手段，是促销的工具，法兰克福学派代表人物霍克海默把实现这种功能的方式和手段称为工具理性。他在 1974 年出版的《工具理性批判》一书中强调，理性由于被局限于目的——手段的关系，已蜕变为“技术理性”，“既被当作统治自然的纯粹工具，也发展成一种社会统治形式”。现实的状况是，这种广告工具理性思维惯性不仅出现在商业广告的操作上，还体现在企业公益广告的运行过程中。很多企业追求短期效益，急于利用企业公益广告达成商业目的，而忽视企业公益广告的公益精神实质，忽视公益精神对形成企业“软”实力的作用，忽视公益的长久价值，脱离企业社会责任战略的根基，也必将遭遇社会上敏感的消费者和受众的质疑及抵触。

在若干年前，我们看到《给妈妈洗脚》这样的公益广告时，会感动落泪，虽然它的故事情节和表现形式都很简单。然而今天，当我们看到众多形式多样的公益广告时，我们可能会赞美它的创意，赞美它的高科技，却很少有人赞美广告主，甚至会有人骂广告主的商业信息破坏了公益广告的感人程度。为了了解身边人对企业公益广告的认识，笔者做了一个小测试，将一些较著名的企业公益广告播放给被测者看，并记录下他们在观看时的反应，在观察的 10 个人中，只有 3 个看完之后或多或少地沉浸在自己的感动中，大多数人的第一反应是：“噢！我知道，这是××品牌的广告。”在他们眼里，这些公益广告已经属于“××品牌的广告”而非“关于××

主题的公益广告”或“××企业做的公益广告”。如果你以为这就是他们的全部反应，那你就错了，他们往往在后面还会补上类似这样的一句话：“现在的企业都这样，烦死了，就知道骗取观众的同情心。”在大多数人的眼中，首先，他们否认了这些企业公益广告的公益性质，其次，他们已经看出了企业通过公益广告获取私利的目的，并且对此表现出反感。如此下去，企业公益广告应该具备的公益传播效果就不存在了。

（三）与企业关联度较低的企业公益广告效果失范

我们有必要再次提出企业从事公益广告事业的商业逻辑——基于企业社会责任下的企业公益广告。这个逻辑里有三个关键元素，即企业、社会责任和公益广告。在企业公益意识上，有的企业过于在意自己，而有的企业又过于不在意自己，这里表现在企业从事公益广告时，忽视了公益广告与企业经营理念的关联。社会责任多种多样，公益话题也是五花八门，作为个体的企业投身公益的精力是有限的，所以企业必须找准定位，抓住某一个或某几个与自己经营理念相关联的社会公益问题，集中力量，给予长期关注，并借助公益广告等传播手段将企业的精神、价值观、行为理念传播给受众，带动受众参与，从而有效促进社会公益问题的解决，并提升企业自身的社会形象。在现实中，某些企业对其内部文化认识不清晰，其制作的公益广告传达的理念与企业的产品特质不相关，还有一些企业对自身公益战略缺乏整体规划，虽然企业也致力于做公益广告，却未能在消费者或受众心目中形成一个统一明晰的公益形象。

如果企业公益广告是展现企业社会责任形象的一个窗口，一个载体，那么企业参与公益广告的运行机制是什么？企业参与公益广告的运行机制在一定程度上是放大了还是缩小了企业的社会责任形象？[①] 不管是从

① 李迎曦．论企业公益广告对社会责任形象的塑造[D]．合肥：安徽大学，2010.

受众接受公益广告的心态的角度，还是从企业参与公益广告的实践角度来看，企业都应该首先解决一个问题，那就是打消用公益广告直接获得商业利益的念头，剔除公益广告中的直接商业信息，即企业应该做文本纯粹的公益广告。要想使企业参与文本纯粹的公益广告成为可能，就必须在剔除商业信息的同时保证企业能够继续参与，并获得相应回报。可是，完全靠企业自觉维护公益广告的纯粹性是不现实的，企业自然有遵循公益广告纯粹性的道义责任，但是在没有建立公益广告约束机制和激励补偿机制的情况下，企业很难靠自身力量去保证公益广告的纯粹性，所以企业参与文本纯粹的公益广告还需要公益广告运行机制的支持。

六、结语

曼德维尔悖论指出，如果从道德的角度看，受自利驱策的商业社会是应该受到谴责的，但如果想以"公共精神"为基础而建立起一种充满美德的繁荣社会，那也纯粹是一种"浪漫的奇想"。所以，我们不应该过分纠结于企业参与公益广告事业的动机，其实正是由于这种动机吸引了更多的企业投入公益广告事业中来，从而促进公益广告的长久发展。我们真正应该纠结的是如何给企业提供一个约束与激励共存的、健康有序的公益广告运行机制，尽可能让企业发挥自己的优势促进公益广告事业的发展。

企业社会责任的概念自 20 世纪 80 年代传入我国之后，受到越来越多的企业重视，企业主也慢慢开始认识到，企业社会责任不再是企业前行的一个负担，一个外在的约束和压力，它更应该是企业内部的自觉行为。企业之间的竞争也不再是传统的产品、价格、渠道和促销方面的有形竞争，而是更深、更广、更全面的企业社会责任形象的竞争。目前，我们不得不承认企业公益广告在承担企业社会责任的过程中出现了一些难以避免的不利影响，企业参与公益广告还只是企业单方面的无规则的传播行为，或出于政治动机，或出于商业考量。笔者认为，这里需要一个规范商业化参与的公益广告运行机制，特别是在文本纯粹的公益广告运行的要求下，企业参与公益广告更加需要一个鼓励企业支持公益、发展公益的合理有效的公益激励和评价机制。

第三章 历时与共时

——中日公益广告运行比较研究

公益广告体现了一个国家的文明发展程度、社会经济和文化发展水平，是一个国家广告业是否成熟的标杆，集中反映出这个国家人们的公共意识、伦理道德、文化修养等方方面面的精神追求，又是这个国家经济可持续发展、社会转型变革的重要支持力量。1917 年，美国小说家诺曼·道格拉斯曾经断言广告业会在全世界蓬勃发展起来，他说过“透过广告，你可以看见一个国家的理想”。笔者认为，公益广告更是这样一种让你看见理想的重要力量。日本的公益广告事业起步时间相对较早，已经形成了一套较为完善的运行机制，而我国公益广告事业在取得了长足发展的同时仍在不断完善中。中日两国同属于东方文化背景，长期以来两国之间在社会、经济、文化等各个方面有着密切交流，有着共同面对的社会公益问题，也有着差异化的国情背景，因此，笔者对两国在公益广告运行历史和现状等多个方面进行了比较分析，发掘出影响公益广告运行的经验性和规律性因素。

一、中日公益广告历史变迁与发展沿革

2008 年笔者受到教育部与日本电通公司合作设立的“电通·中国广告人才培养基金项目”的资助，赴日本东京电通研修学习，有机会接触到日本公益广告机构——AC 日本①。在接触到 AC 日本的组织理念之后，

① 创立于日本大阪的、负责公益广告运行的 NGO 组织。

笔者发现公益其实就发生在每个人的日常生活中，如一举手一投足、简单的问候、浅浅的微笑，并不仅仅是笔者原先以为的那种真金白银“高大上”的捐款和朗朗上口、振振有词的口号。笔者认为，研究公益广告，可以从中日两国社会、经济、历史和文化多个角度进行，可以从中日两国现代公益广告产生发展的历史脉络梳理中展开。

(一)中国公益广告从《节约用水》电视公益广告开始

我国现代广告发端于 1979 年的改革开放，商业广告随着开放的市场意识和经济改革的思想冲击而呈现出“井喷式”的发展势头，各种各样的商业广告既促进了经济发展，也逐渐提升了我国广告创意制作能力和水平，其中公益广告作为广告的一种形式在 20 世纪 70 年代处于萌芽阶段。这一时期，媒体开始尝试举办一些公益性宣传活动，宣传活动所选择的媒介仍以平面媒体为主，极少有电视媒体，因此，传播效果有限。1986 年贵阳市节水办公室和贵阳电视台联合发布了中国历史上第一则经过专业化处理的电视公益广告《节约用水》。这则电视公益广告片采取了当时最为专业的创作手段，一改以往公益广告标语式的枯燥表现方式，将“节约用水”这一环保主题用生动形象的电视画面展现出来，突出节约用水的紧迫性和必要性，唤起人们节约用水意识。广告一经播出，得到了贵阳市市民的积极响应，公益广告在那个年代第一次引起人们如此集中的关注。《节约用水》使得中国现代公益广告真正登上了历史舞台，引起了政府、媒体和社会大众的广泛关注，对中国公益广告事业发展起到了启蒙作用。第二年，1987 年 10 月 26 日，《广而告之》栏目在中央电视台开播，标志着中国开始拥有了全国性公益广告发布平台。《广而告之》栏目正式开播之初确定了其宗旨：“它通过提醒、批评、规劝，向广大人民群众传播各种有益于社会进步的思想、行为方式和道德准则，以改变人们的价值观和道德观，达到培育良好社会风气，促进社会文明与进步的目的。”《广而告之》栏目依靠中央电视台的主导性地位与丰富的人力、技术资源，制作出了大批专业性强的公益广告，并取得了良好的社会效果，带动了全国公益广告的蓬勃发展，不少省市电视台也纷纷开设公益广告栏目。截至 1995 年 11 月，全国已有 27 家省级电视台和计划单列市电视台拥有了类似栏目，各类电视公益广告栏目如雨后春笋般地涌现出来。[①] 从此，全国性的公益广告活动进入新的全面发展阶段。

1986 年到 1995 年的十年，是中国公益广告的起步成长时期。值得一提的是 1989 年，以教育问题为主题的《希望工程助学行动》公益广告轰动全国，其展现了中国贫困地区孩子上学困难、办学条件落后的困境，这则公益广告打动了中国亿万百姓，一时间社会各界积极响应捐款，该广告成功推动了希望工程助学活动的开展，大大改善了贫困学生所面临的教育困境。这一时期的公益广告主题多以环境资源问题和公共道德问题为主，但因为人民生活水平不高，对国内公益活动关注度有限，且公益广告主题分布零散，并未形成规模，因此，影响力相对有限。

从 1996 年开始，中国公益广告有了新的突破。1996 年，我国创作了主题为“中华好风尚”的公益广告，弘扬中华民族传统美德与传统文化精髓；1997 年，创作了以“自强创辉煌”为主题的公益广告，宣扬自强不息、励精图治、知难而进的民族精神；1998 年，面对百年不遇的洪水，创作了“抗洪救灾”主题的公益广告，号召全国人民万众一心共同抵御洪灾；1999 年，创作了“预防艾滋病”等主题的公益广告，关注国民健康问题。这一时期，由于政府的牵头与支持，公益广告呈现出主题系列化、组织规模化的特点，每年都会有一个或一个以上相对集中的重大主题，如“下岗再就业”系列、“知识改变命运”系列、“树立新风尚迈向新世纪”系列等，每一个系列公益广告播出之后，都在当时引起了社会的广泛关注，公益广告所发挥

① 王云，舒扬．《广而告之》在中国公益广告史上的意义[J]．新闻大学，2000(3)．

的作用也越来越大。[①]

2001年，为了积极响应党中央关于“推动全民思想道德建设工作”的号召，中央电视台积极利用自身资源优势，制作出一批公益广告精品。从2001年年初开始政府部门的组织力度也相应加大，中央电视台、共青团中央等单位组织开展了一系列主题多元、规模空前的公益广告活动：2001年，主题为“新世纪、新风尚”，关注公共道德和环境资源问题；2002年，以“弘扬社会风气”为主题；2003年，非典肆虐，面对严峻的考验，推出了“弘扬民族精神，共同抗击非典”主题公益广告宣传活动，成功地稳定了社会秩序，安抚了社会负面情绪，并为全国人民提供了强大的精神支柱。

2006年之后，中国公益广告进入了快速发展阶段。“一个中心，多个主题”是这个时期的主要特点。2006年，围绕“亲情”主题的《常回家看看》《洗脚》两则公益广告深入人心；2007年，为迎接北京奥运会的到来，“同一个世界，同一个梦想”奥运口号同名主题广告推出；2008年，推出了关注公共道德和社会福利问题的以“扬正气、促和谐”为主题的公益广告；2009年，推出了以“城市让生活更美好”为主题的公益广告，意在唤起人们关注公共道德、社会环境等问题。进入21世纪，私家车的普及率越来越高，交通事故却频繁发生，因此，2010年以交通安全为主题的公益广告出现。随着我国老百姓生活水平的大幅提升，人们对政治政策宣传和社会热点类主题公益广告关注程度逐步下降，公共道德规范与个体生命健康主题成为这一时期公益广告的热点。

中国对公益广告主题分类的标准较多，中国公益广告网上有对主题分类的标准（见表3-1）。有研究者统计了20多年来中国广播电视公益广告主题的分布情况，其中公益广告传播内容，依托中国公益广告网公益广告库资料，笔者分七类统计，分别为环保类、健康类、安全类、公德类、社教

① 王亚楠．改革开放30年广播电视公益广告主题研究[D]．厦门：厦门大学，2009.

类、企业类、其他类。企业类公益广告指的是企业从公益和责任的角度对自身进行宣传的广告，其他类主要是专题类的广告，如北京奥运会、上海世博会，等等。主要由环保组织制作的环保类公益广告数量最多；以弘扬美德，激发社会正能量的公德类广告次之；社教类和其他类分别排名第三和第四；剩下的就是安全类和健康类公益广告。而在我国的公益广告中，社会热点话题类主题和政治政策宣传类主题较多，达到了 8.9% 和 14.16%的比例，这是我国公益广告的一个鲜明特点。[①]

表 3-1　中国公益广告网公益广告主题分类标准

一级分类	二级分类
环保类	保护动物、保护资源、保护生态、节能减排、治理污染、能源再生
健康类	心理健康、药品安全、禁毒戒烟、环境卫生、抗疾防病、科学保健
安全类	抗灾救灾、交通安全、生产安全、食品安全、防火防盗、安全用电
公德类	扶弱助残、诚实守信、和睦家庭、励志人生、社会和谐、行为规范、职业道德
社教类	打击犯罪、打假扫黄、反腐倡廉、法制普及、知识产权、政府职能、维护权益、思想观念、公民教育
企业类	服务企业、生产企业
其他类	北京奥运、上海世博、广州亚运、四川依然美丽、和谐广州、李连杰壹基金、民族团结

在此笔者以中国公益广告网[②]公益广告库为例，讨论中国公益广告现状，中国公益广告网是目前网络上可查询的公益广告数量最多、涉及范围最广的媒介。以中国公益广告网为研究对象，对中国公益广告本体状况的研究可操作性强，且具有代表性。截至 2012 年 3 月 1 日，笔者共搜集了在中国境内传播的各类公益广告 15 415 条，通过对中国公益广告网公益广告库内所有广告进行分类分析，笔者得出如下结论：

---

① 王亚楠．改革开放 30 年广播电视公益广告主题研究[D]．厦门：厦门大学，2009.

② 中国公益广告网是在国家政府部门发布的多个关于公益广告宣传工作的通知的指示下，由中国广告协会电视委员会主办，金长城国际广告策划执行，北京联合力量文化传媒有限公司提供技术支持的全国性公益网站，是国内首个以公益广告为主体，融合影视、广播、平面、户外立体、动画漫画等多元广告形态的专业性公益门户网站。中国公益广告网建立于 2009 年 5 月，是目前中国可查询的公益广告最多，涉及范围最广，具有代表性的网络媒介。

公益广告的传播对象为全体公民，公益广告的传播有着广泛性、复杂性和藏匿性等特点。[①] 在2008年一项有关公益广告的调查中：有47%的受众表示会经常留意公益广告，33%的受众常常忽略公益广告，剩下的近20%的受众表示不会注意公益广告，忽略和不会注意竟超过50%。

公益广告按照传播媒介一般分为影视公益广告、平面公益广告、动画公益广告、户外公益广告、广播公益广告和其他广告（主要以网络广告为主）六类，笔者对中国公益广告网已发布的15 415条广告进行分类，详细情况如下（见表3-2）。

表3-2 公益广告媒体分类比例

公益广告媒介形式	影视广告	平面广告	动画广告	户外广告	广播广告	其他形式
合计	3 000	9 849	1 081	402	1 042	41

公益广告的传播者一般包括政府、媒体、企业、非营利组织等。笔者调查中国公益广告网发现，20世纪90年代至今，环保类广告的传播者80%来自环保组织，公德类广告传播者前两名分别是电视台和政府部门，而其他形式的公益广告的发布者没有明显规律。在传播系统中，政府、媒体、企业和非营利组织都参与发布了公益广告，但是它们各自按照自己的需求时间通过不同渠道发布公益广告，从传播者角度来说传播者来源的广泛和复杂使中国公益广告传播流程呈现集中性、应急性和运动式特征。

（二）日本公益广告从"关西公共广告机构"到"AC日本"

日本公益广告的发展已经有50年历史，在此期间，日本公益广告一方面学习美国等西方国家先进的组织经验与操作模式，一方面总结自身特点，摸索出了一套较为完备的公益广告运行机制。早在20世纪40年

① 王瑜．从传播过程探讨我国的公益广告[D]．厦门：厦门大学，2008.

代，美国就已经出现了公益广告事业相关机构，到了20世纪70年代，发展日趋成熟。这时期，日本一部分广告人与企业经营者受到美国广告委员会的启发，开始关注日本社会存在的诸多急需解决的问题，并决心更大程度地发挥广告所拥有的良好宣传作用，更好地服务社会。于是，1971年7月7日“关西公共广告机构”正式成立。其以关西为中心，主要通过报纸、电视、广播、杂志等媒体对公益精神进行宣传，以“环境保护”和“公共道德”为主题，制作了一系列公益广告作品，如《唤起公益心》《让我们一起去思考》等。随着事业的不断扩大，关西公共广告机构在1974年改名为“日本公共广告机构”，会员公司数量增至128个，两年后，该机构在东京设立事务所，由于东西两方的带动，公共广告宣传活动在全日本快速地发展了起来。[①] 2009年7月该机构改为社团法人——AC日本，2011年4月改为公益社团法人——AC日本，会员超过1 000个，目前它已经成为日本最大的、民间的且不以营利为目的的社会服务广告团体，原则上不接受政府的要求。

AC日本的理念是充分利用广告的传达力和说服力为社会以及公共的福祉做出贡献，把用在市场竞争上的广告用在社会贡献上。AC日本的公益广告种类包括：(1)全国宣传活动，以日本全国范围展开的公益广告的主题两到三个，这些主题一般比较宏观，如“沟通、环境、道德”等，在每年秋季主题审定会上确定下一年度的主题；(2)地区宣传活动，以激发地区活跃性和具有针对性的公益广告主题居多；(3)支援宣传活动，即助力各个社会团体的全国性主题宣传活动；(4)国际合作的宣传活动，即与海外的公益广告活动团体合作推广的全国性或者国际性主题宣传活动；(5)临时宣传活动，一般为应对紧急灾害、公共危机事件的公益主题活动，主要是呼吁、声援和鼓励、募集、帮助等推广活动；(6)NHK的共同宣传活动，邀请社会组织或

---

① 王名，李勇，廖鸿，等．日本非营利组织[M]．北京：北京大学出版社，2007.

企业与媒体开展广告交流活动;(7)公益广告学生奖竞赛评选活动,为了培养日本年轻人的公共意识,以及帮助他们增加对公益广告的理解等。①

AC 日本的组织机构和全国机构运行模式如下(见图 3-1)。

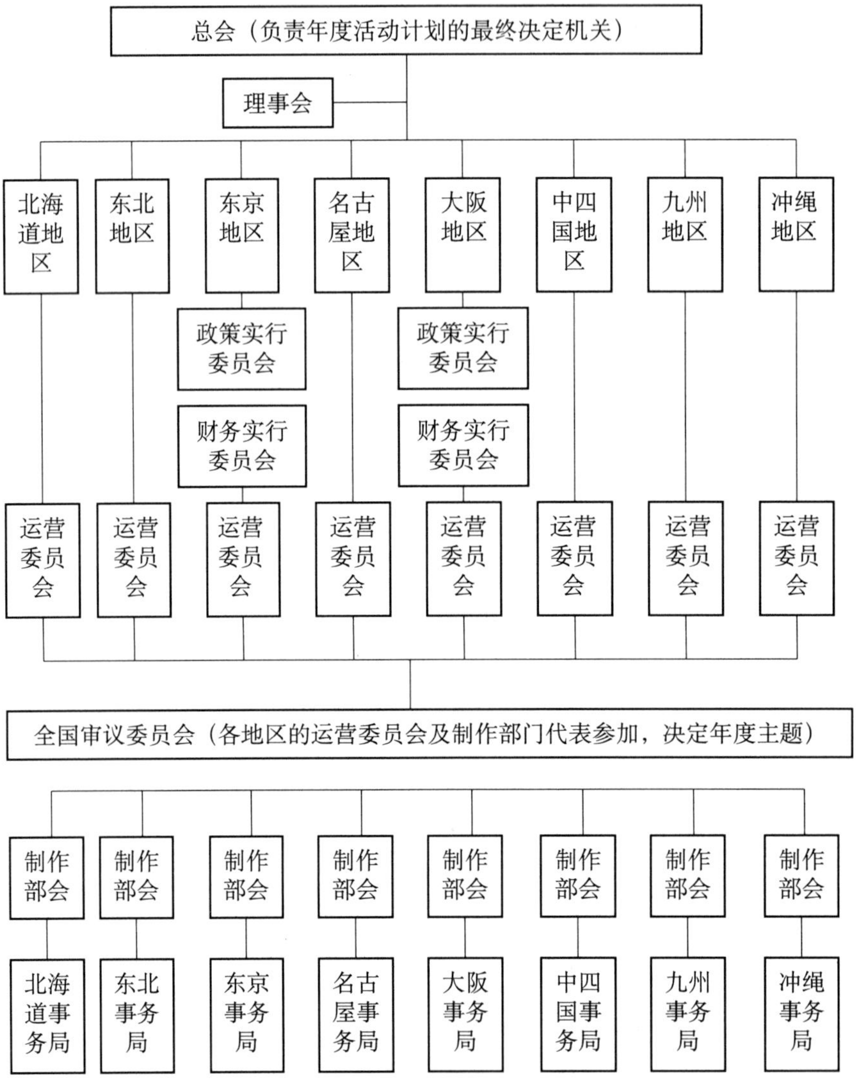

图 3-1 日本公共广告机构组织结构图

① 资料来源于 2011 年日本电通苏州高峰论坛。

日本公共广告机构 1971 年制作了第一份真正意义上的公益广告报纸，倡导公益精神，呼吁社会民众共同思考。1972 年，日本公共广告机构播出了第一个公益广告电视作品，该广告采用淀川长治独特的表达方式，唤起日本国人的公益精神。除此之外，日本公共广告机构制作的作品皆以资源保护、环境保护为核心主题，如《保护日本美丽》(*Keep Japan Beautiful*)、《由水创造的地球》等。随着生活质量的提高，日本国民对社会公共福利的诉求增多，公益广告主题也开始更多地关注社会福利。1973 年到 1976 年，日本公共广告机构开始制作一批以社会福利为主题的公益广告，如《志愿者之窗》《为残疾人提供工作岗位》《创建轮椅可以行驶的街道》《献血是对自己的赠礼》等。据统计，1971 年至 1975 年，日本公共广告机构共发布了 38 个广告作品，其中以福利为主题的有 24 个，占总数的 63%(见图 3-2)，因此，20 世纪 70 年代初期可以称为日本以福利为主题的公益广告时期。

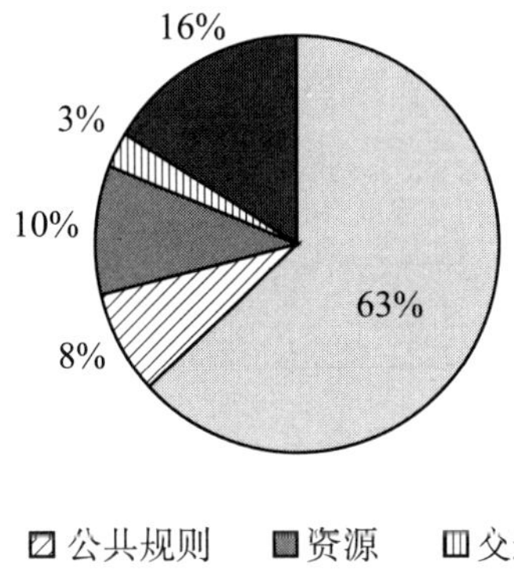

图 3-2　1971—1975 日本公益广告作品主题分类比重

从 1976 年开始，大阪电通制作了《学习自然》系列公益广告，希望通过自然知识普及，启发人们的自立意识，这也是首次提出教育问题的公益广告。随后几年里，教育主题的公益广告数量逐年增加，从讨论家长教育方式的《限制自家孩子》，到针对自杀低龄化现象反思教育问题的《忽视孩子们的暗示了吗?》，再到《家庭教育》系列，围绕教育主题的公益广告内容越来越多元化。1976 年到 1980 年，教育主题公益广告数量已经占到全年公益广

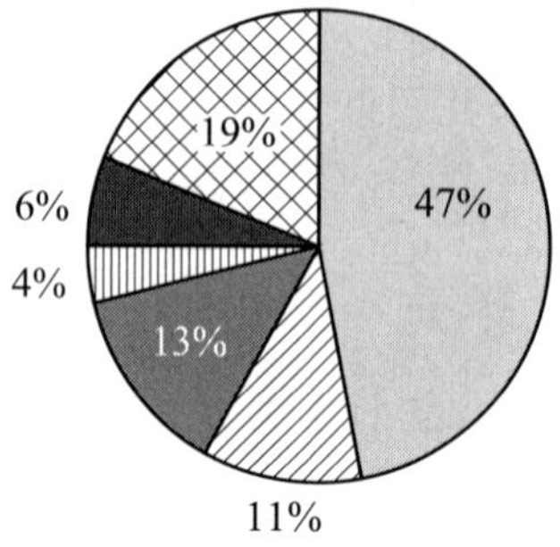

图 3-3 1976—1980 日本公益广告作品主题分类比重

告总量的近 50%(见图 3-3)。由此可见,教育问题成为 20 世纪 70 年代末日本社会的热点问题。

进入 20 世纪 80 年代后,伴随着日本经济的快速发展,各种复杂的社会问题层出不穷,针对相继出现的新热点问题,日本公共广告机构也制定了不同于以往的新公益主题,除了原有的环境、教育、福利等传统主题,国际交流、公共礼仪、交通安全等主题的公益广告也出现在人们的视野中。1983 年,《亚洲留学生》系列广告播出,其内容主要是采访曾在日留学的亚洲留学生,这是日本首次播放国际交流主题的公益广告,且该主题占 1983 年公益广告总数的三分之一。1984 年,公益广告《每人并非只能说一句》播出,该公益广告邀请 7 名曾在日留学的亚洲留学生,让他们说出对日本的看法。1985 年,公益广告《与外国人交往的礼节》以竞赛的形式介绍了与外国人交往的礼节,同年播出的《赠给亚洲水井》讲述了国际志愿者活动的意义。一直到 1989 年,日本每一年都有围绕国际交流主题的公益广告播出。从《向中国赠送的日本书籍》《国际礼仪从了解对方开始》到《难以忘怀当时的感激之情》,虽然国际交流主题的作品数量不是很多,并没有成为主流主题,但是该主题所关注的角度一直有所变化,大大扩展了国际交流主题的视角,引发了人们对留学生的关注以及对对外交流的思考(见图 3-4 和图 3-5)。

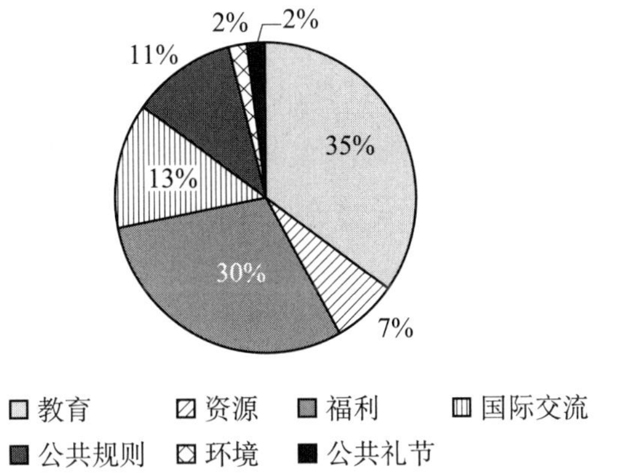

图 3-4 1981—1985 日本公益广告作品主题分类比重

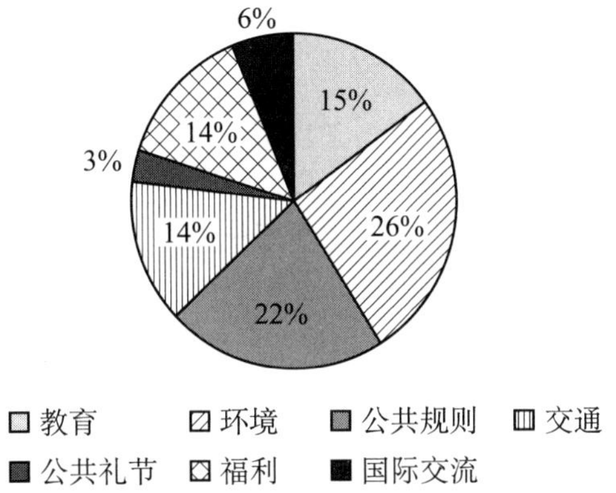

图 3-5 1986—1990 日本公益广告作品主题分类比重

20 世纪 90 年代之后，日本经济在萎缩和低增长中徘徊。这一时期环境与公共规则仍然是被关注最多的主题，几乎占了公益广告作品数量的一半。每一年的主题类型呈现多元化趋势，且同一主题的关注角度也细分明显，不再只是局限于传统的视角，如 1992 年的《消灭毒品》《眼库登记》；1994 年的《饲养导盲犬的志愿者》，呼吁更多的人加入培养优秀导盲犬的团队"happy supporter"；1995 年，AC 日本首次创作英文报纸广告，让在日外国人了解 AC 日本的活动，展现公共广告机构的活力。1996 年，交通问题受到关注：有的公益广告谈当初考驾照时拿了满分，如今全部忘记，警告人们不能疏忽大意；有的宣传积丹半岛西南部的泊村 17 年零事故;还有的谈“粗鲁驾驶”使北海道交通事故频发,引起其他居民的激烈评论,促使北海道司机反省等内容。1998年,日本出现了地域活性化的主题公益广告,如《从大阪开始恢复景气》,向全国宣传不断产生奇思妙想的大阪力量,幽默地呼吁向大阪人学习他们的活力,用崭新的思想开辟新的道路,在不景气的时期打起精神(见图3-6和图3-7)。

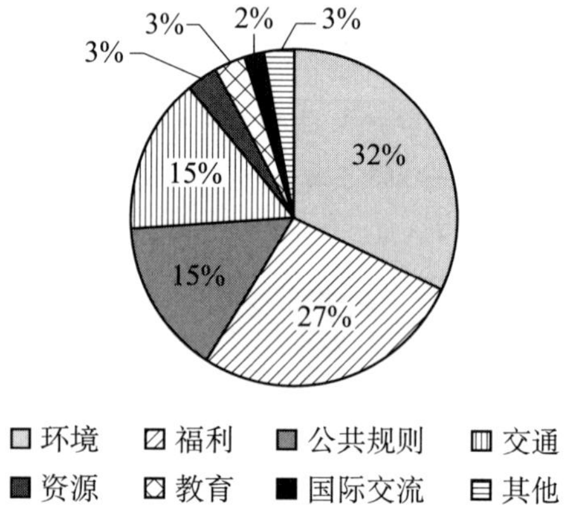

图3-6 1991—1995日本公益广告作品主题分类比重

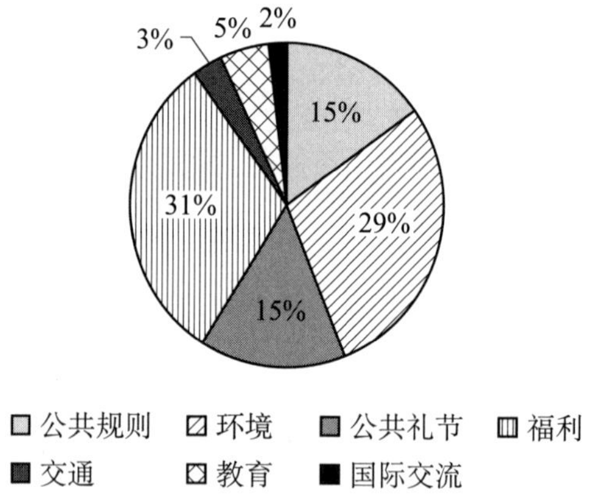

图3-7 1996—2000日本公益广告作品主题分类比重

从21世纪开始,日本公益广告的年度总量有了很大提升,且逐步稳定,2001年到2003年每年都发布18个作品;2004年到2007年,每年基本都有20个以上的作品。除此之外,每年的主题选择都呈现多元化、有侧重的特点。以 2005 年为例,该年公益广告总数为 20 个,其中环境问题为该年主流广告主题,共有 5 个作品发布,其他作品涉及公共规则、地域活性化、教育问题、交通安全等主题。该年的公益广告所含范围极其广泛,几乎覆盖了当时人们面临的各种主要问题,因此,所取得的传播效果也十分理想(见图 3-8)。

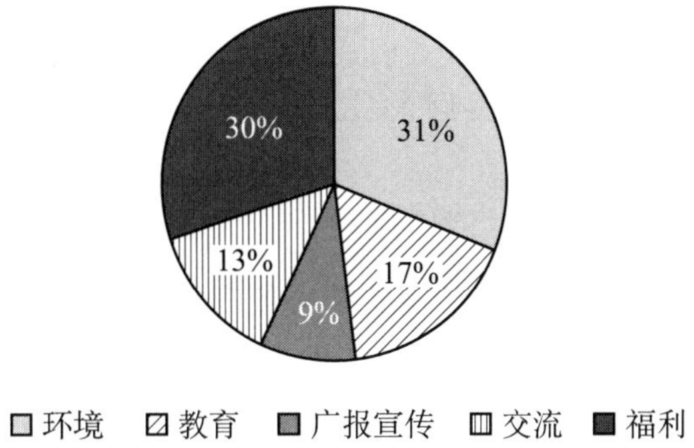

图 3-8　2001—2007 日本公益广告作品主题分类比重

回顾日本公益广告发展之路,我们可以看出其每年都有一个明确的主题,这一年的所有公益广告都会围绕这个主题来展开,进行相互配合。日本学者植条则夫在其《公共广告的研究》一书中将公益广告分为公共道德、环境资源、社会福祉、教育问题、国际交流、交通安全、地方振兴 7 个类别,每一类别又包含很多不同方面。笔者参考中国公益广告网对中国公益广告的分类一览表,将日本公益广告主题也进行了分类列举(见表 3-3)。在这 40 多年的发展中,日本公益广告主题的选择范围也有所扩大,且同一主题的内涵也有所延展。比如环境资源这一主题,以往只是一味宣传资源节约,现在开始强调资源的循环利用。

表 3-3　日本公共广告机构公益广告主题分类情况

一级分类	二级分类
公共道德	社会道德、幼儿虐待、维护权益、消除凌辱、遵守秩序
环境资源	保护动物、保护资源、保护生态、节能减排、治理污染、能源再生、粮食资源

续表

一级分类	二级分类
社会福祉	骨髓库、社会病理、志愿者、眼球银行登记、老龄化、支援地震灾区、消灭毒品
教育问题	亲子交流、儿童教育、推进儿童读书、培养创造力
国际交流	国际礼仪、建设学校、赠送书籍、留学生
交通安全	驾驶规则、安全驾驶
地方振兴	关西活性化、北海道活性化、建设宜居城市

（三）不同的时空与共同的主题演变

对环境问题的关注是中日两国公益广告事业起步的催化剂之一。最初公益广告的侧重点就是培养民众公益精神与环保意识，尤其是环境主题的公益广告，甚至可以视为中日两国公益广告的开山之作。1986 年，贵阳电视台播出了《节约用水》公益广告，利用生动形象的电视画面将“节约用水”这一环保主题表现出来，激发人们的节水意识。而日本公共广告机构在成立之初，主打的作品就是围绕环境与资源主题的。1972 年，日本公共广告机构播出了《蓝天　碧海　蜻蜓　小泥鳅》公益广告，宣传保护自然的重要性。

中国公益广告的起步阶段是 1986 年到 1989 年。这个时期主要是地方媒体结合当地实际工作的需要发布一些公益广告，大多是提倡家庭和睦、尊老爱幼等传统美德的。公益广告主题多以环境资源问题和公共道德问题为主，每一条公益广告都是独立的，各自拥有一个主题。20 世纪 70 年代日本经济高速发展，1974 年日本的 GNP 总值居世界第二位，成为全球第二大经济体，仅次于美国，这为日本公益广告的发展提供了丰厚的经济基础与优质的社会环境。但无法忽视的是，一方面，日本虽然是世界发达国家，但其福利政策相对落后，无法满足日本民众日益提高的生活需求，于是越来越多的人开始关心社会福利，而另一方面，在社会中处于弱势地位的群体则很少有机会能够提出自己的意见和要求。面对这样的社会环境，日本公共广告组织除了采用最初设定的“热心公益精神”“环境资源”等主题，还以社会主要公共问题作为主题，并制作了一系列不同角度的广告作品来反映日本国内存在的福利问题，如残疾人福利、儿童福利、老人福利、志愿者活动等。

20 世纪 90 年代是中国公益广告进步最快的时期。市场经济体制逐步确立起来，国家开始考虑以公益广告的形式来加强精神文明建设和引导舆论，尤其是 90 年代后期国家制作了一系列宣扬优秀文化精神的公益广告，如 1996 年，创作了主题为“中华好风尚”的公益广告，弘扬中华民族传统美德与传统文化精髓；1997 年，以“自强创辉煌”为主题的公益广告宣扬自强不息、励精图治、知难而进的民族精神。这一思路也一直延续到新世纪初。由于当时我国的市场经济还尚未成熟，公益广告难以从企业取得充足的资金支持，政府就顺理成章地成为我国公益广告的主要资金支持者。这期间的公益广告由政府部门系统组织，全国上下各类媒体也都纷纷响应，宣传公益广告。公益广告活动基本上是每年一次，每次一个广告主题，有了较为系统的推广。较 20 世纪 80 年代的公益广告而言，这一阶段的主题选择开始多元化且形成了规模，因此，也有了更大的社会影响力。日本公共广告机构在 20 世纪 70 年代的主题的基础上，顺应时代变化，逐渐增加了国际交流、对外宣传、外国礼节、联合国儿童基金会活动以及海外志愿者活动等主题。此外，日本公共广告机构还根据国家内部实际发生的热点问题，选中了凌辱、家庭教育、眼球银行、盲文志愿者、生命之重等主题，让更多的日本民众去关注公益事业，参与公益活动，维护公益精神。

2001 年被视为中国公益广告年。在此之前公益广告中政治政策宣传与公共道德主题所占比重较大。香港回归、澳门回归、十五大的召开都是国家通过政治政策类的公益广告来进行思想宣传的。但随着我国市场经济的发展与深入，出现了很多关系到国计民生的社会热点问题，中国的公益广告主题也随之发生变化，更多地关注国内人民的生活保障、社会福利、交通安全等问题，积极反映民众真正关心的问题。2003 年，非典肆虐，面对严峻的考验，国家推出了“弘扬民族精神，共同抗击非典”为主题的公益广告宣传活动，成功地稳定了社会秩序，控制了社会负面情绪的扩散，并为全国人民提供了强大的精神支柱。20 世纪 90 年代全球范围的环境破坏再次成为焦点，日本公民环保意识高涨。日本公共广告机构根据此社会动向，选择环境资源保护相关的主题，如身边的垃圾问题、野生动植物保护等，日本公共广告机构并在这些主题基础上，将着力点放在环境保护上。同时，毒品问题与交通安全问题也被定义成 20 世纪 90 年代公益主题的代表。值得一提的是，1995 年被称为“日本公益广告元年”。1995 年 1 月 17 日日本遭遇了阪神大地震，所以公益广告的年度主题定位属于社会福祉类的抗震救灾。阪神大地震中鼓励灾民的宣传活动证明了日本公共广告机构在应对突发危机事件方面发挥了强有力的作用。日本公共广告机构通过这种募捐和协助等方式，完成了公益广告所追求的社会使命。

进入 21 世纪，日本公共广告机构实施了与骨髓移植推进财团、促进读书协商会、WFP 联合国粮食计划、艾滋病预防财团、日本自闭症协会等组织机构的合作支援宣传活动，同时还发布了由日本全国 8 个地区提供的地方公益广告，与 NHK 合作举行了各类公益活动。截至 2007 年，日本公共广告机构的会员已包括日本全国几乎所有的报纸公司、广播公司、杂志公司和铁道公司，为公益广告活动的成功运行提供了充足的组织准备和资金保障。据日本公共广告机构统计，1971 年日本公共广告机构向社会提供了价值 1.7 亿日元的公益广告，2000 年这个数字超过 300 亿日元，2004 年则达到 429 亿日元，2009 年更是达到了大约 797 亿日元。

通过以上对中国与日本两国公益广告作品主题变迁发展的阶段性梳理比较，笔者认为，一方面，日本公益广告事业起步较早，经过了更长时间摸索与改进，尽管日本经济在进入20 世纪 90 年代后就一直处于低增长状态，但其公益广告运行机构在持续发展，公益广告主题有着广泛的社会问题指向。另一方面，中日两国的公益广告主题变迁发展有着较强的历时性特征，伴随着中国改革开放、社会经济转型发展和迅速增长，在公益广告主题上中日两国之间又呈现出较为突出的共时性发展特征。

二、中日公益广告运行机制与影响因素比较分析

日语中没有“公益”二字，“公共”就是公益的意思，日本公共广告机构，简称 AC 日本，是日本公益广告的组织机构。其采用会员制，成员包括企业、媒体、广告公司和一些制作公司(见图 3-9)。

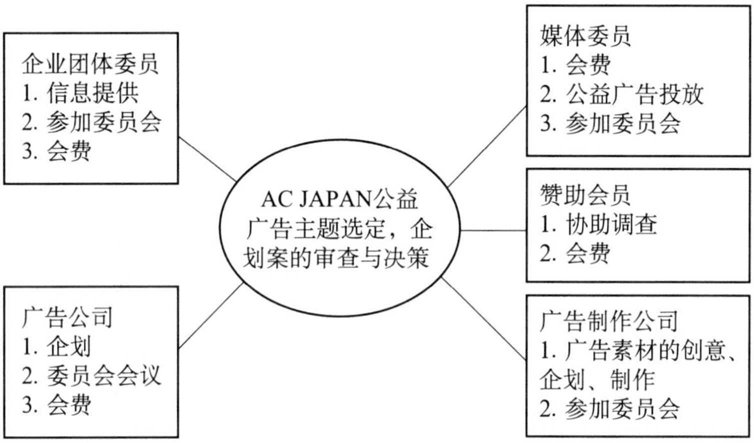

图 3-9　AC 日本运营示意图，资料来源 AC Japan 官方网站[①]

资金来源：来自会员，不接受政府的援助。

公益广告选题：针对日本每年的社会热点进行选题，企业在其中发挥了主导性的作用。企业具有极强的社会责任意识，其已经将履行社会责任作为企业可持续发展的重要手段。选题的过程是一个极其复杂和困难的过程，有些时候需要先确定一些选题，采用问卷调查的方式向会员征询提案。

制作和播出：会员单位提供制作，并由 AC 日本与媒体协调时间进行免费播放安排。

① 资料来源：http://www.ad-c.or.jp/manage/index.html。

与政府关系：选题不受政府影响，不接受政府资金，纯民间机构。

笔者对中国台湾地区的公益广告协会、AC中国台湾的官方网站做了资料收集与统计，并发现了一个有意思的现象，即中国台湾地区的公益广告协会和美国、日本等国的广告协会一样，公益广告组织的现任主席都是来自工商企业界的领袖。美国广告理事会中那些会员是我们熟悉的大公司成员，日本有超过1 200家的会员，其中很大一部分是各个行业中的领先者。当这些处于行业领袖地位的企业参与到公益事业中来之后，不仅这些企业的产品成为公益关联的内容，企业社会责任形象也得到提升，而且这些企业还会带动一大批该行业企业纷纷参与公益事业，更多的企业成为公民心目中的社会责任标杆企业。同时笔者也看到，无论企业行业差异、规模大小、公益形式和投入多少，它们都愿意投身于公益之中，例如，美国很多企业是服务赞助商，日本不仅有企业会员，也有个人服务推广会员，所有这一切渐渐在社会经济领域推进，形成企业乃至全社会参与公益的热潮。

（一）政治制度的选择与公益事业基础

中国和日本两国在政治制度上截然不同，一个是社会主义国家，一个是资本主义国家。中国的执政党是中国共产党，全国人民代表大会和地方各级人民代表大会是人民行使民主集中制的国家权力机关；各级人民代表大会决定国家重大方针政策，管理国家、经济、文化以及社会事务。日本的政治体制为君主立宪制，二战后开始实行“政党政治”，各个政党代表着国内不同阶级的利益。自由民主党、公明党、日本民主党、社会民主党等为其主要党派。从1955—2007年执政党是代表资产阶级的日本自民党，2007年以后，日本民主党执掌政权，结束了自民党长达52年一党独大的局面。日本中央政权机关的领导核心是由内阁总理大臣及其他国务大臣组成的合议体，行政权属于内阁。当然，不同的政体因其处在不同的社会历史文化关系中，对公共利益、公共事务和公益责任等的理解会有差异。中日两国公益广告在主题选择上呈现出一定的差异性，比如日本地方性、选举类的公益广告是我国所没有的，而中国大规模的精神文明建设宣传及思想性、政策性强的公益广告在日本也较少出现。中国公益广告运行大多数情况下依靠政府，代表着社会全体公民的公共利益，而日本公益广告运行机制的核心是日本公共广告机构，日本大型企业财团在公共广告机构运行中占有重要地位，公共广告机构每年会确定广告主题，而提供资金支持的企业则不可避免地成为确定公益广告主题的主导力量。

从媒体形态和现状比较来看，中国的媒介具有双重属性，一个是事业属性，属于上层建筑意识形态范畴，另一个是产业属性，需要遵循企业经营和市场机制的规则。我国新闻事业的最高宗旨就是，坚持党性原则，社会效益放在第一位。作为党和政府的耳目喉舌，新闻媒体一直以政府的政策要求为导向。但因为媒体采取企业化管理，自负盈亏，面对市场竞争的压力，新闻媒体同样必须重视经营成本与单位利润。日本广播电视产业实行所谓的“二元并存制”，即商业媒体与公营媒体并存的体制。公营媒体的经营直接面向受众市场独立运营，以媒体内容提供来获得市场收益，不受社会任何利益团体的控制和影响，包括政府、政党、企业广告主等。比如日本放送协会，简称 NHK，其经费来源不会像当下很多媒体那样依赖广告商，而是完全依赖于受众收视 NHK 内容所支付的收视费。公营媒体自主独立运营，更加愿意接受社会公共组织的支援；国家公共政策不可给公营媒体节目制作者以限制；节目关注国内民众的实际需求；播放内容不追求视听率而非常重视节目质量。所以，日本公共广告机构从成立初就得到了其国内主要媒体的大力支持，四大传统媒体及网络媒体都积极为其提供免费的载体支持，公共广告机构的会员到目前为止囊括了日本国内 123 家报纸公司、224 家广播公司，公共广告机构已成为日本国内最大的非营利性社会服务性广告组织。

(二)经济发展程度与公益资源比较

公益广告成为反映一个国家经济发展程度与社会矛盾程度的特殊晴雨表。20 世纪 80 年代以来,中国政府一直积极推进改革开放,不断实行有中国特色的社会主义市场经济并推行经济体制改革,中国的经济取得了惊人发展。以 1992 年为界,大致可以分为两个阶段:第一阶段从 1978 年到 1992 年,中国实行以计划经济为主,市场经济为辅的经济体制。在此期间,中国真正意义上的公益广告也于 1986 年登上了历史舞台,之后又不断出现关注环保、公共道德、社会精神文明建设的公益广告。第二阶段是 1992 年到 2010 年,市场经济体制逐步确立并不断完善。至 2010 年,中国 GDP 超过 72 000 亿美元,中国被普遍认为是世界上发展速度最快的经济体,经济总量已经超越日本,成为仅次于美国的第二大经济体。由于公益广告发展之初,中国公益广告难以从企业取得充足的资金支持,政府就成为我国公益广告的主要资金支持者并一直持续至今。而 1992 年随着市场经济体制改革与企业深化改革,下岗工人如何再就业成为国家和社会关注的热点问题,关注下岗失业的公益广告在政府和主流媒体的支持下大量播放,鼓励下岗工人再就业再创业的公益诉求得到了社会大众普遍的认同。进入 21 世纪以来,中国经济逐渐呈现稳定发展趋势,为了保证各地区均衡发展,中国推出了西部大开发、中部地区崛起等战略政策,并开展了一系列支持政府政策的公益广告传播活动。我们看到,在中国改革开放和经济发展过程中各种主题的公益广告被制作、传播出来。

从 20 世纪 50 年代起,日本就确立了贸易立国的发展方针。1952 年,日本加入了国际货币基金组织(IMF),1955 年,又加入关贸总协定(GATT)。面对着不断向好的国际市场条件,日本对外贸易的规模不断扩大,同世界上大多数国家和地区都开展了贸易,而其主要贸易对象还是美国、欧盟国家和亚洲国家。但是进入 20 世纪 90 年代，日本经济迎来了严峻的衰退期，1990 年之后的十年被日本社会称为“消失的十年”，日本的经济一直在萎缩和低增长中徘徊，社会中产生了很多悲观失望、消极低迷等负面情绪，此时的日本公益广告积极跟进，提振社会信心，会员公司之间密切配合，为公益广告活动提供了充足的资金保障和支持。如前文资料所示，日本公共广告机构 1971 年向社会提供了价值 1.7 亿日元的公益广告，而在 2000 年超过 300 亿日元，日本公益广告事业的发展完全没有受到低迷经济的影响，反而逆势迅速增长，2009 年日本公共广告机构又提供了价值约 797 亿日元(人民币约 61 亿 5 千万)的公益广告。

从中日两国公益广告事业起步开始，资源环境问题始终都是双方关注的重点。中国与日本两国在国家经济发展之初，为了追求更快的经济增长速度，都不可避免地牺牲了大量环境资源，粗放低效的发展方式在很大程度上破坏了生态平衡，造成了严重的环境和资源问题。但随着经济的快速发展，生活水平逐渐提高，人们开始认识并关注环境保护与资源生态问题。尤其是 1973 年第一次全球性石油危机爆发，日本经济受到了严重冲击，人们对资源的关注度大大提高。与此同时，日本企业开始宣扬节约能源，制造业的单位能耗在石油危机之后大幅下降，从而间接导致大量失业问题出现。另外，日本同样面临地区发展差异问题，在东部沿海地区和内陆地区、西部地区都存在经济差距。因此，这一阶段的公益广告主题逐渐以地方振兴、环境资源保护两个方面为主，比如投入巨资制作了以地方振兴为主题的“西部大开发”系列公益广告。

(三)社会文化传统与公益思想溯源

中国和日本同处于亚洲东部，历史上、地缘上、文化上也有很多渊源，两国在文化传统上多有交流，互动十分频繁，特别是中国唐朝时期，中国和日本的友好往来和文化交流达到空前繁荣。但在近现代史上，中日两国逐渐走上了两条完全不同的发展道路，文化理念的差异也逐渐扩大开来。在中国，家庭是组成社会的基本单位，人际关系缔结的契机受到个人所属的家庭、出生地等因素的影响，一般是由家人、亲戚、朋友等构成一个非正式的关系网络。[①] 而日本则多以小集团的形式存在，日本集团的性质具有更大的开放性，非正式关系网的作用也相对较小。在现代，中国社会里的等级制度早已废除，人人平等的观念深入人心，而日本一直都是一个等级制度非常严格的国家，等级意识至今依然十分严重。中国人最重视"孝道"，而日本人把"忠"放在首位。中国人自我观念较强，自我评价较高，常以自我为中心，而日本人自我观念较弱，人际关系更注重他人取向，推崇"不给他人带去麻烦"的观点，强调群体利益优先。[②]

日本虽然在制度上属于西方国家，但在文化上却属于典型的东方国家。因此，中国与日本两国的公益广告都对公共道德、关爱弱势群体等主题关注较多，尤其是孤寡老人和幼童的问题。除此之外，日本人大多以工作为中心，工作占用了大量私人时间与个人空间，使得他们很少有时间享受轻松的家庭生活，而对于工作的极端谨慎，又造成了日本人严重的精神压力，所以容易出现家庭矛盾与职场压力等问题，日本公益广告在这些方面关注得也比较多。中国一直都是十分重视民族文化传统的国家，所以中国公益广告中公共道德、民族精神、文明礼仪等方面的主题较为集中。

中日两国公益广告主题还有一个突出的不同。日本的民族成分比较简单，大和族占到了总人口的 98%，而中国拥有 56 个不同民族，民族情况复杂，为了维护民族团结和国家稳定，中国政府一直大力扶持少数民族地区的发展，各级媒体也贯彻落实党的少数民族方针政策，曾经创作了一

---

① 尚会鹏，徐晨阳．中日文化冲突与理解的事例研究[M]. 北京：中国国际广播出版社，2004.

② 同上。

大批以“民族团结”为主题的公益广告，在社会上取得了良好的传播效果。

(四)地域自然因素与公益主题选择

中国位于亚洲东部、太平洋的西岸，领土辽阔，总面积约960万平方千米，仅次于俄罗斯、加拿大，居世界第3位。中国是一个地质条件多样、自然资源丰富的国家，但中国土地资源绝对数量大，人均占有量少，地区分布不均。旱涝、台风、寒潮是对中国影响较大的气候灾害，其中旱涝灾害平均每年发生一次，北方以旱灾居多，南方则旱涝灾害均有发生。地质灾害则包括海啸、地震、滑坡、泥石流等。近几年因重大灾害接踵而来，如2008年汶川大地震、2010年玉树地震等，灾害救援主题的公益广告大量出现，呼吁社会各界大力支援。而中国改革开放后，全力开展市场经济建设，中国国民生产总值以年均10%左右的速度持续增长，但在经济快速发展的同时，环境污染与破坏的问题日趋明显。因此，近些年来，以环境保护与资源利用为主题的公益广告数量明显增加。

日本是太平洋西岸上的群岛国家，包括北海道、本州、四国、九州四大岛屿和6 800多个小岛，山地和丘陵占国土总面积的71%。日本有160多座火山，且近一半都为活火山。夏季台风频繁出现，暴雨时常导致洪水暴发。每年日本会发生约1 500次地震，强震时甚至伴随海啸发生。因此，日本公益广告中关注地震等突发自然灾害的比较多。1995年，日本发生了阪神大地震，造成的经济损失约1 000亿美元，是日本战后50年来发生的最大的一场自然灾害，日本公共广告机构在救灾援助活动中发挥了重要作用，其利用电视媒体发布了“支援阪神・淡路大地震灾害”为主题的广告片，呼吁为发生地震的阪神地区尽力，积极参加支援活动。

作为世界发达国家的日本，其国内的能源资源十分匮乏，除煤、锌有一定的储量外，绝大部分都依赖进口。因此，日本一直致力于核能的发展与利用，到 2005 年，日本已经拥有 54 座核电机组，核能发电量占电力供应的 23.1%。另外，伴随着经济高速发展而来的是国内环境的破坏，特别是二战后日本经济发展最为迅速，日本也成为世界上环境污染最为严重的国家之一。因此，日本开始采取严格的环境保护措施来降低空气污染。日本公益广告除了呼吁人们关注环境破坏问题，监督政府与企业采取措施改善工业污染，还呼吁国内民众认真对待家庭垃圾处理的问题，提高人们的环保意识及行动力。

三、公益广告运行机制中的三大主导力量：政府，媒体，NPO

每个国家的公益广告都有着自己独特的发展路径，其公益广告事业发展水平也存在着差异。西方发达国家公益广告起步较早，坚实的经济实力与深厚的行业背景都为其公益广告事业的发展与完善提供了良好的环境与技术支持，在这样的背景下，这些国家已经形成了一套相对成熟的公益广告运行机制。但不同的社会文化背景和国家发展进程，对公益广告事业的发展会产生不同影响。在实际操作过程中，政府、媒体和非营利组织成为主导公益广告事业发展的三大重要力量，因各国社会环境、运行机制的不同，三者在组织策划过程中所占比重也明显不同。

政府角色与公益广告运行。政府主导的公益广告经常被视为具有强大的政治宣传作用。政府希望公益广告能承载一定的政治宣传功能，且活动的组织与策划都能够一直受其控制，因此，政府成为公益广告的主导力量。由政府牵头的公益广告活动往往规模宏大，传播势头强劲。行政命令的强制性与财政资金的支持确保了公益广告活动的影响力。政府主导的最大优势在于其能够以最短的时间使公益广告覆盖全国，并进行高强度宣传，但从公益广告的长远发展来看，政府在公益广告事业发展上的财力投入有限，直接资金投入量不大，相关部门多头管理且监管色彩较浓，公益广告活动的管理投入不足，间接影响到公益广告活动的组织效率与传播效果。此外，行政监督在一定程度上削弱了公益广告市场化运作的灵活性，制作出的广告作品数量庞大但质量参差不齐，对公益广告事业的可持续发展产生负面影响。新加坡的公益广告一直都是国家管理的，是国家宣传手段之一，配合着国家发展与政府工作。自 1965 年新加坡公益广告开始发展以来，国家政府一直在其中担当主导者角色，政府统一确定公益广告的主题。新加坡公益广告的组织与管理均由政府部门负责，政府部门自主制定好广告主题后对外发布招标公告，广告公司根据实际情况比稿、投标、应标、承办并获得相应费用。广告公司承办后则全权负责公益广告的制作与发布，可以自行选择媒体，也可以自行选择版面和时间，发布情况视公益广告经费情况而定。[①] 这种运行机制可以保证公益广告远离商业参与，但无法避免公益资源的浪费，特别是各个国家体量和疆域大小不同，也不可能采取相同的公益资源管理方式和公益广告运行机制，因此，没有设立一个专门从事公益广告运行的主导机构不利于公益广告的长期发展。

媒体的独立性与公益广告运行。媒体拥有强大的资源优势，能够最快速度地制作和播出公益广告内容，在公益广告播出的时间与时长方面也可灵活控制，如利用栏目或版面的空隙进行排期、临时增加或撤换公益广告等。在面对突发公共事件或社会热点问题时，媒体往往也是最先响应的，并及时制作相关主题广告。随着经济的发展与市场化的深入，公益广告之于媒体，不再只是其所应承担的社会责任之一，也不再是简单的政府政策宣传的硬性任务。媒体作为自负盈亏的内容生产企业，在面对经营压力的情况下，必须考虑生产成本与所得利润的权重，为了获取企业资金上的支持，媒体主导的公益活动的纯粹性无疑会受到影响，媒体市场化

---

① 董京生．新加坡、日本公益广告基本情况[J]．中国工商管理研究，2009(9)．

的倾向也将会愈加明显。韩国推行的就是公益广告协会协助的媒体主导型运行机制，这是由韩国独特的电视管理运营体制决定的，电视广告经营存在着高度垄断的问题。负责所有广播电视媒体广告经营的韩国放送广告公社提供公益广告资金，公益广告协会负责具体决策。韩国公益广告协会由15个来自社会各界的代表组成，每年都会举行公益广告主题调研活动，且通过公开征集与比稿的方式选择专业广告公司制作公益广告，制作出的公益广告经过试映后再进行发布。在发布上，只有电视媒体可以无偿发布公益广告，其他媒体都需要缴纳一定费用。[①] 此外，公益广告协会每年还举行两次公益广告播出效果调研，以促进公益广告内容与形式的提高。

NPO与公益广告运行。二战后，全世界人民开始对两次世界大战进行反思，战争给地球带来了空前的灾难和巨大的资源浪费；另外，民族间、地区间、国家间的矛盾继续存在，并仍有激化的可能性，于是，国际上逐渐出现了除政府与企业外的第三方力量——非营利性组织，也就是社会公益部门，处理各种事务，如联合国负责协调国家之间的关系；世界银行对不发达国家和地区做扶贫性质的贷款工作；世界卫生组织关注支持不发达国家和地区的卫生与健康问题。这些组织的出现和发展大大促进了世界的发展和社会的和谐，公益组织的力量也越来越强，影响越来越大。区别于政府、媒体或企业，非营利组织一方面具有超越市场经济利益追逐的特点，另一方面具有超越国家政治利益、意识形态倾向的非政治性。这两种属性确保了由非营利组织主导的公益广告的纯粹性。长期针对公众进行公益宣传的经验，保证了非营利组织在公益广告的组织与执行中的专业性与公共性，其主导的公益广告活动也多是针对最具代表性的社会和环境等问题，给予公众专业化的提示与指引。在美国与日本就出现了以

① 广告大观编辑部．海外公益广告的三种运行机制[J]．广告大观(综合版)，2007(5)．

广告委员会为主导者的非营利组织开展公益广告活动的现象，企业成为这些非营利性组织的中坚力量。1942 年，美国公益广告相关机构诞生，由美国各大基金会或企业提供资金，成员来自广告公司的志愿者，以专业角度专门负责公益广告的运作。而这种非营利组织最大特点在于，它能在缺乏政府背景的情况下协调组织大量社会资源，实现公益广告的播出。1971 年，在日本关西成立的公共广告机构成为日本公益广告发展的起点，该机构呼吁民众关注环境污染、生态破坏、企业责任、社会犯罪等问题，得到了全社会的积极响应和支持。1974 年，该机构升级成为全国性公益广告运行的非营利机构，开始了更加专业化、国际化的公益广告整合运作，其间，日本公共广告机构拒绝政府的资金支持和建制要求，坚持组织的非营利性和公共性。公共广告机构中，日本工商企业占有重要地位，公共广告机构每年会确定广告主题，而提供资金支持的企业则成为确定主题的主导力量。可见，在公益广告运行三大主导力量，即政府、媒体、NPO 的公益机制选择下，中日两国走出了截然不同的公益广告运行道路。

（一）中国：自上而下的公益广告传播

我国政府在社会各类事务中都承担着最重要的角色，这是由我国国情和党政体制所决定的。中国的公益广告大多数也是由政府出面运行的，媒体配合执行，提供版面等资源支持，企业和其他公益组织、个人参与传播。中国的公益广告从诞生之初就主要由政府部门牵头，而社会第三方组织力量相对薄弱，无法负责组织、协调公益广告制作与传播责任。公益广告主题的确定主要取决于政府、媒体、广告公司、其他企业，其中政府负责公益广告的组织与传播，是公益广告运行机制中的主导力量。近些年来，更多的大型企业开始关注公益事业，更多广告公司负责公益广告的具体制作，并以各种方式积极参与到公益广告传播活动中来。

我国公益广告的主题制定、创作和发布的一般过程是：政府制定了公益广告主题之后，企业提供制作投放资金，广告公司负责广告制作，媒体则负责广告投放执行。因此，公益广告主题大部分是宣传社会主义核心价值观和精神文明建设的，在改善社会风气、增强民族凝聚力方面我国公益广告贡献了不小的力量。公益广告主题很大一部分都与国家当时的重大政策有着紧密的联系，公共道德类的宏大主题所占比重最大，而受众最为关注的个人微观层面和差别化的公益主题相对来说较少，公益传播主题与公众关注度之间联系有待进一步加强。近年来，企业参与公益广告的创作和传播行为越来越多，非常及时地回应了当下的社会公益诉求，也为企业带来了非常良好的社会效益和经济效益。在我国，可以说如果没有政府公益之举，整个社会的公益广告宣传会是长期缺位和薄弱无力的，在我国现有公益广告传播的实际起点上提高公益广告创作传播的丰富性和价值，这是我国公益广告在运行机制上应该补充完善的关键内容。

（二）日本：自下而上的公益广告传播

日本制定公益广告年度主题的机构是日本公共广告机构，其会员遍布各个领域，会员公司之间密切配合，为公益广告活动的成功运行提供了充足的保障。在制定每年的公益广告主题时，企业、媒体、广告公司会以会员的身份参与，政府很少直接参与。企业、广告公司、媒体相互配合，负责公益广告的制作和播发过程中的各项工作，维护日本公益广告的正常运行。但不得不说，日本公共广告机构也并不是完全听从于社会民意来确定公益广告宣传主题，由于各个会员企业在公益广告制作、传播中的参与度相对较高，公益广告主题仍主要由提供资金支持的各家会员企业来最终制定。

日本公共广告机构是日本广告界最大的团体，其会员皆需缴纳会费。企业、团体等法人为正式会员，涵盖广告主、媒介公司、广告公司；个人则为赞助会员。作为对赞助会员缴纳会费的回报，日本公共广告机构向会员赠送当年每期的AC报告。日本公共广告机构还会就新的广告作品向赞助会员进行问卷调查。此外，广告制作由广告公司承担，广告作品由会员媒介公司提供免费的版面和时段进行投放。虽然会员团体从公益广告活动本身不能直接获取任何利润，但成为日本公共广告机构会员却会提高会员公司自身的企业形象和社会威望，因此，自日本公共广告机构成立以来，会员数量不断增加，2001年就已经拥有1 300多家正式的会员公司。

日本公益广告主题主要从受众调查到日本公共广告机构投票表决的自下而上的过程中产生：在每年制定公益广告主题时，公共广告机构各地方分所对受众进行问卷调查，尽量获取受众的需求及受众关注的热点问题。各地方分所结合调查情况提出下一年需要宣传的公益广告主题，并提交给日本公共广告机构。日本公共广告机构就各地方分所的提案召开全体会议，投票选出1到4个作为下一年度的公益广告主题。日本公共广告机构规定，每年有2个要开展的主题需要根据上一年度的受众调查来确定，每年制定一个年度公益广告主题，且该主题的公益广告的制作和投放都是系统性的。可见日本公共广告机构十分重视受众，为了让更多的国民关注公益广告的内容和作用，日本公共广告机构充分调动受众的积极性，考虑普通公民和会员公司的要求，力求准确把握迫切需要解决的社会问题。在每年制定公益广告主题时，日本公共广告机构都会对受众进行问卷调查，调查的过程中兼顾职业、年龄、地域等各方面因素，以期尽量获取受众的需求，使受众的意见最大化地得以体现，从而达到更好的传播效果。以2010年日本公益广告为例，这一年的主题是“人类社会和自然环境”，其间，投放的公益广告涉及生命的意义、社会规则与人、社会道德与人、人与自然的和谐、家庭内的交流和谐等内容，每一个都是围绕着“人类社会和自然环境”这一主题来展开的。

日本公益广告的发展除了得益于每年都举行的受众调查，还得益于日本媒体的支持。自日本公共广告机构创立以来，其作品就几乎覆盖了传统四大媒体：报纸、杂志、电视、广播，甚至包含了日本以广播公司和报社为首的所有媒体。这些媒体自然是日本公共广告机构下的重要会员，它们对日本公益广告事业的支持不可小觑。到 2005 年，日本公共广告机构的协助媒体有报社 115 家，广播公司 230 家，杂志社 14 家，PR 社宣传公司与公司内部报刊 8 家。此外，支持日本公益广告的媒体已经扩展到大型影像、车内悬挂海报和户外媒体，且不断发展壮大中。①

四、我国公益广告运行主体的转变：政府职能与企业责任

长期以来，我国政府通过行政立法、财政拨款、传播管理等措施推动中国公益广告事业的发展，使公益广告事业在经济大发展大建设过程中取得了很大的成绩和推进。近几年来，随着政府体制改革的开展与政府职能转变的深入，政府开始意识到对公益广告事业的运行管理应该有所转变，政府正逐步转变对公益广告事业的主导作用，对其管理职能也由原来的直接管理转为政策引导，如 2006 年 8 月，中央文明办、国家工商总局、国家广电总局和新闻出版总署联合发布了《关于建立“全国思想道德公益广告作品库”通知》，中国广告协会受托负责建立、管理、使用和维护“全国思想道德公益广告作品库”的日常工作；2009 年，中央文明办牵头成立公益广告基金会，希望社会力量更多地参与到公益广告中来，并且以有实力的企业和媒体为主体，聘请专业人才团队进行公益广告的创作和运作，文明办只负责监管基金会运行等。政府通过税收优惠政策鼓励更多企业主动承担社会责任，加大公益性支出，媒体也对企业投放的公益广

① 广告大观编辑部．海外公益广告的三种运行机制[J]．广告大观(综合版)，2007(5)．

告收取较低的广告费用，吸引更多企业积极参与到公益广告活动中来，特别是互联网发展与新媒体出现后，公民的公益意识得到不断增强，也就是说以企业和个人为基础的社会公益力量正在积蓄着巨大能量。

从中日两国公益广告运行机制的方方面面比较来看，我国要完善公益广告运行机制，首先，需要建立一个类似“中国公益广告协会”的专业性组织，发挥公益广告运行的核心作用，统一协调公益广告的运作。其次，政府采取一系列政策措施来鼓励企业参与公益广告活动和投资。再次，公益广告主题要丰富化，要以整个社会、受众切实关心的社会公共利益问题作为公益广告主题，通过问卷调查的形式，让社会企业、公益成员、受众决定公益广告的主题，发挥企业参与公益的积极性，让企业积极参与到公益广告的制作中，以此解决公益广告的资金缺乏问题，使企业和公益广告事业实现共赢。最后，逐步建立常态化的公益广告运行机制，有组织、有规划地确定公益广告主题，并对可预见的主题和不可预见的主题都做好应急的规划和预案。

比较中日两国公益广告运行情况，笔者发现中日两国在公益主题、组织机构和运行管理、宣传活动开展等方面，存在着很多的共时性和历时性特征。首先，日本公益广告曾经有过的主题、问题和挑战，我们也经历过或正在经历着，而今天的气候环保、社会文明、公共道德、互联网问题等公益主题，中国和日本又将共同面对，相同的问题相互借鉴经验，应对各自差异化环境。比如，我国公益广告主题的选择需要充分结合我国的经济、社会、文化背景，因为我国地域辽阔、民族众多、文化差异大、区域性特征明显，所以我们不能再进行主题一致、创意雷同、整齐划一的宣传，必须鼓励“各美其美、美美与共”的公益广告创作。其次，由于国家战略和国家政策的导向，我国公益广告应该把焦点对准农村、西部、全球化问题，做好相应的公益广告传播，在国际媒体上讲好“中国故事”，传播“人类命运共同体”的新理念。最后，对于投放的公益广告不同媒体应有各自的关注重点和角度。在环境问题、资源问题、公共道德等这些需要长时间进行系统投放的主题上,国家级媒体应在全国进行长期的媒介投放,达到最大范围的传播效果和最强的社会影响力。地方媒体则可以选择本地区特有的社会问题进行传播,充分发挥其地方性和地缘性优势,发现和反映本土化、差异化公益需求,并动员社会力量及时解决公益广告传播问题,促进我国公益广告主题传播更加多元化、立体化和丰富化,促进我国公益广告运行机制良性发展和不断完善。

五、结语

比较中日两国公益广告运行情况,笔者发现中日两国在公益主题、组织机构和运行管理、宣传活动开展等方面,存在着很多的共时性、历时性特性,在社会、经济、文化和地域、自然等因素中具有对照和借鉴意义,同时也存在着完全不同的公益广告生产逻辑和现实起点,二者没有优劣之别,只有适宜之鉴。我国公益广告运行有着西方国家所没有的、更为丰富广阔而差异化、多样性的社会文化背景和社会环境,并不需要借鉴美日等国公益广告运行机制的经验,像美国、日本等国家那样成立专门的非营利性公益广告组织,并不需要整齐划一地将公益广告事业的发展完全独立于政府、企业、媒体等力量,我国政府转变职能,充分调动媒体、企业、广告公司等社会力量参与公益,推动公益广告运行机制的建立和丰富完善,这是我国的不二选择。最终笔者希望,我国公益广告运行回归公益本质,公益广告事业能够把用于市场竞争的广告用在社会公益宣传上,充分利用广告的传达力和说服力为社会以及公共福祉做出贡献。

第四章　独立与激励

——我国公益广告运行主导者创设

按照第三章关于公益广告运行机制选择的结论，可能没有必要再展开本章的内容讨论了，可这个话题让笔者想起了在武大读博期间，向张金海教授请教我国广告产业发展模式适用性问题时讨论的情景，我们讨论了在自由市场竞争背景下的独立产业发展的美国模式、国家政策与行业标准双重维护下的媒介、企业共生型发展的日韩模式、自由竞争独立产业发展外资控局的中国台港地区模式，记得最后得出的结论是没有哪一种模式是完美的，可最终张金海教授就中国广告产业现实发展路径选择所给出的对策与建议，又是“走日韩媒介、企业、广告共生型的产业发展模式”①。我想这不是无奈的权宜之选，而是要看你最需要解决的问题是什么，中国广告产业的规模化发展是个瓶颈，共生型扩张就成了必然选择。回到公益广告，现实的瓶颈问题是资金短缺。如前文所述，引入企业的商业化参与，甚至面对不断涌现的社会公共利益问题，仅仅依靠政府或市场力量来解决的思路是狭隘的，公益广告运行必须引入多元化公益广告主体，必须寻求社会“第三力量”，即非营利组织（第三部门），与政府部门（第一部门）和企业界的经济部门（第二部门），形成促进社会公益事业发展的三种主要力量。这看上去是西方社会公益广告实践的逻辑，正像英国学者保罗·霍普提出的，通过建设公共精神文化来实现共同体重建，社会需要一种超越政府和市场的公共精神重塑。公益广告是一种公共传播资源，

① 张金海，等．中国广告产业现状与发展模式研究[C]//武汉大学媒体发展研究中心课题组．中国媒体发展研究报告：2005 年卷. 武汉：武汉大学出版社，2005.

是公共精神文化的重要组成部分，这种公共传播资源实现有效运行和价值增值的关键性前提是，设计和创建适合我国公益广告运行发展所需要的主导者。

一、我国公益广告运行实践检视与理论争议

公益广告在中国已经走过了三十多个春秋，古语云“三十而立”，我国公益广告发展的这三十多年，给中国社会精神文明建设和伦理道德培养带来了很大的影响，公益广告作为传递公益信息的载体早已被社会大众所接受，特别是中央电视台的公益广告栏目《广而告之》的影响深入人心。但过了而立之年的我国公益广告的发展还处于逐步完善的状态，面临着一系列的问题，如公益广告资金短缺、公益广告创意性不强、公益广告商业化现象严重、公益广告公信力降低等问题，探究其原因还在于我国公益广告至今没有形成相对独立的公益广告运行机制。从我国公益广告事业走过的三十多年历程来看，自 1986 年贵阳电视台播发我国第一则电视公益广告至今，政府主导、中央和地方媒体播发大量公益广告的运行状态没有太多改变。值得肯定的是这种公益广告宣传在社会精神文明建设、重大国际国家级活动、自然灾害及突发公共事件慈善捐助等方面发挥了重要作用，并积累了丰富的公益事业实践经验和公益成果。2013 年，因“中国梦”系列公益广告的强势发布，该年被媒体称为“中国公益广告元年”，大街小巷随处可见颇具中国特色的公益广告，以“讲文明，树新风”“24 字社会主义核心价值观”为主题的公益广告不断传递正能量。但迄今为止，我国公益广告运行机制的构建仍然处于瓶颈期，我国公益广告发展的困境仍然是我国公益广告最初阶段所遇到的问题：公益广告资金匮乏、公益广告作品缺乏创意、公益广告的商业化侵蚀严重、公益人才缺乏，等等，而更大的问题是所有这些瓶颈问题和政府需要转变自身职能问题交织在一起所产生的困境，因此，

需要我们对以下问题进行深度思考：如何发动社会多元主体进行公益传播，激励社会公益组织成长，如何保障公益广告作为一种公共传播资源的价值以及如何维护和提升公益广告的公信力等。

（一）我国公益广告运行现状的实践检视

我国在公益广告具体实践和理论研究中，一直没有形成一个有效的公益广告运行的社会基础和主体独立运行的机制条件，具体表现在以下几方面。

第一，公益广告计划与组织主导者的缺失与乏力。公益广告计划与组织主体在公益广告的运行机制中起着主导作用，他们把握广告的内容、形式，发布媒介，最终落地执行。我国公益广告运行也存在行为主体的多元化，政府、媒体、企业、非营利性组织都可以成为参与主体，但从目前的实际运行状态来看，我国政府恰恰承担起了公益运行主导者的角色，这里有着我国社会、历史、文化、国情原因和党政体制的特殊性原因，可是政府的主要职责并不是主导公益广告，因此，公益广告的多元化主体参与实质上就是没有主导者。从公益广告事业长远发展角度来看，我国公益广告需要计划性和常态化的组织运行，在主导者统一整合资源、发挥管理效率的前提下，四个参与主体分别承担不同的角色和功能。

政府方面：公益广告统筹流程自上而下，选题从大到小；公益广告的规模大，声势浩大，许多主题结合国家方针政策，思想性强，产生了良好的公益宣传推广效果。但是这种统筹方式行政公益色彩浓，有可能忽略了公益广告市场化运作的灵活性和创新性，地方各级政府的公益意识和执行力参差不齐，容易导致公益广告创意平庸和粗制滥造问题，影响公益广告的影响力，也容易造成社会公共资源的浪费。

媒体方面:中国媒体具有"事业编制、企业经营"的双重属性,媒体根据政府相关政策导向,出于社会责任、公益宣传的职业责任意识发布公益广告;也由于媒体具有对时事热点反应速度快的特性,其自身适时自觉地播放公益广告。与此同时,媒体为了自身生存发展需要追求经济利益和经营利润,往往把公益广告放在收视收看率不好的时段和版面发布,大大影响了公益广告的传播效果,也同样造成社会公共传播资源的大量浪费。

企业方面:企业具有商业传播的经验,所以企业能制作出创意性强的公益广告,吸引受众眼球,而且企业的资金支持,能很好地保证公益广告的费用来源,但是企业作为市场经济的主体,其本性是追逐利润,企业的公益广告宣传多以营销目的为导向,同样存在着商业需要与公益责任传播动机的冲突与博弈。

非营利性组织:非营利性组织具有长期面对社会公众宣传公益的使命、责任和运行经验,如环保组织统筹公益广告,能直接针对社会发展问题和环境问题,专业化程度高,公益人才多,对公益项目的把握能力强,执行能力强,但是非营利组织不以营利为目的,运行资金缺乏,公益传播能力较弱。相比政府、企业、媒体的强势地位,我国大部分的非营利性公益组织都处于发展的初级阶段,组织发展的主要障碍是资金短缺,且募集的大多数资金都主要投入到了实际公益项目运行支出上,导致公益广告传播方面的投入不多,影响其更好地发挥公益职能和作用。

第二,公益广告指挥与协调的行政化和非常态化。公益广告创作传播运动式和非常态化表现在我国公益广告运行中出现的"突发的繁荣与平日的寂寥"现象,公益广告在我国给人印象最为深刻的就是大量集中的各种由突发自然灾害和大型节庆、事件活动等引发的公益广告发布,比如抗洪抢险、赈灾重建、春节回家等主题,这类公益广告的发布非常集中,具有时效性、针对性和鼓动性等运动式传播特征，特别是自然灾害等危机事件中往往出现政府、媒体、企业、非营利性组织等各级组织统一部署、集中调度、通力合作进行一系列慈善公益行动的情况，海内外的明星、企业家、知名人士、普通百姓等以各种形式捐款捐物，全社会积极参与其中，各地各类媒体同时高频次地发布传播着各种各样的公益广告，形成一场声势浩大的“公益运动”。2008 年，记者从市场研究公司 CTR 市场研究了解到，根据对地震前后全国电视媒体的两周广告全天候监测对比发现，震后电视媒体商业广告总花费减少 37%，减少近 99 亿元；而公益广告投放费用增长了 92%，增长了 6.7 亿元。CTR 市场研究有关负责人介绍说，地震灾情发生后，全国电视媒体特别是央视和省级卫视出于赈灾节目播出需要，缩减了 47%的广告播出，而公益广告增幅却高达 182%。据全国测量仪统计，其间共有 10.15 亿观众通过各级电视台的直播节目第一时间了解了有关抗震救灾的情况，创造了中国电视新闻节目直播和收视之最。① 这种战时的组织管理运行模式非常高效、有效，出现繁荣景象，这一点首先应该是值得肯定的。2016 年 2 月，国家工商总局发布的《公益广告促进和管理暂行办法》(以下简称《办法》)规定，政府网站、新闻网站、经营性网站等应当每天在网站、客户端以及核心产品的显著位置展示公益广告；广播电台、电视台按照新闻出版广电部门规定的条(次)，在每套节目每日播出公益广告；中央主要报纸每月刊登公益广告总量不少于规定的数量。② 该《办法》不仅对公益广告刊播的规定进行了进一步细化和加强，对公益广告供给机制也做了制度化的设计，例如规定“公益广告主管部门建立公益广告作品库，稿件供社会无偿选择使用”。该《办

---

① 地震后中国电视公益广告投放费用增长近一倍，详见 http://news.sohu.com/20080608/n257360999.shtml。

② 曾玉成．我国公益广告发展的现状、问题与对策[J]. 传媒，2017,(4).

法》自 2016 年3 月 1 日起施行以来，我国形成了稳定的公益广告制播模式，保障了公益广告市场持续、有序发展。[①] 而就公益广告发布主体而言，这类公益广告在我国大多数是由政府、主流媒体发起制作传播的，形成了以中央台为主要力量，地方台积极跟进，全国各级广播电视台加强公益广告创作播出的格局。2016 年至今，中央电视台（央视）总共制作了 100 余条原创公益广告，全台各频道共播出公益广告超过 50 万次，播出总时长超过 3 000 小时；中央人民广播电台（央广）从 2017 年 1 月 1 日至 2018 年 8 月 31 日，共制作公益广告 21 条，主题涵盖宣传贯彻落实党的十九大精神、纪念改革开放 40 年、时代楷模、美丽中国等多个类别，累计播出约 229 239 条/次，总时长约 200 580 分钟。地方台也积极将公益广告播出纳入整体宣传规划中，如湖南广播电视台在 2018 年继续启动“青春扬益”（第二季）活动，在前三个季度共播出公益广告 59 724 条/次，比去年增加了 15 850 条/次，增幅为 36.1%，占商业广告播出量平均比例的 8%左右，高于总局 3%的规定，湖南卫视公益广告播出量已经占到 11%。湖南广播电视台广播媒体播出公益广告 27 360 条/次，时长为 19 680 分钟，同比增长 32%。[②]近些年来，我国公益广告发布主体呈现出多元化趋势，现实中公益广告发布缺乏统一合作协调的平台机制，往往出现政府、媒体、企业、非营利性组织等随机性交叉合作，增加了各主体间的沟通成本又无法整合各个组织的公共传播资源。笔者希望能够进一步促进公益广告多方资源的对接和协同发展，创建政府、媒体、企业在公益广告方面的沟通、共融、发展常态化机制。[③]

---

① 王佐元，曲韵. 新时代我国公益广告的发展变化与公众参与研究[J]. 广告大观（理论版），2019(12).

② 国家广电总局发展研究中心课题组 . 2018 年中国广电公益广告发展报告[J]. 中国广播电视学刊，2019(2).

③ 国家广电总局发展研究中心课题组. 2018 年中国广电公益广告发展报告[J]. 中国广播电视学刊，2019(2).

第三，公益广告的社会评价和激励机制缺失。如前文所述，由于我国公益广告大多由政府和媒体发起运行，社会公益力量相对较弱，各级政府行政机构承担起了公益管理职责，比如中共中央宣传部、中央精神文明建设指导委员会等都履行了公益监督职责。公益广告的评价激励手段较为单一，目前，主要有公益广告创作、发布的奖项评审、财政扶持、税收优惠和播出费用减免等相关激励政策，如各级广电管理机构的公益扶持激励政策规定。由中国广告协会主办的公益广告“黄河奖”迄今已举办了26届，国内外各个奖项评审几乎都会设立“公益奖”，这些措施对于丰富公益广告创作传播起到了很好的推动作用，特别是在政府、主流媒体的投入和带动下，各个相关机构组织了一批批优秀的公益广告创作人才队伍，全社会形成了良好的、积极的公益广告创作态势，也产出了一大批非常优秀、在社会上产生了良好反响的公益广告作品。与公益广告作品激励措施相对照，公益广告运行的激励措施，特别是对公益广告主体行为及其运行机制构建的激励措施是不充分的，参与公益的企业社会责任履职尽责成果缺乏公开的激励政策。何晨、初广志认为，以服务社会公共利益为目标的公益广告，在调和市场经济和精神文明建设方面，显然有着独特的传播优势，但由于公益广告不同于商业广告，在中国目前的经济体制下，难以实现所有组织和个人完全积极自发地投入公益广告事业中。公益广告的发展必然需要借助政府部门强有力的助推——以政策促进公益广告发展，在发展中不断规划和完善政策。[①] 胡光认为，公益广告鼓励政策的制定可以从以下几点考虑：一是广告主、广告经营者、广告发布者用于制作、刊播公益广告的成本，允许用于抵扣应纳税款；二是允许企业、社会团体、个人以申报的方式从地方广告管理部门获取资金支持，用于公益广告的制

---

① 何晨，初广志. 中国公益广告政策研究[J]. 广告大观（理论版），2015(4).

作、刊播；三是传播媒体超出法律规定标准外刊播公益广告的，以超播数量、时间等为基准，可以获得与之对应的奖励等。[①] 2016 年 7 月 8 日国家工商总局发布了《广告业发展“十三五”规划》(工商广字〔2016〕132 号)，其中“四、政策措施（二）财税支持政策：对企业通过公益性社会团体或者县级以上人民政府及其部门，用于公益广告的捐赠支出投入，经核实认定为公益性捐赠后，依法享受税前扣除”。目前可依照的法律为《企业所得税法》及其实施条例，但是其对企业参与公益广告的角色界定不清晰，企业的公益广告投入是商业性支出还是公益性支出，并没有准确的、具有可操作性的评价，影响了税收政策激励措施跟进，这些都会阻碍企业将资金投入公益广告的信心和决心，都会直接或间接地影响我国公益广告的发展。

（二）我国公益广告运行研究中存在争议的七个问题

如前文所述，我国公益广告在理论层面的研究探讨回应了公益广告运行实践的需要，公益广告运行机制问题是争议最为集中的话题。大多数学者赞成照搬已经成熟的协会模式，部分学者认为社会营销符合双赢的利益，允许公益进入市场化运作，少数学者提出与非营利性机构合作的设想，大家围绕着我国公益广告运行这个实践与理论课题，进行了有益的讨论与探索。首先，学者们就我国公益广告运行主体资格展开讨论，焦点是在公益和广告两个概念内涵、外延的界定和侧重上，有的建议由政府主导公益广告改为以企业为主体的公益广告传播，有的认为公益广告传播要以广告界为主体，强调刊播广告的媒体单位的主导作用。有学者认为企业、广告公司、媒介都有利益趋向，存在商业行为，不可能成为公益事业

① 胡光. 新媒体环境下公益广告有效传播的法律保障——以《公益广告促进和管理暂行办法》为视角[J]. 当代传播，2016(4).

的运行主体；有的学者坚持以公权部门为公益主导力量；有的学者强调公益广告繁荣机制应该来源于第三组织；更有学者否认了通过成立专门管理协会的方式来运行公益广告的观点。其次，在公益广告运行的困境和实现路径上，关于公益广告的非营利性本质和商业参与最具有争议性，学者们都赞同通过新的概念来界定和推荐我国的公益广告，有学者注重结果导向，有学者坚持过程导向，如何合理兼顾公益广告纯粹性和商业化的问题，在解决公益广告运行资金短缺的商业参与和保证公益广告纯粹性的运行机制构建上，成为两种观点的博弈场。再次，公益广告运行机制的主导者是谁的问题。从西方国家公益实践经验来看，政府、企业、媒体、社会组织甚至个人都可以成为公益广告的运行主体，就像2016年我国施行的《公益广告促进和管理暂行办法》中第三条倡导的，国家鼓励、支持开展公益广告活动，鼓励、支持、引导单位和个人以提供资金、技术、劳动力、智力成果、媒介资源等方式参与公益广告宣传。那么谁是公益广告运行机制的主导者呢？多元化的公益广告主体需要具体的组织形式和合作机制，以达到优势互补、资源共享，最终实现公益广告运行绩效提高的目的。各个学者研究的角度不同、研究深入程度不同，差异鲜明，各有千秋。这种争辩的本身意义就在于找到适合我国公益广告发展的一种过渡性形式和方向性愿景，认识到我国公益广告从现实到理想的发展路径选择问题。笔者认为，学界主要在以下七个方面观点分歧较大：(1)政府在公益广告运行中的角色问题；(2)我国公益广告运行的社会力量创建、运行与成长路径；(3)公益广告运行中商业问题与参与机制；(4)公益广告的运行效率评价和激励问题；(5)公益广告运行与公益事业发展的关系问题；(6)公益广告运行与社会文明进步、经济发展关系问题；(7)公益广告运行的国际化与人类命运共同体理想的关系问题。

如此，关于公益广告的四个主体问题、三大关系问题的设问与课题跟踪研究，事实上也表明了笔者研究公益广告运行的基本思路和方向：既要充分研究借鉴西方公益广告发展成功的运行模式和经验，又要立足于我国国情、党政体制和当今时代赋予我国社会、经济发展的历史机遇的要求。笔者坚持认为，公益广告是一种公共传播资源，资源就需要管理，公共传播资源管理就一定会牵涉公共管理选择的一系列问题，目前在我国公益文化意识和主体公益自觉不太成熟的情况下，构建我国公益广告商业化参与和公益纯粹性的冲突与协调机制是我国公益广告发展的一种有效过渡形式。应该说，在公益广告纯粹性本质方面，业界没有太大认知偏差，公益广告的商业化不是公益广告的本质属性，而商业化参与也使公益广告作为一种公共传播资源遭到了商业元素的侵占，长此以往必然会严重威胁公益广告的公信力和传播效果。而目前，公益广告的商业性参与也有其现实的合理性，讨论公益广告运行主导者的根本出发点，就是一边维护公益广告纯粹性特征，一边又充分鼓励多元公益广告主体积极参与公益广告，探索一种适合我国国情的公益广告运行机制，促进我国公益广告事业的可持续发展。

二、国外公益广告运行机制下的主导者选择

（一）国外公益广告运行机制中的主导者

从全球公益广告发展来看，最先起步的美国、日本、法国、新加坡等国家经过不断发展和改进逐步形成了各自独特的运行机制。笔者将从“谁来组织”“谁来出资”“谁来制作”“谁来发布”四个方面进行比较分析。

如表 4-1 所示，西方发达国家建立的公益广告运行机制有一个共同的特征，即形成了政府、企业、媒体、广告公司等多方参与的运作模式，明确公益广告运行中各个行为主体的责任，诸如资金筹措、广告计划、创意制作、媒介发布等。而我国公益广告运行现状如前文所述，没有专门的公

益广告运行管理机构，也缺乏长期可持续的公益广告资金来源，这都是因为我国公益广告运行长期以来始终依赖于政府和媒体的组织部署和运行机制保障。

表 4-1　各国公益广告机制对比

	谁来组织	谁来出资	谁来制作	谁来发布
美国	美国广告委员会	资金大多来自募集和各种基金会的捐助	一旦确定了广告活动的主题，广告委员会的专业工作人员就会与成百上千的志愿者一起制作广告，一些顶尖的广告公司也会加盟进行广告创意，大公司的市场营销人员也同样会给予协助	媒体捐献广告时间和广告版面
法国	国家机构、企业、慈善机构	慈善协会募集的资金和个人基金协助	职业化的广告公司	由慈善协会、企业发布，更注重传播媒体选择的多样性，比如直邮、展会等形式
英国	经济政策压力下的企业自发行为	企业	企业邀请专业广告公司	公益广告发布方购买相应媒体
日本	日本公共广告机构	经费全部来自会员的会费和赞助	会员企业负责广告制作、流通、服务所需要的资金和信息	会员媒体免费提供版面和时段刊播
韩国	韩国放送广告公社	韩国公益广告运营主体是韩国放送广告公社，直接为韩国公益广告提供资金	专业广告公司	电视媒体可以无偿发布，其他类型媒体都是以价格折扣的形式有偿发布

美国公益广告运行机制主要是社会主导型，广告委员会为主导者，专门负责公益广告运行，机构是非营利性质的，理事会成员来自广告公司志

愿者，资金来源于美国各大基金会或者企业，政府也会投入一定资金以及给予政策性支持，每年的宣传主题有 1/3 到 1/5 是由政府提出的，[①]运作流程中志愿者以及顶尖广告公司进行集体创意，媒体捐献资源播出。美国这种运行机制集合了各种组织和企业，政府模式建立在高素质社会公民和非营利组织高度发达的前提下，每个参与者都放弃自身的营利志愿加入公益广告制作和发布中，广告委员会能在缺乏政府背景情况下调到大量社会资源，这种模式与美国社会经济结构有着较高的契合度。

日本公益广告运行机制也是社会主导型。1971 年，日本仿照美国在关西成立了公共广告机构，成立之初主要是为了让公益广告在处理环境污染等社会问题方面发挥作用，1974 年公共广告机构升级为全国性非营利机构。在公益广告的运作流程中，企业在其中占有重要地位，公共广告机构每年确定广告主题，会员自下而上自觉征集完成，主导者为有资金优势的各类大型企业集团，如电通、三得利公司等，公益广告中一般没有企业的名称，统一冠名为“公共广告机构”；媒体作为会员单位自愿提供大量免费版面和播出时段；公益广告正常运行状态下不会受到政府干扰，机构市场化运作程度高，会员企业因加入“公共广告机构”，企业自身的声誉和影响力也会大大提高，从而吸引更多企业参与公益事业，有利于整个社会公益广告事业的稳定发展。日本公益广告运行机制和运行经验有很多值得我们借鉴的地方。

新加坡公益广告运行主要为政府主导型。新加坡政府一直致力于打造自身的楷模形象，公益宣传是国家管理的宣传方式之一，新加坡的公益广告密切配合政府工作。政府的任务一般有三点：(1)负责投资并开展公益广告运动；(2)政府统一确定广告主题和实施方案，由专门的招标公司执行；(3)广告主题配合政府工作，没有统一的组织部门管辖，根据需求

---

① 陈挚．公民道德建设视域中的公益广告作用研究[D]．合肥：合肥工业大学，2010.

不同,不同部门出资制定方案。虽然新加坡公益广告运行模式可以保证公益广告远离商业性,但是公益广告没有独立生存的土壤,而成为政治宣传的工具。

韩国公益广告运行主要以媒体为主导者,由公益广告协会协助。公益广告协会由15个来自社会各界的代表组成,在拥有所有广播电视媒体广告经营权的韩国放送广告公社的带领下开展公益广告活动,公益广告活动可以得到韩国放送广告公社的资金支持,公益广告协会进行公益广告决策,保证运行的独立性和稳定性。韩国每年都会举行两次针对公益广告播出效果的评估调研,促进广告创意和内容质量的提高。韩国的这种公益广告运行机制是建立在电视媒体的强势地位上的,公益广告发布播出的自由度大且有效提升了媒体自身良好的社会声誉和公信力。

(二)公益广告运行主导者的角色分析

如前文所分析的,公益广告主导者的选择问题,在各个国家有着不同答案,政府、媒体、企业、非营利性组织都在公益广告运行中发挥着主体作用,那么谁来担当公益广告的主导者?

1. 政府作为维护"公共利益"角色的追求

每一个国家都有着不同国体政体,政府作为国家机器,在政治、经济和社会文化等公共事务中承担着维护公共利益角色。19世纪以来,西方社会自由主义思潮从市场观念渗透到国家治理观念中,经济学界有句名言"管得最少的政府就是管得最好的政府",将政府作为社会"守夜人"的"夜警国家"观念,自然信奉的是自由市场规则。笔者看到,市场经济造就了西方世界的繁荣,但同时周期性经济危机的大爆发让人们意识到市场经济本身的缺陷,出于治理"市场失灵"的需要,人们认为政府对于市场的干预是必要之举。政府作为一种必要的公共利益组织而被接受,这种做法在强国家体制当中更加突出甚至走向“全权政府”。可以预见的是，相较于自然演化规则下产生的市场经济，政府作为一种人为设计的组织必然会存在先天不足，权力寻租、低效和侵害私益等问题，成为不可避免的“政府失灵”的原罪。① 政府在我国公益广告的传播中承担了非常重要的发起者和推动者的角色，公益广告的运行需要资金投入、专业制作、媒介排期等各个环节配合，而政府多个部门参与公益广告管理，不仅投入了大量资源和政策支持，还在倡导社会主义核心价值观，促进社会主义精神文明建设和公共道德建设以及处理各种灾害危机事件中取得了非常突出的公益广告传播效果和公益事业发展成果。这是在我国特殊的国情背景下出现的现象，因此，政府职能转变是当下政治改革的共识，要从全能型政府向服务型政府转变，政府的各种公共事务都采取政府购买、服务外包等形式，鼓励社会力量参与公共事务的运行与管理。

2. 媒介的“多元化”发展趋势

媒介在现代社会中扮演着极为重要的角色。人们通常将现代媒介的运作模式划分为以美国为代表的、私营媒介为主体的完全商业化运作模式，以西欧和日本为代表的、公私兼顾的双轨制运作模式和以中国为代表的、完全国有的有限商业化模式。② 郑立勇通过对当代媒介社会角色变迁的观照，为我们建构了当代媒介社会角色动态变迁模型（见图 4-1③）。媒介角色在现实中正由原来的单极角色向多元角色变迁，具有强大的传播资源优势和传播影响力的媒介，一定是能够合理有效地协调与调动多种力量的媒介。

多元角色变迁意味着媒体要受到政治化、商业化和社会化的牵引和

---

① 邬盛根. 中国公益广告的价值实现：公共性视角——基于社会结构系统的分析[D]. 武汉：武汉大学，2014.

② 郑丽勇. 当代媒介社会角色及其动态变迁模型[J]. 传媒与教育，2012(3).

③ 郑丽勇. 当代媒介社会角色及其动态变迁模型[J]. 传媒与教育，2012(3).

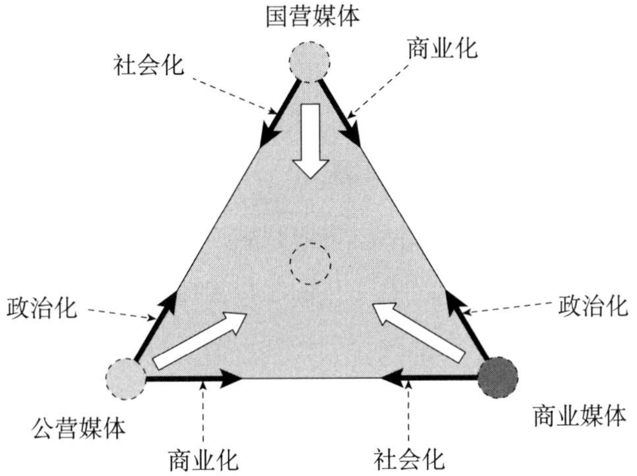

图 4-1 媒介社会角色动态变迁模型

影响，意味着媒体运作过程中需要更加自觉地肩负起维护公共利益的责任，维护社会公众的公共传播诉求，谋求自身在多元社会主体中更大的生存和发展空间。胡百精、杨奕认为，媒体在公共传播中始终扮演着重要角色，既要基于事实和问题设置议程，也要推动多元社会主体围绕“时代病”形成畅通的言论渠道和有效的行动网络。但媒体终归是特定社会结构和历史情境中的角色，亦有其力所不及之处。譬如，改革既要反映事实和问题，也要拿出整体和具体的行动方案；不仅要动员舆论，而且要诉诸立法和政策创新。批判无法替代建设，舆论不能替代法案。与此相类似的，公共性不可简单等同于公众性，“干净的”书生之见亦难抵消复杂的政治考量。[①] 因此，从媒体本身来讲，其就具有寻求社会公正的社会责任，并且具有成为公共利益诉求的表达平台特性。在公益广告传播运行中，媒体应该发挥不可或缺的主体作用，因为媒体能够以最快速度制作和播出公益广告，面对突发事件或社会热点问题，媒体往往也是最先对其进行响应的，并能及时制作相关主题的公益广告。但同样，媒体本身也受到政治和

---

① 胡百精，杨奕. 社会转型中的公共传播、媒体角色与多元共识——美国进步主义运动的经验与启示[J]. 中国行政管理，2019(2).

商业元素影响，媒体因其属性的特殊性，并不能始终围绕着公益广告传播而运行，更谈不上作为公益广告运行主导者角色而长期存在，因此，公益广告运行对于媒体本身来讲就是一个利益的选择和权衡问题。

3. 企业公益参与的有意与无意

企业作为市场经济的主体，以赚取利润为目的的一切行为都是资本属性所决定的，企业单纯以公益为目的制作传播公益广告是缺乏现实依据的，也无法保证公益广告从内容创作到传播运行的公益纯粹性。尽管美国和日本的公益广告组织最初都是由企业发起并提供资金支持的，比如日本公共广告机构，参与企业作为会员，积极踊跃、主动承担体现企业社会责任的公益事业，为公益广告活动的成功运行提供了有力保障。可是笔者从西方企业社会责任理论形成和践行的过程中发现，起初的企业社会责任体现企业及企业家类似于公益慈善的心态和行为，完全是一个"外部"问题，并没有和企业经营管理相结合。这一时期人们甚至还在争论企业应不应该承担经济责任以外的所谓社会责任。当时的主流观点认为即使企业有企业社会责任，最终追求的还是经济利益最大化。因此，企业履行社会责任的动机虽然不排除内在的公益精神、慈善意愿，可就大多数企业来讲是来自外部压力，有市场潮流进步的要求、有法律法规方面的强制约束，还有伦理道德方面的无形规范等。① 企业社会责任的发展是从外部约束到内部规划的一个逐步演化过程，企业参与公益广告的这种有意或无意的贡献，最初或者最终的动机仍然是获取商业利益，且这种动机可能直接导致企业公益广告传播价值不同程度的下降。企业期望在表现公益精神的同时，体现出企业形象或产品信息，而在这个过程中，表现公益精神与表现企业商业利益存在此消彼长的博弈关系。② 因此，企业

① 邬盛根，李迎曦. 当下我国企业形象建构的缺失与重构——基于企业社会责任理论与实践视角的考察[J]. 广告研究，2014(3).

② 邬盛根. 公益精神与商业利益博弈下的企业公益广告[J]. 暨南学报(哲学社会科学版)，2012(12).

作为一个经济组织似乎并不适合作为公益广告运行的主导者，而作为公益广告的参与主体又如何能够在公益参与和商业动机之间找到平衡，是需要公益实践探索的制度创新问题。

4. 非营利组织的天然与自然

非营利组织不同于政府和企业，莱斯特·萨拉蒙认为，非营利组织具有鲜明的非营利性、民间性、公益性、合法性等特征，其中非营利性强调组织不是为了获取利润，而是为了实现整个社会或者一定范围内的公共利益最大化，主要包括两个方面内容。其一，组织的宗旨及其运转不是追求利润，而是坚持自己的公益发展原则，当然，非营利组织可以从事相关的经营性活动，可以为组织的员工提供相应的酬劳，组织获得的利益不能参与分配，只能用于公益和扩大组织自身影响力。其二，非营利组织只是受托人委托使用的一个载体，资产所有权应属于社会，不能以任何方式改变非营利组织所有资产的公共属性。从西方社会非营利组织以及日本公共广告机构的运行实践来看，非营利性组织具有成为公益广告主导者的先天优势。非营利组织的专职人员以及志愿者一般具有较好的公益专业素养，志愿为公众服务，组织不谋取私利，这些因素有利于保障公益广告的公益纯粹性，相较于政府、媒体、企业而言，非营利组织更能独立、高效地主导公益广告创作传播。但前提是：一方面，政府和社会要大力培育和扶持非营利组织的发展，明确其公益广告运行管理和监督主体，保障其充分独立运行；另一方面，独立的非营利组织要通过自身努力寻求发展，克服自身发展中存在的一些问题，如公益资金不足、人事和财政透明度低、发展速度比较缓慢等。

回到我们讨论的主题，我们应该如何形成适合我国国情和公益事业发展需要的公益广告运行机制？从目前我国公益广告发展状况分析来看，公益广告传播由政府、媒体发动，集中发布、运动式特性较为突出，传播内容集中在社会主义核心价值观、自然灾害、赈灾救灾、公共道德等方面，公益广告区域发展不平衡，人们对公益广告传播对象和传播效果缺乏有效深入的研究。由上文笔者对国际上其他国家公益广告运行机制的分析与借鉴可知，每个国家在公益广告运行中都有一个主导者角色，不论是政府、社会，还是媒体，或是非营利机构，都需要这样一个主导者能够从整体上把握资源，协调参与公益广告的多元主体的利益，虽然每个国家的公益广告运行机制存在不完全相同的主导者，但在整体上，公益广告运行有了组织保障。

我国公益广告呈现出问题的缘由纷繁复杂，核心问题就是没有一个专门组织能够担当主导者角色，成为公益广告经营管理系统的核心力量，全过程负责公益广告运行系统，并以主导者为核心建立一套完善有效的公益广告运行机制。康晓光、韩恒就提出中国社会是“行政吸纳社会”，即国家和社会不是分离的，更不是对立的，而是相互融合的关系。[①] 因此，考虑中国公益广告运行主导者问题时必须要慎重考虑政府这一要素，公益广告运行主导者合理利用政府资源，且独立于政府，才能得到可持续发展。一般而言，对公益广告运行主导者应该有如下要求：(1)对整体公益广告事业发展有战略性长期规划，代表公益广告的实体组织；(2)能推动社会资源投入公益广告运行且保持公益广告的纯粹性；(3)能协调日常组织运行管理系统中各个主体和流程问题；(4)能够推进公益广告创作发布与评价、公益广告项目成果转化；(5)能建立公益广告资源数据库和交易平台，回应社会或突发公共事件的公益广告传播需求。

三、我国公益广告运行主导者的创设原则

大多数专家学者之前的研究都建议政府或社会通过成立公益广告基

① 康晓光，韩恒．行政吸纳社会——当前中国大陆国家与社会关系再研究[J]．中国社会科学(英文版)，2007(2).

金会或公益广告协会来承担我国公益广告运行主导者的角色，或者通过引入商业化机制解决公益广告运行资金问题。笔者认为，这些方式都是直接借鉴了西方国家公益广告实践的协会模式或者是非营利组织的做法，简单化了公益广告的商业参与和公益纯粹性问题，并没有兼顾到我国公益广告传播现实困境、长远发展和公益事业的社会文化背景讨论。事实上，在我国实际运行效果最为理想的仍然是由我国政府及主流媒体所发起的公益广告传播活动项目。西方的公益实践表明，非营利组织在本质上有成为公益广告运行主体的可能，但在我国现有社会制度下过于弱小的非营利组织无法解决资金困窘问题和承担最大化利用社会公共资源的责任，面对不断出现的社会问题和社会公益需求，作为政府又不宜取代非营利性组织而过多地承担社会责任。笔者借鉴2009年诺贝尔经济学奖获得者埃莉诺·奥斯特罗姆和其丈夫共同创立的"多中心理论"[①]下的"使用者协会"[②]模式的观点，创建公益广告运行机构——企业型非营利组织。形式上采用有限合伙制方式，政府、媒介、企业、广告公司等以有限合伙人的形式实现公益资源整合利用的最大化，坚持非营利性本质，坚持内部管理企业化和外部运行市场化，最终建立以企业型非营利组织为主体的运行机构。在此，笔者提出我国公益广告运行主导者的创设原则。

（一）独立性与整合性相结合

公益广告运行主导者的创设原则，首先就是"独立性"原则，最直接的原因就是我们需要一个专业性主体，来整合与提升公益广告的价值与传播价值。价值是属于主客体的关系范畴，即从主体的角度去理解客体的价值。马克思指出，价值的主体性包含两层含义：其一，一事物是否有价

---

① 多中心理论是由美国印第安纳大学政治理论与政策分析研究所的文森特·奥斯特罗姆与埃莉诺·奥斯特罗姆夫妇共同创立。

② 邬盛根.中国公益广告的价值实现：公共性视角——基于社会结构系统的分析[D].武汉：武汉大学，2014.

值由主体判定;其二,价值是由主体创造的。客体价值由主体判定和创造,主体状况的差异性必然影响主体对客体价值的理解,不同主体即使是对待同一事物,也会产生不同的甚至完全相反的感受和判断,由此形成价值的多元性以及因人而异的相对性,而如何形构社会统一的价值观念成为必要和挑战。价值主体性的第二层含义强调价值的创造性,即价值是人通过自己的劳动亦即通过发挥主体能动性创造出来的。[①]政府和媒体承担公益广告运行的最大问题就是无法保障公益广告运行的主体性和独立性,尽管政府和媒体在公益广告资源的整合运行上有着巨大的便利条件,但推动公益广告运行并不是政府和媒体的主要职能,势必会造成公益广告运行主体的长期缺位。而笔者设计的公益广告运行机构"企业型非营利组织"很好地解决了这一矛盾,既设立了公益广告运行的专门组织,保证其运行的独立性,又通过有限合伙制实现了包括政府在内的公益广告运行所需的资源整合,有利于最大化整合社会公益资源和提升公益广告运行的专业水准。

(二)纯粹性与商业化相隔离

公益广告运行的资金短缺问题是我国公益广告发展的一个瓶颈,公益广告中引入商业化参与的初衷是支持公益广告创作传播,但不可否认的是,影响我国公益广告长期健康发展的另一个主要障碍又可能是商业化参与,加入商业元素的公益广告从企业的角度看非常合理有效,既帮助社会解决了公益广告资金短缺问题,又有利于企业公益形象推广宣传。在我国,商业性广告为广告中的主流,意见广告与意见广告类型的企业公益广告、企业署名公益广告并存。2014 年到 2017 年,意见广告开始出现

① 邬盛根. 中国公益广告的价值实现:公共性视角——基于社会结构系统的分析[D]. 武汉:武汉大学,2014.

更多案例，以华为的《向李小文学习》（2014 年）、《芭蕾脚》（2015 年）、厚积薄发系列广告（2016 年），SK-II 支持独立女性的广告（2015 年）最为典型。[①] 这些企业主动发布的公益广告（其实是意见广告），也有着与公益广告无法区别的共同点。其一，企业根据自身与社会公众交流的需要，围绕着公共利益主题而展开创意、制作、发布。华为的需求是改善和塑造企业形象，SK-II 想通过系列广告对女性问题发声以获得女性目标消费群体对企业和产品的支持。其二，针对某一社会公共诉求企业发声表态。你说这是公益广告吗？受众可以区别出哪个是公益广告，哪个是商业广告吗？然而事实上，这些广告却是以侵占和损害公益广告资源为代价的，对这一点的理解，需要更多地从社会公众认知的视角，来分析公益与商业之间的关联度和认可度。当然，坚持公益广告的纯粹性并不排除商业化运作，这一对矛盾可通过公益广告运行机构——“企业型非营利组织”加以转换和协调，分离公益广告运行中的商业性和公益纯粹性。笔者认为，可以采取坚持公益广告文本纯粹性与合理的商业化运作相结合形式，企业参与公益广告包括资金的筹集、公益广告创意征集与设计等环节，但不能像过去那样无规则约束，绝不能简单粗暴地接受企业以赞助、冠名等形式，将商业元素融入公益广告作品中，所有包含“企业公益广告”“冠名公益广告”“含有隐性商业信息的公益广告”和“意见广告”的广告，都不是纯粹的公益广告。因此，需要合理地利用商业性参与的积极部分，同时还要对这种商业性参与进行必要的严格规范，这样一方面可以提高企业参与公益事业的积极性和贡献度，另一方面可以保证面向社会公众的公益广告具有绝对的公益纯粹性。

（三）计划性与突发性相协调

公益广告的计划性关系到其本身是否可持续发展，长期以来公益广

---

① 冯少杰. 意见广告的概念界定及发展现状[J]. 广告大观（理论版），2017(6).

告落后于商业广告发展，一个原因是公益广告的主体性不明确、不独立，而另一个原因来自公益广告实践中人们对公益广告的认知偏差，似乎只是在社会公共利益出现问题时才需要公益广告，这造成了社会普遍对公益广告的重视程度不够。与海量的商业广告形成鲜明对比的是，公益广告播放量严重短缺，平均每个频道播出公益广告 5.7 条，时长不足 3 分钟，并且很少在黄金时段播放。[①] 当然，我国政府及媒体在促进公益广告发展上也在逐步加强力度，例如国家广播电视总局 2019 年在《关于做好公益广告宣传的通知》中规定了"广播、电视媒介每套节目用于发布公益广告的时间应不少于全年发布商业广告时间的 3%""电视媒介在 19:00—21:00 时间段每套节目发布公益广告的时间应不少于发布商业广告版面的 3%""报纸、期刊媒介每年刊出公益广告的版面应不少于发布商业广告版面的 3%"等，对公益广告播出时长、占有版面等都做出了具体规定。从整个社会公益广告传播角度来说，公益广告运行是一个多元主体、多层面、多环节的传播系统；从一个公益广告作品完成过程来说，需要完成公益资源资金筹划、公益广告主题选择、作品创意创作、发布媒介确定以及传播效果测评等工作；从公益广告的功能运行来说，还需要建立公益广告主题研究、公共事件危机公关、公益广告作品和人才储备、公益广告评估和激励机制等支持系统。突发性的公益广告传播往往是公益广告运行发挥作用、具有社会责任贡献显示度的媒体高光时刻，公益广告运行的计划性是应对突发性挑战的基础保障，突发性又促进公益广告运行计划性的效率检验与专业提升，要建立独立的、长期的公益广告运行机构，目的就是要强化我国公益广告创作传播的专业化和计划性，从公益广告主题内容上和组织运行上根本解决"突发的繁荣与平日的寂寥"

---

① 王小梅. 比较视野下电视广告法律规制实证研究[J]. 郑州大学学报（哲学社会科学版），2015(7).

困境，并充分满足和保障我国常态化、突发性公益广告传播需求的数量和质量。

（四）经营性与社会性相统一

笔者在此设计“企业型非营利组织”承担公益广告的主导者责任，着重点在于利用企业模式，采取企业经营形式来从事公益广告活动，商业力量应该成为推动公益事业发展的主体，而单纯依靠政府的财政支持以及社会的捐助是不能保证公益广告事业的独立发展的。“企业型非营利组织”引进企业经营管理方式进行公益广告资源的市场化运作，着眼于企业经营性与社会性相结合的组织属性，既保证了公益广告的文本纯粹性，又能解决公益广告的商业参与和公益资金短缺问题，同时公益广告的经营性和社会性价值能不断激励更多的企业和社会力量投入公益广告活动中来，影响和促进我国公益广告事业经营性与社会性价值得到全社会广泛认同。

四、我国公益广告运行主导者的组织实现

管理学大师彼得·德鲁克曾说：“和商业公司相比，非营利机构能够更好地运用自己的宗旨，创造一个有纪律的组织。”从德鲁克的话语中，我们可以理解到，非营利机构更有基础和责任动机来加强机构的组织管理，针对我国目前公益广告发展中遇到的发展困境，“企业型非营利组织”的建立就是以市场化运作保证公益广告运行，能化解坚守公益广告纯粹性和不可避免的商业参与之间的矛盾与冲突，促进公益广告事业健康可持续发展。为了调和公益和商业的矛盾，笔者在此引用“社会企业”的概念来解释公益广告主导者构想。英国社会企业联盟给“社会企业”下的定义是：“运用商业手段，实现社会目的。”即通过创办公司这种能获取利益的

商业运营模式来解决社会问题，达成应对环保、改善社会福利和公共服务、提供就业、构建公平包容的社会的目标。社会企业是一种具有公益和慈善性质，又超越传统的非营利和志愿模式，能够创造经济价值，但营利所得不用于分红的创新模式。①

（一）公益广告主导者组织设计的四个原则

解决好公益广告纯粹性与商业参与关系问题是解决公益广告资金问题和机制问题的关键。公益广告作为公共传播资源，实际运行中具有社会传播的公共性，能传播正能量，引导社会风尚，解决社会问题。公益广告主导者组织设计原则必须考虑到公益广告主体的运行环境以及公益广告资源的可持续发展，要考虑如何控制公益广告运行成本、提升公益广告作品质量、实现公益广告资源增值、开发公共传播资源等，并保障合理有效、可持续、常态化的公益广告运行。

如前文讨论的，公益广告的商业化现象会影响公益广告的公信力和影响力，如何在维持公益广告纯粹性的同时，通过组织设计来引入商业化参与，解决公益广告运行的资金困境？公益广告本身就需要多元化主体参与，同样需要资金支持，商业性参与是不可回避的问题，现实中企业也有参与公益广告的动力，要想合理地协调好公益广告纯粹性和商业性参与的矛盾，让两者互利共生，我们需要做的就是隔离，这是公益广告运行主导者组织设计的第一个原则：隔离原则。所谓隔离就是需要在商业性参与和公益传播的纯粹性之间竖立起一道墙，在公益广告运行中，既保障两者互利协同，又杜绝相互“污染”。当然，企业是经济组织，企业参与公益广告的最大动力是希望借助公益之名宣传企业自身形象和产品，我们追求公益广告文本纯粹性的同时，还希望获得企业大量的资金支持，那么

① 薛夷风．社会企业对我国传统公司观念的挑战——再论公司的营利性[J]．当代法学，2011(3)．

公益的投入需要以一定的利益形式回报企业，因此，主导者组织的存在其本质上是一个转化功能系统，将企业公益投入转化成形象评价发布于社会，对企业公益投入的回馈无法直接在公益广告传播中露出和在商业价值上进行补偿，这是第二个原则：转化原则。同时为了保障公益广告主导者组织的长久有效运行，必须吸引社会、企业资金的可持续投入，激励原则因此便成了公益广告运行主导者组织设计的第三个原则。监督原则是第四个原则，是为了保证公益广告的文本纯粹性，保证企业商业化正常参与，保证激励机制的顺利实施，监督广告运行主体组织的高效运作。监督原则是建立在隔离、转化、激励三原则基础上的进一步的措施延伸和保障。

总之，公益广告主导者组织设计需要坚持隔离、转化、激励、监督四个原则，基本出发点是解决好公益广告纯粹性和商业性参与之间的冲突关系，并促进公益广告主导者组织在解决好资金困境的基础上，不断提升公益广告运行的公共性和专业性，进而不断提升公益广告传播作为公共传播资源的价值。

（二）我国公益广告运行主导者创设

笔者提出公益广告运行主导者的“企业型非营利组织”的概念和组织架构设计，借鉴了英国社会企业联盟定义的“社会企业”以及迪斯（Dees）在2008年出版的《企业型非营利组织》一书中同一概念并有所创新延伸。社会企业采用商业模式解决社会问题，通过创办公司等以获取利益的商业运营模式来达成目标。站在企业的角度，社会企业是利用企业的盈利从事社会公益活动；站在社会的角度，社会企业是运用企业的手段管理社会公益资源。作为我国公益广告新运行机制的主导者——“企业型非营利组织”，是从事公益广告资源运行及商业回报管理、服务于组织成员以及社会公益需求与发展的专业性组织。“企业型非营利组织”设计不同于以往的协会性质组织，也不同于生产性商业性企业的组织构成及其运行要求。

1. 企业型非营利组织的注册、组织形式与业务运行

公益广告运行主导者以企业型非营利组织进行工商登记注册，而不是通过民政系统注册，遵循《中华人民共和国合伙企业法》(1997 年 2 月 23 日第八届全国人民代表大会常务委员会第二十四次会议通过，2006 年 8 月 27 日第十届全国人民代表大会常务委员会第二十三次会议修订)依法注册成立，具有合法性和独立性。公益广告运行主导者组织作为一个专业从事公益广告资源运营的服务性企业，其内部治理结构采用有限合伙制的组织形式，由一个以上的合伙人承担无限责任的基础上，允许更多的投资人承担有限责任的经营管理制度，包括政府、媒体、企业、广告企业和其他非营利性公益组织等公益广告主体成为有限合伙制的组织成员。鼓励公益广告主导者组织跨地区、跨行业和跨文化运行，以利于培育全社会多元化公益主体积极投入公益广告创作与传播中。

组织成员：政府、媒体、广告主企业、广告公司和其他法人。参照奥斯特罗姆夫妇多中心理论“使用者协会”的“谁投入谁使用，谁使用谁管理，谁投入谁受益”原则，充分保障“使用者”来源多样化。政府、媒体、广告主企业、广告公司和其他法人均以“使用者”角色共同参与而组成“使用者协会”，即企业型非营利组织管理公益广告运行，以股份制方式“清晰界定边界”原则，保护使用者权益，各参与方以组织成员的方式参与日常管理，加强各参与方对企业型非营利组织作为主导者的权利认可，明确组织成员公益投入和产出要素(见表 4-2)，明确组织成员对公益广告作为“公共传播资源”的决策权、使用权和控制权，等等。

表 4-2　企业型非营利组织成员的投入一产出要素表①

<table>
<tr><th></th><th>成员</th><th>投入</th><th>产出</th></tr>
<tr><td rowspan="5">企业型非营利组织（公益广告运行主导者）</td><td>政府</td><td>1. 相关政策
2. 政府公益项目
3. 公益专项资金、固定资产</td><td>1. 公益决策
2. 公益广告作品使用
3. 政府服务
4. 声誉</td></tr>
<tr><td>媒体</td><td>1. 媒体发布
2. 新闻宣传
3. 资金</td><td rowspan="3">1. 公益决策
2. 公益广告作品使用
3. 政策性奖励和财税优惠
4. 声誉</td></tr>
<tr><td>广告主企业</td><td>1. 资金
2. 公益项目
3. 产品服务提供</td></tr>
<tr><td>广告公司</td><td>1. 广告经营要素
2. 资金</td></tr>
<tr><td>其他
非营利组织</td><td>1. 公益项目
2. 专业支持
3. 资金</td><td>1. 公益决策
2. 公益广告作品使用
3. 组织理念宣传
4. 声誉</td></tr>
<tr><td></td><td>志愿者</td><td>1. 人员
2. 资金</td><td>1. 声誉
2. 公益经验</td></tr>
</table>

按照多中心理论“使用者协会”的“谁投入谁使用，谁使用谁管理，谁投入谁受益”原则，作为公益广告运行主导者的企业型非营利组织各个参与方都必须遵循这个权利分配的原则。政府机构作为组织成员投入专项资金，进行政策支持，投入政府公益项目，进行志愿者支持；政府以企业董事的身份参与公益广告管理，改变目前政府管理运行公益广告所面临的问题和困境，还能以“使用者协会”原则将公益广告服务外包，调动更多的公益广告服务资源。媒体组织既可以投入资金支持，也可以在媒体资源如版面或时段方面进行免费支持或是折扣支持，甚至可以调动媒体受众资源支援公益；媒体也能从中获得更广泛的公益广告资源服务，获得优秀公益广告作品投放的优先选择权，还能从企业型非营利组织补偿机制中

---

① 严密．以“第三力量”为主导——公益广告运行机制研究[D]．合肥：安徽大学，2012．

获得相应的媒体公益形象提升和推广。广告主企业的公益投入主要是以公益资金支持为主、物质支持为辅，对与企业相关的公益广告专项项目进行评估与投入，企业员工也可作为志愿者加入；同样，企业能获得优惠的政策，获得折扣性和综合性公益广告服务，获得企业公益形象提升和推广，可以参与年度“公益广告慈善排行榜”评选，获得政府减免相应税收的优惠，等等。广告公司可以投入资金支持，更应该投入专业创作人员，以及其他广告资源、资料支持等；广告公司能获得相应的公益广告制作发布的优先合作权，获得相应的创作费用支持，还能获得折扣性和综合性的公益广告服务，获得年度“公益广告慈善排行榜”评选资格，等等。最后，其他法人包含的范围可以更加广泛，包括各种非营利组织、公益组织，它们的参与既可以给予公益项目管理更加专业的支持，又可以给公益组织本身的业务运行找到更加广泛的公益资源平台，非营利机构或者其他事业单位参与、投入资金，进而在全社会推动公益事业，鼓励志愿者加入，有利于公益广告项目更加高效运行和发挥公益传播价值。

组织运营：组织业务——公益广告资源的经营和绩效评估代理。组织业务的核心内容是公益广告运行，如何处理和平衡好公益广告的纯粹性与企业参与的商业性两者关系是组织业务管理制度的刚性要求。笔者曾提出过“公益广告文本纯粹性”的过渡概念，即由企业型非营利组织制作和播出的所有公益广告作品不得出现企业 LOGO 和商业元素，只能以企业型非营利组织机构名义署名发布，必须保证媒体所发布的公益广告作品中绝对不掺杂任何商业元素和商业企图的运行原则。企业型非营利组织的主要业务包含两个方面。

公益广告资源的经营业务。该业务主要任务是全方位接受组织成员的公益广告资源投入和需求代理，为成员提供全程专业化的公益广告资源服务，遵循“使用者协会”的“谁投入谁使用，谁使用谁管理，谁投入谁受益”原则，对组织成员提供的公益广告资源和组织外部市场化的公益广告资源进行统筹计划和运营管理，从公益资源拓展、公益广告主题、内容形式、创意制作、媒介发布、效果评估等各个环节建立一套公益广告运行中决策与执行的管理制度和经营机制。

公益广告绩效评估与管理。在公益广告业务运行管理中需要坚持公益广告纯粹性的绝对性原则，即媒体发布的所有公益广告作品只能署企业型非营利组织名称，不得出现任何商业化参与的企业组织名称和商业元素。企业型非营利组织为了保障公益广告文本的绝对纯粹性，在公益广告运行发布和商业投入之间建立起了一道不可逾越的“隔离墙”，那么组织成员的公益广告资源投入产出在公益广告作品传播发布层面上是无法直接体现和获得利益回报的。因此，组织成员公益广告投入的绩效评估和激励管理就显得非常必要，我们必须在业务运行制度上特别注重企业的利益动机，需要以另外一种形式加以补偿和进行商业激励。当然，这种补偿和激励措施都是来源于企业型非营利组织的外部，主要来源于两个方面，一是政府政策对投入公益广告的企业的相应支持和激励措施，二是政府或社会第三方机构具有权威性的“公益”评价给予企业声誉形象的塑造。在这里，企业型非营利组织作为公益广告运行主导者非常重要的职责，就是代理组织成员公益广告投入的绩效和激励的评估申报和管理执行，这是企业型非营利组织保障公益广告纯粹性和商业参与之间平衡以及可持续运行的业务基础。

作为公益广告运行主导者的企业型非营利组织产出公益广告资源运行服务及其作品，因此，围绕广告策划、创意和制作发布等广告企业经营要素的优化与配置服务是公益广告运行组织的基本经营条件和资源。依据以上有关组织性质、宗旨、成员和业务的分析，企业型非营利组织是公益广告“使用者”多元主体参与、自主治理的运行组织，属于非营利性组织范畴，不能以营利为组织经营目的，也不得将利润用于成员收益再分配，但与原先大多数传统意义上的非营利性组织的最大区别就是包含了我国国情背景下公益广告多元主体的参与特色和有限合伙制的企业制度安排。

2. 企业型非营利组织的启动、监督与激励

(1)启动机制:主导者的自我修正和竞争机制的建立

多元主体集合

由企业型非营利组织主导的公益广告运行机制,将政府、媒体、企业、非营利组织四大机构的公益资源纳入其中,整合为公益广告创作传播运行的专业化组织。在我国,公益广告多元主体以有限合伙制的方式组建企业型非营利组织,包括政府、媒体、企业、非营利组织等各个主体如何为此筹备、谈判和合作,需要一个平台也需要一个过程;而企业型非营利组织作为公益广告运行的新生力量也需要一个启动和修正的过程,初始阶段建议由一个实体组织或是相关行业的协会组织出面发起,以政府、企业、媒体和非营利组织为基础进行摸底排查,了解清楚公益广告实际供需状态、能力潜力和发展目标。各参与主体采取自愿原则进行申请、审核和调整,最终拓展、吸纳包括政府、媒体、企业、非营利组织在内的各主体组织成员,不断完善公益广告多元主体参与的组织架构和运行模式。

多中心发展格局

作为公益广告运行主导者的企业型非营利组织在发展初级阶段,以市场需求为导向,以鼓励发展为原则,建议不形成公益广告资源的垄断经营,应该呈现万众创业、百花齐放的发展状态,鼓励支持不同地域、不同类型、具有一定数量规模的公益广告运行组织发展,在社会上、市场上,逐渐形成对公益广告资源供需双方的动机激发和竞争机制,像其他工商企业市场竞争一样,优胜劣汰,强强联合,并形成良好的公益广告资源市场和公益广告运行组织多中心发展格局。一方面,引入市场竞争机制,才能避免公益资源的垄断、官僚主义以及滋生腐败。另一方面,市场竞争机制也能促使公益广告服务的质量在市场供需竞争中不

断创新提升。特别值得强调的是,作为组织成员之一的政府,同样必须受到市场竞争规则的控制,就像其他国有企业一样,如移动、联通和电信,市场竞争机制有利于为社会公众提供更优质的公共服务。

(2)内部监督机制:运用有限合伙制的协议制度优势,加大监管和自律

公益广告是一种公共传播资源,从这个意义上来说,任何组织对某种公共资源的经营管理行为,都是一种对公共资源的占有和使用,而对公共资源的占有和使用行为就应该受到社会公众监督管理,按照公共管理理论,其中有效的管理方法就是有偿占有和使用公共资源。因此,企业型非营利组织的公益广告运行必须体现出公共资源占有和使用的有偿性和补偿性原则,即对公益广告运行负有有偿使用和成本补偿的利益责任,那么这种有偿性和补偿性利益责任,体现在公益广告作品输出的数量、质量、社会评价以及服务组织成员的"使用者"满意度评价上,因此,企业型非营利组织相应的经营管理行为和过程应该受到必要的监督和约束,根据有限合伙制组织特征应该建立如下监督机制:

委员会监督

在有限合伙制组织中投资者为有限合伙人,管理者为一般合伙人或称为普通合伙人,管理者受有限合伙人委托对公司经营管理负有无限责任。有限合伙制组织对管理者的决策及管理活动的监督和评估一般采用委员会监督方式,主要有两种:一是有限合伙人委员会,二是专家咨询委员会。有限合伙人委员会类似于公司制组织中的董事会,委员由有限合伙人成员组织派出人员或委托代理人组成,所有委员组成有限合伙人委员会,选举产生有限合伙人委员会领导班子。有限合伙人委员会对企业重大问题进行决策,审核管理者提供的经营管理财务报告,对专家咨询委员会的工作进行监督。参照《中华人民共和国公司法(2018 年修正)》第四十六条之规定"董事会对股东会负责,行使下列职权"的条款,提出有限

合伙人委员会的职责和权限如下，仅供参考：

（一）召集组织全员会议，并报告工作；

（二）制定组织章程；

（三）执行有限合伙人委员会的决议；

（四）决定组织的经营计划和投资方案；

（五）制订、审核组织的年度财务预算方案、决算方案及其完成报告；

（六）对专家咨询委员会的工作进行监督；

（七）制订组织合并、分立、解散或者变更组织形式的方案；

（八）决定组织内部管理机构的设置；

（九）决定聘任或者解聘一般合伙人及其报酬事项，并根据一般合伙人提名决定聘任或者解聘公司其他负责人及其报酬事项；

（十）制定组织的基本管理制度；

（十一）组织章程规定的其他职权。

而专家咨询委员会通常是由有限合伙人所聘用的公共事务、技术、经济、财务等各方面的外部专家组成，其作用主要是对管理者（一般合伙人）的行为进行绩效评估，并根据专家咨询委员会工作制度要求行使常态化的监督管理工作（见图 4-2）。

定期信息披露制度

信息披露制度亦称“信息公开制度”，一般合伙人应该严格执行定期信息披露制度，有限合伙人对于公益广告运行发展情况及其财务状况等重大经营管理信息赋有知情权和监督权。一般建议采取定期申报和随机督查相结合的方式，向社会公众证明组织的透明性和专业性等，也可以采取社会舆论监督作为补充方式来保障公益广告运行的开放性和可持续性。因此，定期信息披露制度也牵涉到组织外部公益广告评价体系和机制的建立。公益广告的创作、传播、发布有着自身的规律性，公益广告传播本身就是一种大众传播的信息产品输出，定期信息披露制度既是一种

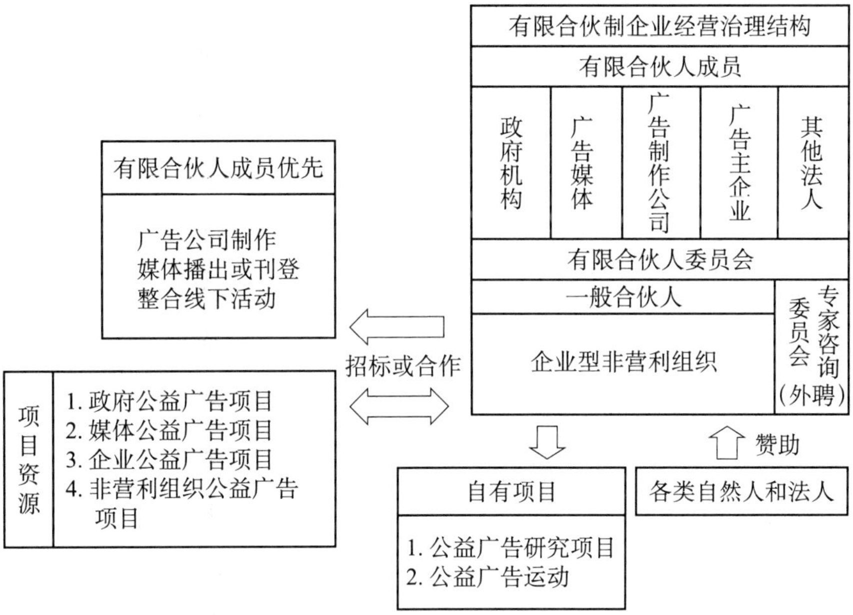

图 4-2　企业型非营利组织有限合伙制委托代理结构示意图

督查监管手段，也是一种展示企业型非营利组织良好形象、扩大公益的社会影响力的公共传播。

无限责任和退出机制

企业本身存在经营管理风险，公益广告的运行同样也存在诸多不确定性和不可预测的竞争压力，有限合伙制保留了两种风险控制制度。第一种是一般合伙人承担无限责任。在有限合伙制组织中，虽然管理者作为一般合伙人投入的资本所占比例很小，但企业章程规定管理者承担无限责任，从而在一定程度上缓解了其冒险经营的冲动。第二种是有限合伙人自主退出机制。有限合伙人可以根据自身利益需要转让其合伙份额而无须征求其他合伙人的许可，对于一般合伙人具有无形而直接的约束监督作用。

如前文所言，对公益广告这种公共资源的占有和使用行为是应该受到社会公众监督管理的，其中有效的管理方法就是有偿占有和使用公共资源。有限合伙制的风险控制制度设计正是体现出这种公共资源占有和使用所应该负有的有偿使用和成本补偿的利益责任，体现在公益广告的作品输出、数量、质量、社会评价以及服务组织成员的满意度评价上。经营不良的有限合伙制组织自然会遭到有限合伙人的放弃，能更好地约束、督促和激励一般合伙人的经营责任，并促使他们努力工作。

五、结语

回顾整章关于我国公益广告运行主导者的组织创设内容，笔者认为基本的出发点有两个：一是回应我国政府提出的并正在推进的政府职能转变和政治体制改革的需求，政府作为整个国家国民经济和社会发展运行的国家机器，公益广告的创作、传播和运行的责任主体不应该由政府及其相关职能部门全权承担；二是基于前两章对于“公益”概念及其思想渊源的梳理分析，长久的公益本质是“自下而上”的发展逻辑，笔者希望建立起众多由下而生的社会性公益组织，发动公益广告事业，积累社会公益资源，培养公众舆论环境。

由于我国特有的社会主义制度和基本国情，公益广告事业在我国的发展有着得天独厚的基础条件和制度优势。创建适合我国国情政体和公益事业发展需要的公益广告运行主导者组织，鼓励和激励更多社会公益力量自觉参与公益广告事业，特别是我国公益广告在实践中如何转变商业与公益之间博弈的经营管理困局，推动我国主导公益广告事业发展的社会“第三力量”的创设是关键。“多中心理论”“有限合伙制”等概念，是一种关于公益广告运行机制理论与实践创新层面的有益讨论和探索，期待我国公益广告运行主导者组织能够围绕我国公益广告运行现实需求，运用“企业型非营利组织”模式有计划、有组织、系统化、常态化地开发、运行和管理社会公益广告资源，推进我国公益广告事业可持续地良性发展。

第五章　一元与多元

——“多中心理论”下的我国公益广告运行机制

多年来，我国公益广告由于国体、政体和历史文化等原因，发展形成了行政化和商业化的特征，从某种程度上讲，这种特征消解了公益纯粹性的本质，缩小了公益概念完整的内涵，影响并制约着社会公益力量的进一步发展。目前公益广告在我国的发展情况，并不是我们发展公益最初想要的结果，我国公益广告的特征无形之中成为阻碍我国公益广告事业发展的掣肘和瓶颈。党的十八届三中全会决议强调政府职能转变和发挥市场在资源配置中的“决定性作用”，该决议的实施精神在我国公益广告运行领域里，集中体现在如何平衡公益纯粹性和商业参与的矛盾冲突关系。我国政府及各级主流媒体一直承担着纯粹性公益广告的制播职责，一直以维护公共利益和倡导社会主义精神文明建设为主旨进行各种类型的公益广告宣传推广。而我国的社会非营利性组织在本质上有成为公益广告主导者的可能，但实际上现有的非营利组织自身无法解决资金困窘和最大化利用社会公共资源的问题，客观上造成了很多实际运行的困难，“政府和公众对社会非营利组织寄予很大的期望，但社会非营利组织的发展面临着能动性和行动力不足的困境”[①]。2009 年 10 月瑞典皇家科学院将2009 年度诺贝尔经济学奖授予美国著名政治学学者埃莉诺·奥斯特罗姆(Elinor Ostrom)和奥利弗·威廉姆森(Oliver Eillamson)，这是一个标志性的事件。这不仅是对全球性金融危机背景之下制度分析学派复兴的

① 谭日辉．社会组织发展的深层困境及其对策研究[J]．湖南师范大学社会科学学报，2014，(1)．

肯定，也是对各国治理理论实践的认同。① “多中心理论”为美国印第安纳大学政治理论与政策分析研究所的埃莉诺·奥斯特罗姆、文森特·奥斯特罗姆（Vincent Ostrom ）夫妇共同创立，“多中心”一词不仅是社会公共物品系统中的多元主体秩序和共同治理模式，更是一种全新的公共经济管理思维方式和价值观念，即可以通过多元的集体消费单位与生产单位之间的沟通、协调、对话和利益诱导来确立公共价值，通过相互合作而减少非理性行为，通过相互信任达到双赢，形成多元主体共同参与、共同行动的公共服务产业系统。② 如前文所述，奥斯特罗姆的“多中心理论”给我国公益广告运行机制带来这样的启示：可以坚持组织本质的非营利性，同时实现内部管理的现代性和外部运行的市场性。笔者由此提出采用“多中心理论”下的“使用者协会”模式，构建我国公益广告运行主导者——企业型非营利组织，在形式上以政府、媒介、企业等有限合伙制方式，实现主导者层面的自治管理，市场化运作公益广告项目，以化解我国公益广告的运行困境，从而构建多元主体、多中心竞争格局的我国公益广告运行新机制。

一、我国公益广告运行中的三大关系问题

公益广告是为了维护公共利益而进行的传播活动，本质上说是属于公共物品范畴。公共物品与私人物品概念相对应，是指可以供社会成员共同享用的物品，具有非竞争性和非排他性等特性。然而，现实中公益广告供给与消费的公共性，面临着一系列围绕“资金匮乏”所呈现出的运行困境和现实矛盾，公益广告的行政化和商业化特征只是暂时缓解了这种

---

① 王飚．奥氏多中心理论及实践分析[J]．北京交通大学学报（社会科学版），2010（4）．

② 李平原，刘海潮．探析奥斯特罗姆的多中心治理理论——从政府、市场、社会多元共治的视角[J]．甘肃理论学刊，2014（3）．

困境和矛盾，政府和企业发布各自利益诉求的公益广告，由此公益广告运行主体的弊端也是显而易见的。在公共物品服务和社会公共管理实务中，“政府失灵”“市场失灵”等典型事件时有发生，因此，有不少学者建议政府或社会通过成立公益广告基金会或公益广告协会来承担我国公益广告运行主导者的角色，或者通过引入企业以商业化参与的形式，解决公益广告运行的资金问题，事实上已有的运行效果并不理想。一方面，西方非营利组织的公益实践表明非营利组织本质上有成为公益广告运行主导者的合法合理性，但目前我国的非营利组织过于弱小，自身公益项目运行都无法解决资金困窘的问题，必然无法承担最大化利用社会公共资源的责任；而另一方面，面对不断出现的社会问题和社会公益需求，作为政府又不宜长期取代非营利组织而过多地承担社会公益责任，以政府为主导者的公益广告运行模式也不能从根本上解决我国公益广告发展资金匮乏的问题。笔者认为，明确公益广告运行主导者角色的作用的问题，首先需要对我国公益广告实际运行中的三种关系加以讨论与研究。

（一）公益广告的纯粹性与公益广告商业性参与的辩证关系

长期以来，由我国政府主导运行并发布的公益广告占到公益广告总量的绝大多数，但是，公益广告是否具有纯粹性的问题我们很少关注，而由企业主导运用公益广告形式发布的、含有商业动机的企业公益广告只占到了公益广告总量的一小部分，并且一直在公益广告纯粹性和商业性的边界上游走。现阶段，政府逐步转变职能之后，利用公益广告的商业性参与来解决公益广告运行资金匮乏的窘境是必然的选择。那么如何在坚守公益广告纯粹性和引入商业参与之间寻求平衡？这就需要我们创设一系列运行机制，比如运用“公益广告文本纯粹性”的概念[①]将公益广告商

① 邬盛根，姚曦．我国公益广告的纯粹性研究[J]．中国地质大学学报（社会科学版），2011(6)．

业化参与因素的影响程度降到最低,通过构建“企业型非营利组织”将企业商业化参与的利益动机进行合理的转化、激励和监督等,我国公益广告运行机制及其主导者的主体责任就是要提升公益广告传播价值,促进公益广告事业可持续发展,[①]而公益广告纯粹性和商业性是公益广告作为公共传播资源运行管理中的“一币两面”,既相互协同促进又各自有序发展。

(二)公益广告的公共性与公益广告制作发布专业性的共存关系

亚里士多德曾经说过,凡是最多数人分享的事物往往是最少数人关照的事物。最多数人分享的公共物品,广义上包括纯公共物品(pure public goods)、俱乐部物品(club goods)或称收费物品(toll goods)、公共池塘资源(common-pool resources)三大类,后两者又被合称为准公共物品(quasi-public goods)。[②] 奥斯特罗姆通过长期考察不同地理资源下的小型公共池塘资源,立足于前人的分析和实证调研,并借助个体对多元公共问题的深入分析,主张从排他性和耗损性两个维度对物品类型做出进一步细分(见表 5-1,有修改),[③]增加了第四类物品:公共池塘资源(英文缩写 CPRs)[④]。公益广告作为一种公共物品,更准确地说是一种公共池塘资源。公益广告运行的公共性体现在 CPRs 所具有的非排他性,与一般公共物品相似,整个社会可共同享用公益广告;而公益广告运行的专业

---

① 邬盛根,姚曦. 我国公益广告的纯粹性研究[J]. 中国地质大学学报(社会科学版),2011(6).

② 曼昆. 经济学原理[M]. 梁小民,译. 3 版. 北京:机械工业出版社,2003:188.

③ 任恒. 埃莉诺·奥斯特罗姆自主治理思想研究[D]. 长春:吉林大学,2019:94.

④ 奥斯特罗姆与他人合著的 *Rules, Games and Public Common-pool Resources*,其中“common-pool resources”翻译为“公共池塘资源”,此种译法较为形象,它使研究人员及普通读者在各自脑海中想象一幅画面:某地有一方池塘,作为一种易被分割且能被耗尽的资源,人们可以任意提取池中之水,但不能阻止他人的提取行为。在上述场景中,该类资源作为整体难以排他,但作为资源系统却可被分割,因而具有明显的非排他性、可耗损性与可分割性的特征,即资源一旦被提取成功,便成为私人拥有、私人享用的物品。

性体现在CPRs的可耗损性，公益广告作品创作和传播活动是一种具有专业性的智力劳动，这一点与私人物品相似，具有使用竞争、减损的特征。正确处理好CPRs非排他性和可耗损性这两个特性关系的管理问题是公益广告运行的关键，在保障公益广告运行的专业程度和公益广告传播品质的前提下，促使公益广告作为一种公共传播资源可以得到有序地开发利用和资源补偿、价值增值。

表5-1 奥斯特罗姆有关物品的基本分类

		使用的耗损性	
		低	高
排除潜在受益者的难度	易	付费物品：剧院、乡间俱乐部、日托中心等	私人物品：食品、服装、手机、汽车、个人电脑等
	难	纯公共物品：国防、知识、天气预报、城市消防、社区安保、夕阳美景等	公共池塘资源：地下水资源、灌溉系统、渔业资源、森林资源、公共图书馆等

（三）公益广告运作的地方个性分治与公益运行权威统一的协同关系

公益产生的内在逻辑是自发的、“自下而上”的，公益广告运行本身无论从内容还是形式上同样存在着个性与共性之间对立统一的社会基础。奥斯特罗姆的“多中心意味着公共产品的多个供给者和公共事务的多个处理者，即存在一个由来自不同领域和阶层的不同行为主体组成的错综复杂的网络（这个网络包括中央政府、各级地方政府、各类政府派生实体、各类非政府组织、各种私人机构及公民个人等）。这种情形超越了企业治理的局限，也突破了单纯政府威权的范围……多中心治理意味着在公共事务的处理和公共产品的供给上，政府与社会共同参与”。[①] 在我国现有国情背景下，政府在我国公益广告事业中发挥着非常重要的作用，可同时我们需要动员社会更广泛的、多元化的公益主体参与并支持公益广告事

① 王飚．奥氏多中心理论及实践分析[J]．北京交通大学学报（社会科学版），2010(4).

业。一方面，政府加大政策力度鼓励社会非营利组织的发展；另一方面，非营利组织通过自主创新、整合资源快速发展。康晓光、韩恒就提出中国社会是“行政吸纳社会”的观点，即国家和社会不是分离的，更不是对立的，而是相互融合的关系。[①] 我国公益广告运行主导者的创设必须考虑政府因素，合理规划运用政府的公益资源，这既是涉及公益广告运行主导者组织内部架构的组织设计问题，又是关系我国公益广告整体运行发展的生态环境和相关政策制度安排问题；同时参与公益广告运行的各个主体都需要得到激励与监督，这样才能有效处理好公益广告在实际运行中地方个性分治和公益运行权威统一的协同关系问题。

二、我国公益广告运行中政府一元主导的转变

关于我国公益广告运行“主导者是谁”的分析，一直以来都是一个公共资源治理的关键问题。目前在我国大多数的研究文献和观点讨论中，持有“多中心”“多元化”观点的学者对政府一元主导的公益广告运行模式持以否定的态度，笔者认为，这种“否定”不是对政府在公益广告运行中发挥的作用和已经取得的巨大成绩的否定，而是从公益广告运行机制上对这种以政府一元主导为主要模式的担忧，是对充分挖掘更加广泛和可持续的社会公益广告资源与价值、积极发挥公益广告运行效率和作用的一种期待。笔者认为，这种思考逻辑大多是基于西方公益事业发展理论与成功实践的考量和借鉴，有一定的现实指导性和合理性。我们知道，现实中我国政府在公益广告传播中所发挥的主导作用有着不可否认的存在合理性，也发挥了无可取代的积极有效性，必须肯定的是，这才是我国公益

① 康晓光，韩恒．行政吸纳社会——当前中国大陆国家与社会关系再研究[J]. Social sciences in China，2007(2).

广告运行展开问题讨论、理论研究的实际背景和现实出发点。如前文分析的三个关系问题，第一个是辩证处理公益广告运行的纯粹性坚守与激励商业性参与的关系问题，它关系到公益广告运行主导者的组织设计原则；第二个是研究公益广告运行的广泛性、公共性与公益广告制作专业化和品质保障的问题，这是探讨公益广告运行过程中各个参与主体互动关系和公益广告可持续发展的公共池塘资源管理问题；第三个实际上是研究公益广告运行中的个体与整体的组织协同关系的问题，既有个性发展、合作竞争，又有协同创新、互动统一。那么现实中作为公益广告运行主导者的政府将如何处理好这三种关系呢？笔者提出如下建议：

第一，政府从公益主导到公益参与引导。

在讨论我国公益广告运行困境与弊端可能产生的原因时，我们同样发现了与此相伴的、我国政府主导公益所特有的媒体传播优势。比如说，我国主流媒体在公益广告传播中的巨大优势，这就像我们在谈“政府失灵”时并不需要反过来完全倒向市场。以我国改革开放的经验来看，政府在转变职能时并不是革命式的彻底转变，而是一个循序渐进式的改进过程。2013 年 2 月，中宣部、中央文明办、中央外宣办等七部门联合发文，要求依托《人民日报》、中央人民广播电台、中央电视台、中国网络电视台、中国移动等五家单位设立五个“讲文明，树新风”公益广告制作中心，并分别牵头设计制作平面类、广播类、影视类、网络类、手机类公益广告，形成公益广告作品库，供各媒体无偿选用，同时号召社会、企业等积极参与公益广告活动，推动公益广告宣传常态化。我们看到，政府鼓励公益广告事业发展的举措，通常就是建立一个公益广告的公共性创新生产平台，以便聚集社会更多优秀的公益广告创作生产资源，并规定媒体无偿发布使用公益广告，利用主流媒体大力推广公益广告，而企业仍然采取有偿使用和冠名公益广告的形式来发布企业公益广告。笔者认为这种公益广告运行模式不利于公益广告作为公共传播资源而得到有序开发、利用和激励补偿,更难以实现公益广告资源价值增值和可持续发展。政府投入公益广告的最终目的应该是引导、示范和带动全社会公益力量的兴起和蓬勃发展。同时我们发现,政府联合主流媒体、头部企业发起的五大公益广告制作中心的主体意识及其实际运行是值得关注和研究的。首先,政府对于"公益广告"的投入可以提升广告企业对公益广告创作的热情。据了解,央视将设立"中国电视公益发展基金",以鼓励更多机构和个人投身公益广告事业。近几年,央视在春节期间推出的一批优秀公益广告作品就取得了非常成功的效果,也成为全社会高度关注的公益传播话题事件。其次,政府文件所提到的全国五大公益广告制作中心按照市场经济逻辑进行自主运行管理,以此印证此项文件对于激励公益广告创作、发布所具有的政策导向意义。笔者在此提出政府从"公益主导"到"公益参与引导"的角色演进思路,"公益参与引导"意味着政府需要在公益广告运行上不断简政放权,弱化公益行政色彩,同时需要不断培育社会公益力量对公益广告运行、参与和投资的信心。政府引导下公益广告运行的开放性和公益广告运行主导者的多元化,促使我国形成社会多元化自发型公益广告运行模式。

第二,广告业从自由粗放生长到受到产业规制。

中国广告产业是中国改革开放后引入市场经济的产物,其基本上是依照美国广告业的发展模式和制度安排建立起来的,一直处于各个经济产业的企业营销终端和市场经济自由竞争领域。其中广告主企业、广告媒介和广告企业在广告代理制的框架里博弈发展。整体来说,中国广告产业始终依照哈耶克的自发性成长轨迹发展。[①] 由于我国经济社会的迅猛增长,我国广告产业从 1979 年开始经历了两次爆发性增长,并获得了很大的发展空间。但哈耶克理论强调的"自发社会秩序"并不是个人理性

① 郭盛根,冯静. 中国广告产业制度变迁的逻辑与空间[J]. 广告研究,2013(3):32-40.

设计的结果，而是一种自我生长的秩序、自组织的秩序和内生秩序。[①] 我国社会经济发展并不完全受市场经济环境的制约，30 多年的实践证明中国广告产业的规模化发展不力，广告企业与发展强势的广告主企业和广告媒介相比，一直处于市场、资本和技术规模层面上的“弱势地位”，严重阻碍了中国广告产业的发展。从 2008 年起，国家出台了一系列支持广告产业、文化产业发展的政策，2010 年，更是在国家“十二五”发展规划中首次提及“促进广告产业健康发展”的内容。广告产业从自由生长到政府关注，是我国广告产业发展变化的真实写照，也表明国家在产业制度安排上已经提高对广告产业的重视程度。

公益广告是广告的一个组成部分。从发达国家广告产业发展来看，大多数公益广告创作都会成为广告创作发展的有机部分，也会因成为整个广告产业企业经营管理的一种道德力量而备受社会关注。在我国，公益广告却走出了与商业广告不一样的路径：企业并没有重视公益广告，而公益广告首先是得到了政府的重视和投入，同时企业层面的公益广告行为无法避免的具有非常直接的商业性目的，但又没有得到合理的规制。在现实层面上梳理我国公益广告发展历程，你会认同我国公益广告的政府主导模式是一种我国国家政党体制、社会文化、经济发展水平、企业公益意识等多种因素综合所致、且是必然的“政府担当”和“历史选择”。可见无论是商业广告还是公益广告，政府的制度安排都是目前我国广告产业健康发展的关键性因素。不同的是，商业广告发展不仅限于国家产业化的政策扶持，而公益广告发展则需要有利于多元化、社会化的公益政策扶持与制度安排。从公益社会本质上讲，政府能否实现从全能政府到有限政府的“公共性”回归，取决于政府职能转变的决心和政策措施安排。

---

① HAYEK F. The fatal conceit：the errors of socialism[M]. Chicago：The University of Chicago Press，1988.

第三，公益激励从利益驱动到社会公益自觉。

从私益到公益观念演变的讨论中，我们发现，功利主义给我们的启发就是私益有可能成为公益的一个有效路径。曼德维尔悖论非常明确地揭示出由私益到达公益的理想之“桥”，也给企业参与公益行为的私益动机赋予了正当理由。所谓“恶花结善果”，“私益”达成“公益”，这里并不等同于亚当·斯密的“公益自动说”，而是在这中间提示我们首先值得关注的焦点，是我们如何创建“恶花”与“善果”之间有关“结”的机制。公共利益也是一种利益，是利益就会有利益驱动和需求满足，亚当·斯密在其伟大著作《国富论》和《道德情操论》中都有关于如何将个人利己主义与社会公共利益相结合的论述，亚当·斯密通过对人的本性以及道德情感过程的分析，有力地解释了利己与利他的社会公共利益相结合的观点。这其中利益驱动的激励因素包括两层含义，一是公益并不总是与私益相对立，公益与私益的关系并不一定是此消彼长的“零和博弈”状态；二是持续长久的公益应该来自私益，单纯苛求人在道德层面上的崇高情操和思想境界是不现实的，应该在法律规范以及个人内心的、道德的约束下来追求个人利益。当然，我们在这里讨论的对公益主体的人性假定都是基于理性经济人，同时，我们也暂时忽略掉了马斯洛关于人类需求五层次的差别性和优势需求表达。从利益驱动激励的角度来讲，我们认为这种假定和忽略是合理可信的。回到公益激励中主导者角色的话题，政府从“公益主导”到“参与引导”的角色转变必然需要一种制度和机制保障，必然要淡化政府在公益广告中的主导角色，笔者认为政府可以通过政府内部放权和向社会分权以及政府购买服务等途径，培育、引导和鼓励各级政府、媒体、企业以及社会力量共同参与公益广告，构建如前文所提出的多元化主体参与和多中心的公益广告运行机制，直至逐渐形成全社会从利益驱动到社会公益自觉的公益“理想国”。

从我国公益广告发展现状的整体上来看，政府在公益广告运行中从主导者角色到引导者角色的转变，是从公益广告运行主导者到公益广告监督与激励主导者的角色转变，是由中央到各级政府“由上而下”的主导者角色转变的过程。我国公益广告在实际运行中要求突出公益广告主体利益表达，如前文分析的各级政府也是一个利益诉求主体。我国地域幅员辽阔、社会经济、历史人文和自然环境等资源千差万别，必然会形成各个地区、各级政府的公共利益需求和诉求参差不齐、区别较大的局面，因此，建立符合各地各级政府自身利益表达的、具有个性化与差异化设计原则的公益广告运行机制是非常重要的，如此才能改变以往从中央到地方各级政府、从上到下整齐划一的、行政公文式的公益广告主题和发布行为，这也是符合奥斯特罗姆“多中心理论”所描述的小规模公共池塘资源状态与“多中心秩序”[①]治理运行条件。从政府“公益主导”到“参与引导”的最终追求是实现从利益驱动公益过渡到社会公益的目标。政府职能转变，实现国家与社会有限均衡的政府“公共理性”，体现在将公共权力分权于社会，清晰界定政府权力边界及确定社会和个人权力制约的合法性。[②]公益广告所表达的公共利益的出发点和归宿最终归于社会公益力量的成长，包括媒体、非营利性组织和企业，甚至个人等参与公益广告，且在公益广告运行中发挥主导者的作用。

三、我国公益广告运行机制构建的背景分析

明确公益广告运行主导者是一个公共池塘资源治理问题，其矛盾集

---

① 多中心秩序是自发的多权力中心状态，是由众多既相互联系又彼此独立的社会主体，在自由追求各自利益时受到特定规则的制约，从而借助体系内部各主体之间的相互调适过程，实现公共服务供给的多元化体制。定义参考：博兰尼．自由的逻辑[M]．冯银江，李雪茹，译．长春：吉林人民出版社，2011：131－182；任恒．埃莉诺·奥斯特罗姆自主治理思想研究[D]．长春：吉林大学，2019：88.

② 王一．有限政府理论视角下的国家与社会关系重构[J]．求实，2012(2)：13-15.

中在公益广告的纯粹性与激励商业投资公益的冲突上。奥斯特罗姆在1990年出版的《公共事务的治理》(*Governing the Commons*)一书中第一次详细阐述了"多中心理论",探讨在人类公共领域实现多中心治理体制的可能性,[①]其核心观点是:在私有化和国有化两极之间还存在着其他可行的方式。作为社会和社区自组织的治理,是一种"没有政府的治理",既超越了国家和政府,也超越了市场的"第三条道路"。[②] 笔者认为奥斯特罗姆"多中心理论"的"使用者协会"模式对于解决我国公益广告运行机制的现实困境和确立我国公益广告运行主导者有着一定的启发和借鉴意义,我们需要设计这样一种超越政府和市场的模式,确立公共池塘资源治理的"第三力量"组织。[③] 该组织坚持媒体发布的所有公益广告必须保持绝对的公益纯粹性,也就是说媒体发布的公益广告作品不能出现任何企业商业化元素。正是因为我们把媒体发布的所有公益广告作品看作一种公共池塘资源,所以笔者一直强调公益广告的纯粹性。笔者对我国目前公益广告传播价值没有得到真正重视并且没有发挥应有作用的现实表示担忧,甚至认为,没有规则限制约束的公益广告商业参与比没有商业参与的公益广告更具有危害性,更容易造成公益广告传播资源的"公地悲剧"问题。事实上,没有商业参与的公益广告传播缺乏追求公益广告良好传播效果的动机,而商业参与的公益广告传播却是以侵占和损害公益广告资源为代价的,特别是社会公众质疑企业参与公益的动机,这就降低了公益广告的公益信任。诚然,目前影响我国公益广告发展的另一个主要障碍就是公益广告资金短缺问题,商业参与又是发展我国公益广告事业不可忽视的资金支持力量,公益广告的商业参与既需要合理约束,又需要激

---

① 李文钊. 多中心的政治经济学——埃莉诺·奥斯特罗姆的探索[J]. 北京航空航天大学学报(社会科学版),2011(11).

② 王飏. 奥氏多中心理论及实践分析[J]. 北京交通大学学报(社会科学版),2010(4).

③ 第一力量指政府部门;第二力量来自商业部门,体现主体谋求利益最大化需要;第三力量是介乎两者之间,寻求一种平衡,以私人非物质需要最大化为动力实现不同公共利益需要。

励以提高企业参与公益广告的积极性，这是一个冲突管理问题。在制度设计上必须明确以一定形式的商业价值回馈来激励企业公益投入，这就要求清晰规定公益广告主体的产权边界，保障公益广告运行主导者组织的相对独立性。公益，顾名思义强调的是多数人的利益和自下而上的公共性。公益应该是政府和公民在共同的、共识的领域和场景中关注的公共事务，是为增进共同利益，推进社会公正、公平发展而采取的集体性协调行动。[①] 在我国，尽管政府作为公益广告运行主体发挥着主导性作用，并且有着被广泛认同的组织合法性和行政便利条件，但是政府长期作为公益广告运行主导者与政府职能转变的改革趋势是相违背的，也无法保证公益广告运行主导者组织运行的独立性，而公益广告运行又缺乏社会自发性和多元主体性，从而容易忽略公益本质和公益活力的社会基础。

（一）多中心理论分析与启示

公共资源治理问题的核心是“效率问题”。原来的学者假设人类的行为是理性的，试图利用单一政府途径或者市场途径解决公共资源管理问题。然而现实情况比较复杂，通过单一政府途径的决策并非来自众多独立决策者与自主性组织，因此专制性难以摆脱。市场途径的决策虽然来自众多独立个体与组织，但是现实中所有的个体及组织都追求自我利益的最大化，无法带来公共领域公共利益的和谐以及效率问题。

“多中心理论”来源于奥斯特罗姆对警察系统运行的长期调查研究。对于城市提高管理效率，一些学者主张实行“一个城市，一个政府”政策，实行大城市地区合并方案。但是研究结果发现，集中化的大城市管理效果最差，分散化的城市管理效果最佳，混合型居中，这一结果有力驳斥了大城市改革建议。

---

① 彭小兵．公益慈善事业管理[M]．南京：南京大学出版社，2012：32-33.

奥斯特罗姆指出公共物品属性复杂，涉及集体消费单位的组织、集体生产单位的组织、融资问题、竞争合作问题、冲突解决处理问题、协作生产问题、用途分配和管理问题等。[①]“多中心理论”成为解决这种复杂公共资源管理问题的方法，不同层次的中心管理应对不同层次的服务对象，如果行为是可以预见且有秩序的，则多中心秩序由此而生。此类问题也就是公共池塘资源的治理问题，指人们共同使用整个资源系统但分别享用资源单位的公共资源。在这种资源环境中，可能产生资源使用拥挤或者资源退化问题。解决的途径就是实施自主管理，目的是“一群相互依赖的委托人如何把自己组织起来，进行自主治理，从而能够在所有人都面对搭便车、规避责任或者其他机会主义诱惑的情况下，取得持久的共同收益”。[②]

值得关注与借鉴的是，奥斯特罗姆解决的是面对公共池塘资源和服务使用中的非合作博弈困境，如何采用“使用者协会”模式，解决长期以来困扰公共资源使用与管理效率的，诸如囚徒困境、搭便车和公地悲剧等公共管理难题。奥斯特罗姆通过长期关注和考察小规模的公共池塘资源这一微观议题，[③]归纳了各地公共池塘资源管理的行动场景、集体行动和治理制度特征，涉及森林、渔业、灌溉等各类可再生资源的可持续使用与自主治理难题，这既是“多中心理论”逻辑的宏观背景和研究指向，又是“多中心理论”中聚焦公共池塘资源问题的微观分析方法，强化了公共池塘资源的非排他性和可损耗性特征的研究起点和落脚点。

奥斯特罗姆认为国家理论和市场理论对于新组织建设有借鉴意义，能融合到其提出的第三条道路中；在分析公共池塘资源可持续治理的制度安排时，除了关注了经典理论中关于政府与市场的两种治理制度，还特

---

① 李文钊．多中心的政治经济学——埃莉诺·奥斯特罗姆的探索[J]．北京航空航天大学学报(社会科学版)，2011(6)．

② 李文钊．多中心的政治经济学——埃莉诺·奥斯特罗姆的探索[J]．北京航空航天大学学报(社会科学版)，2011(6)．

③ 任恒．埃莉诺·奥斯特罗姆自主治理思想研究[D]．长春：吉林大学，2019：92．

别关注了由地方团体自发形成的多样化自主治理的制度安排和组织观点，并由此提出了自主治理设计原则，也被称为解决非合作博弈“社会困境”的密码。该原则主要分为8条[①]：1)清晰界定资源系统边界。这一原则也可划分为资源边界和用户边界两个子原则。作为资源有效治理与自主治理制度设计的必要前提，不仅要对资源的边界予以明确，还要对有权从中提取一定资源的单位组织或个人明确界定身份，排除非法提取的可能。2)占用和供应规则与当地条件保持一致。该原则亦可称为“规则本地化”，即制定规则时认真对待地方性传统、地方性知识经验，充分发挥本地化相关的资源特色。3)集体选择的制度安排。这一原则强调使用者多数原则，即大部分受规则影响的个体能够参与规则的制定与修改进程。4)内部监督机制。即内部基于一定规则自发形成的监督体系，监督资源状况和占有者的行为。5)渐进式分级制裁。即违反操作规则的占用者要受到利益相关者或其代表的分级制裁(制裁的程度取决于违规的内容和严重性)。6)冲突解决机制。该原则是指自组织内部存在解决冲突的诉讼机制，涉及制度设计时必须考虑到利益冲突发生的可能性，并设计出成本低、效率高的纠纷解决机制。7)对组织权最低限度的认可。即自主治理的规则及改变规则的权力不受外部公共部门权威的挑战与干涉。8)分权制企业。是指对于规模更大的资源系统或者本地的CPRs与更大的社会生态系统密切关联时，需要对不同规模、不同层面且相互嵌套的组织进行治理，以此构成一个嵌套的分权组织结构。根据以上8条设计原则，奥斯特罗姆为我们描述出了一个自主治理组织构建和运行场景：由某一个社区的大多数资源占有者采用自愿原则，自主结合，商定合作运行规则，明确合法的身份和资源占用范畴，并在组织内部建立监督和惩罚机制，遵

① 观点表述综合参考：张克中．公共治理之道：埃莉诺·奥斯特罗姆理论述评[J]．政治学研究，2009(6)；任恒．埃莉诺·奥斯特罗姆自主治理思想研究[D]．长春：吉林大学，2019：112.

循“谁使用、谁投入、谁受益”原则，解决集体行动的投入与收益问题。可以说，奥斯特罗姆对于小规模 CPRs 自主治理设计原则的考察结论，有助于建立与维持地方自治和可持续发展，能有效解决自主治理组织中的集体行动和监督问题。当然，奥斯特罗姆的这 8 条设计原则需要一个前置条件——“多中心秩序”的宏观环境，即宏观上需要一个有着不同层次、不同类型的公共物品与不同层次、不同类型的供需规模相匹配，包含多元主体参与、形成复杂互动关系的客观存在和制度认同安排。笔者结合前文我国公益广告发展现状与困境的综合分析认为，在建构我国多中心的公益广告运行机制以及多元主体参与的主导者组织机构时，奥斯特罗姆的 8 条自主治理原则作为指导原则和组建规则非常适用。

“多中心理论”对公益广告运行机制设计的启示

“多中心理论”适用于公共资源管理，笔者认为，公益广告本质上属于公共资源管理范畴。公益广告资源是典型的公共池塘资源问题，是政府、媒体、企业、非营利组织作为使用者为了各自的目的占用公益广告资源，因为各方共存于整个公益广告资源系统之中，所以我们追求的自主管理就是为了帮助各个组织主体抵御诱惑，协同开发持久的共同利益。奥斯特罗姆“多中心理论”提出的第三条道路恰恰是解决公益广告运行问题的“第三力量”。我国公益广告运行机制的选择正如前面所言，非政府、非企业、非媒体所能单独主导的，存在第三条道路的可能性，但是第三条道路需要借助政府和市场的力量才能实现资源优化配置，不能绝对割裂或者排斥已发挥公益力量的外在资源。

“多中心理论”治理模式解决的核心问题是效率问题，我国公益广告运行机制需要解决的是效率问题、融资问题、用途管理问题和各个环节结构的协同合作问题。公益广告运行过程中会涉及多个问题和多方参与，尤其是在全国范围内开展公益活动的复杂性与奥斯特罗姆“多中心理论”中所研究的小规模“公共池塘”管理问题一样。针对复杂的公共资源管理问题，公益广告的主导者在组织层面实行“多中心理论”的自主管理模式，而公益广告运行在整体运营方面采用“使用者协会”的治理模式，建立可持续发展的运行机制。因此，在“多中心理论”指导下，依照“使用者协会”模式，政府、媒介、企业、广告公司、其他非营利性公益组织等以“使用者身份”参与其中，形成多元主体参与、多层次自主管理模式的运行组织机构，统筹、监督、激励、补偿等多部门职责结合，各部门之间相互独立又紧密联系，每一个部门的内部组织结构又形成内部制约、自主管理的模式，最终实现公益广告资源整合利用效率的最大化。这种介于政府和市场两种组织之间的“第三条道路”或称“第三力量”应有以下特征。

第一，非营利性与市场化经营。这里包含两层含义：一是必须坚持组织经营管理的非营利性特征，利润不可分红再投入，以保证公益广告创作发布(公益广告文本纯粹性)的运行费用；二是非营利性并不排除组织市场化经营行为，即允许组织运用市场机制引入商业资本参与公益广告运行，这有利于进一步实现组织稳定和提高服务水平，但市场化必须受到组织管理约束与监督，主要体现在内部管理现代化和外部运行市场化。内部管理现代化即运用现代企业理念、制度建设以及流程管理和经营方式，有效利用公益广告资源，在公益资源竞争中提升组织能力和运行管理效率；外部运行市场化即指公益广告资源运行市场化手段，通过市场行为获得利润，但是这部分利润仅用于组织管理运营费用的支出，不参加分红分配。组织之间自由竞争的市场机制有利于优化提升公益广告资源价值，避免组织惰性和行政官僚做法，有利于组织更好地为公共利益服务、为公益广告运行提供优质服务。据了解，美国非营利组织的经营收入占到总收入的55%，[①]因为政府公益资助有限，依靠企业、个人公益捐助又极其不稳定，因此，公益广告的市场化经营是非营利性社会公益组织的必然选

---

① 卢咏．第三力量——美国非营利组织与民间外交[M]．北京：社会科学文献出版社，2011：97.

择，非营利性的组织宗旨更加需要强化组织内部的监督约束和内控管理。

第二，“使用者”本地化与自主治理。奥斯特罗姆一直将小规模公共池塘资源作为考察研究对象，这其实就暗含着一个逻辑前提，即公共物品资源的地方性和地方自治问题。奥斯特罗姆自主治理8条设计原则强调了“公共池塘资源的多中心治理需要各参与主体的合作。这种合作既要有制度基础，又要有基于当地传统、家庭结构和社会风俗等确立的社会基础……同时以制度化的方式对公共池塘资源的产权予以界定。……资源的有效治理离不开政府的参与，更离不开在政府组织下使用者参与自主治理机制建设的共同对话平台的构建”。[①] 可见，“使用者协会”模式作为公益广告运行主导者的“第三力量”，在面对公共资源和服务使用困境时，应如何组织“使用者”成员采用集体行动解决问题，这就需要基于本地化的资源条件再集合社会各种力量，这既是保障“使用者协会”完善自主治理机制和可持续发展的地方性基础，又是多中心秩序要求多层次、多类型公共物品供需与各级、各类型主体参与治理相一致的发展格局，涉及政府资源及相关政策支持。媒介资源是提供公益广告发布及宣传的平台；企业则以彰显社会责任感、树立形象、提高品牌知名度为由提供财力支持和资源；非营利组织作为运行公益项目的专业机构，需要结合实际情况提供公益平台和专业性支持。包括以上政府、媒体、企业、非营利组织等多方参与组成的“使用者协会”共同管理公益广告资源，遵循“谁使用、谁投入、谁受益”原则，自主治理、自负盈亏、互相监督、互相制约，如此才能维护公共资源的可持续发展，并让每一位“使用者”获益。在此特别强调，这里的“协会”是指具有企业性质的独立法人组织实体，虽然政府参与其中但并不是官方或是半官方机构。

第三，多中心秩序与竞争合作。多中心秩序是“多中心理论”里的一

---

① 黄圆圆．奥斯特罗姆的公共事务治理制度：嬗变和述评[J]．中国市场，2019(14)．

个核心概念，是相对于单一秩序概念而言的，强调由多元主体自发参与，多个独立的社会主体形成的多权力中心状态，众多既相互联系又彼此独立的社会主体，在特定规则制约下自由追求各自主体利益，并且借助体系内部各主体的自治与相互调适，构成多社会主体供给服务并相互制衡的治理结构和运转秩序。奥斯特罗姆发现，在国家主权秩序与市场秩序之外，还有社会主体“自治之手”运转的多中心秩序。公益广告运行中的社会主体，就是我们所构想的公益广告运行主导者组织。多个公益广告主导者组织之间引入竞争机制，且任何公益广告“使用者”都可以享有在众多主导者组织之间自由选择和重组的权力，多个公益广告主导者组织的竞争关系有利于公益资源配置的优化和效率的提升。只有提供给“使用者”更好公益服务的公益广告主导者组织，才能获得更多的公益资源和支持。因此，在我国现有的社会经济体制和人多地广、发展不均衡的情况下，各个地区、各级组织、各种层次的公益需求和诉求呈现个性化、差异化、多样化等特点，公益广告事业也需要存在多元主体参与、多中心秩序竞争的格局。多中心秩序意味着各公益广告主导者组织在相互竞争调适关系的同时，也在进行着跨区域、跨行业、跨专业合作，特别是包括政府在内的多元主体参与的主导者组织本身在公益广告运行上具有许多共同的公益目标和共享的公益广告运行资源。

第四，政府参与和主导者组织独立性。政府以公益广告“使用者”身份而成为组织一员，这恰恰符合我国政府转变职能服务社会的现实主张，这也是我国“第三力量”与西方“第三力量”的最大区别和特色，同时也是我国公益广告运行机制设计中的创新点和实际运行的难点：政府参与但不依赖政府。[①] 一方面，在我国政体国情背景下，依托政府发展是鲜明的

① 由于我国政府长期“大包大揽”和非营利性组织的虚弱，在公益广告运行中必须利用政府资源，获得政策支持，让政府参与到非营利组织的运营中，但同时利用透明、民主、科学的运行机制合理限制政府的绝对权力，一改往日行政性公益推广和强制性的行政管理风格。

中国特色。公益广告运行主导者组织借助政府力量能获得更多的政策支持,有利于后期发展中获得更多便利,同时还可争取各级政府公共服务外包项目,解决运行前期的资金问题,另外还有利于获取相应的公共资源平台,来提升主导者组织的经营管理业绩。另一方面,必须强调的是,作为公益广告运行主导者的"第三力量"需要保持独立性,这是多中心秩序和自主治理组织模式的前提条件。独立的决策机构、独立的运行、独立的监督等,不受主导者组织外部的权力干预与控制,这是奥斯特罗姆"多中心理论"自主治理设计原则第 7 条所提出的"对组织权最低限度的认可,即自主治理的规则及改变规则的权力不受外部公共部门权威的挑战与干涉";这也是"使用者协会"机制在我国公益广告运行应用场景中的难点和重点。在此,主导者组织的"第三力量"如何处理好与政府的关系,特别是如何依托政府、媒体、企业、非营利性组织等各方资源发展自身,但又与各方保持一定的距离,保证自主治理的独立性,这个问题已经成为我国公益广告运行机制能否构建运行、良性发展的决定性因素。

(二)公益领域的社会选择机制

奥斯特罗姆在研究公共选择与治理逻辑时,以多中心的自主治理替换了单中心的统治理论,提出了超越政府治理的"看得见的手"和市场选择的"看不见的手"的多中心秩序逻辑,强调自主治理组织模式自治规则与共治互动的自发秩序。与多中心秩序的自主组织内部治理研究相对应的就是组织之间互动选择的问题,而这种自发秩序的选择机制应该遵循怎样的逻辑?实际上西方公益实践中公益运行的最佳选择就是社会选择,社会选择就是分析个人偏好和集体选择之间的关系,对不同的社会状态进行公正的排序或以其他某种方式加以评价,最终形成社会决策选择行为过程。在公益领域,社会资助方把资本或其他资源捐赠给某个公益组织以及是否投放的行为被称为"社会选择"。在公益发展相对成熟、非营利性组织资源丰富的国家，社会对非营利性组织自由而充分的竞争选择，也决定着非营利性组织以及其所代表的群体利益的命运，这就是“社会选择”的力量。公正的评价排序、选择机制，可促使经营管理业绩差的公益组织因得不到资助而被淘汰，还会敦促更多潜在的受助公益组织努力提升自己的组织素质，从而一种特定的竞争优化机制形成，我们称之为“公益领域社会选择机制”（见图 5-1）。这种社会选择机制类似于营利性组织的市场机制，但是又不完全等同于市场机制，具体体现如下：

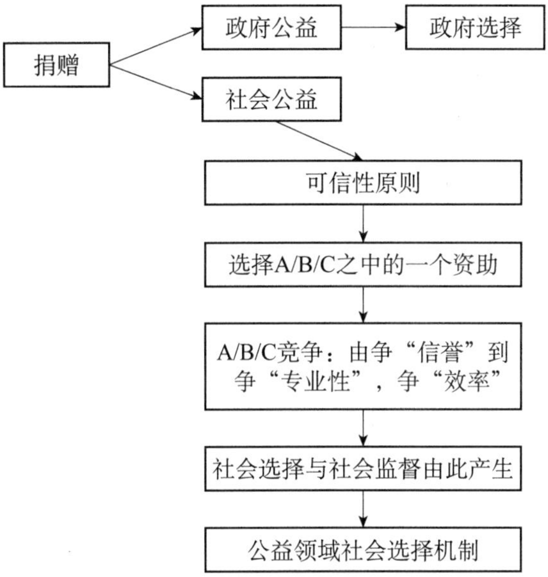

图 5 1 公益领域社会选择机制

第一，公益组织必须依赖广泛的社会公益资源，而非单一地依赖某特定组织来获取资源。这是由公益所涉及公共利益的“不确定的大多数人原则”特征所决定的，这样的公益组织才能满足社会大多数公共利益的要求，而不是为了获取某一捐赠人的信任、服务于某一个特定利益对象，只有这样才能真正建立起公开透明、提升专业性的组织发展目标与要求。公开透明是公益事业的基本要求，公益财产、捐赠捐助、公益运行以及政府公益优惠政策支持等，都必须公开透明以接受全社会的监督，这种来自社会的监督约束对于公益组织来说，又是一次很好的宣传契机，公益组织借此充分展示自身专业、高效、可信任的组织形象，以获得大多数人的信任和获得更多公益资源支持。奥斯特罗姆在提出自主治理组织设计原则时特别强调多元主体参与和资源占用者的“本地化”与“大多数人”原则，其本意就在于此，一方面，有利于自主治理组织汇聚更加广泛的公共资源，减少对于某一特定利益组织的依赖性，提高组织自主治理的独立性；另一方面，有利于自主治理组织建立更加有效合理的组织内部、外部监督约束机制，维护组织公开透明、专业高效的形象。

第二，社会上需要大量的公益组织。这一点非常类似于自由市场经济发展需要众多市场主体，只有这样主体组织之间才有竞争性与社会约束力。如果出现公益机构垄断，必然会产生缺乏公开透明、缺乏专业性追求和公益坚守的问题，这就不可能产生、实现社会选择机制，也不可能达成由竞争机制而带来的公益事业的整体提升。根据《中国第三部门观察报告(2019)》，截至 2017 年年底，全国共有社会组织 76.2 万个，比 2016 年增长 8.4%，其中社会团体 35.5 万个，基金会 6 307 个，民办非企业单位 40.0 万个。从数量和规模上看，社会组织保持着较高的增长态势。[①] 2011 年，根据《中国第三部门观察报告(2011)》，我国社会组织只有约 28 万个，每万人仅有 2.1 个，而当时的法国，每万人拥有 110 个民间组织，日本每万人拥有 97 个，美国每万人拥有 52 个。[②] 不可否认的是，近十年来我国社会组织数量取得了较快的增长，众多社会组织的进入与行动活跃程度的提升成为社会公益资源发挥重要作用的力量。

第三，公益组织需要有第三方的评价监督机构支持。不论是奥斯特罗姆的“多中心理论”还是肯尼思·阿罗(Kenneth Arrow)的“社会选择

---

① 康晓光，冯利，等．中国第三部门观察报告(2019)[M]. 北京：社会科学文献出版社，2019.

② 杜艳艳．对公益组织品牌建设的思考[J]，新闻界，2011(4).

理论”都强调集体行动选择机制的重要性，选择的前提就是需要一个客观公正的评价排序和监督机制，虽然社会公众对公益组织的生存具有决定性作用，但是公益组织的社会选择同样需要专业且具有公信力的第三方评估机构加入，同时第三方评估机构作为一个社会组织，也需要接受社会与公益组织的评价监督，以保障其测评的公正性与专业性。正如我们前文所谈到的，虽然我国的社会组织发展规模有所增长，但是在组织品质上良莠不齐，公益领域出现了诸如“罗尔事件”“99 公益日刷单套捐”等慈善欺诈丑闻，严重影响和消耗了社会公众对公益领域的信任，也严重挫伤和打击了公益组织整体的积极性和行动力。《中国民间公益组织透明度发展研究报告(2015)》显示，2015 年度中国公益组织透明度(GTI)平均得分为 32.44 分，其中最重要的财务信息一项，仅为 2.45 分，属四个一级指标中得分最低项，项目信息项得分也只有 9.09 分。据调查，2015 年和 2016 年中国的慈善透明度、公众满意度均为 56%，公众的感受尚未达到“及格线”。[①] 由此，公益组织的良性发展必须要求专业且具有社会影响力的第三方评估监督机构加入，同时第三方评估监督机构的相关评价信息必须建立专业且具有社会影响力的社会传导机制，即客观中立、公正公开地向全社会发布传播相关评价信息。

(三)新媒体兴起与技术赋权

以数字化和网络技术为基础的新媒体迅猛发展，深刻影响着社会生活的各个方面，从社会公益的角度来看，新媒体为社会公益的发展带来了许多新的契机。

新媒体的技术赋权使传播媒介的使用门槛降低了：发起公益活动的门槛降低；公益组织传播渠道增加；由草根发起的公益，不仅引起社会广

---

① 康晓光，冯利，等．中国第三部门观察报告(2019)[M]．北京：社会科学文献出版社，2019．

泛关注,而且还让大众参与成为可能。这种自下而上的公益模式更加契合了公益自发性、志愿性的本质,因此可以说,新媒体成为社会各类公益事业发展和民间慈善组织成长的一块新大陆。政府在新媒体时代也面临着公益职责与角色投入的转变与重塑,原先的一元主导逐渐转向引导社会公益。新媒体自身传播技术的去中心化、便利性、交互性等特点,激发了公众参与公共事务和公益事业的积极性,促进了现代社会公民公益慈善意识的培养。

“从少数人走向多数人”——新媒体带来的自下而上的公益

以往的传统媒体,信息传播一般是自上而下灌输式传播,公益广告也是如此。而在新媒体环境下,媒体传受关系不仅个性化、个体化特征更加明显,而且自媒体的出现也使一个普通人可以和任何一个社会成员分享自己的感受与见闻。新媒体降低了人们参与社交传播的门槛,传受者的概念似乎越来越被“用户”所取代,当每个人都可以成为信息传播用户的时候,我们就已经不再充当一个“自上而下”的信息接收者角色,同时传播信息的权利也从少数人走向多数人。新媒体带来的是一场自下而上的信息传播范式的变革,网络上一些草根名人和大V的关注度、影响力甚至已经远远超过了某些地方卫视的传播收视效果。

传统公益模式在新媒体环境下逐渐被生活化、草根化的社会公益所撬动。2012年,新浪微博第四季度财报出炉,其中提到其注册用户总数达到5.03亿,全年增长率为73%;12月每日活跃用户数有4 620万人,比2011年同期提高了82%,这与中国手机网民统计比例相当;活跃用户中的75%通过移动设备进行网络访问。在新浪微博上以“公益”为关键词检索,出现的相关微博有近120 000 000条。除去认证的机构和个人,微博上有很多草根公益者,他们既没有认证,标签里也没有“公益”字样,甚至只是一个人默默在做公益。但是,这种草根参与的公益行为具有自发性、自愿性的公益本质。在5G移动媒体兴起之后，这种“自下而起”的公益必然会对社会产生深远影响。互联网时代特别是移动互联网时代的公益传播，也不再局限于传统的从线下到线上再到线下的公益行为互动，而一个公益项目的传播执行从理念宣贯到行动转化完全可以在虚拟空间中以“比特”的方式存在，即广泛社会动员、多元化主体、多种角色参与的全方位重组，高效率、高质量、高影响力地实现公益慈善项目。2017年8月29日，由腾讯公益等多个机构联合开展的“小朋友画廊”活动创造了中国公益事业发展史上的一个创举。据报道，“截至8月29日14:30，这一活动已募集到超过1 500万元善款，共有580多万人参与募捐”。① 由于互联网时代新媒体技术赋能，互联网空间并不是现实空间的复制或延伸，而是一种重构，在此背景下，社会现实中的主体也同样转化为虚拟空间中的若干角色，公益传播实践也已经脱离了传统公益传播中“线下发起—线上动员—线下行动”的路径，而以互联网为依托完成以“离场介入”为特征的公益行动。②

“政府职能转变”——媒体在公益项目中作用地位的改变

在我国，以政府为主导的公益广告模式，一方面是由国家体制与社会发展的历史背景决定的，另一方面是因为我国政府及其主流媒体在我国公益广告事业发展初期起着关键性的主导作用，中华人民共和国成立后的第一则公益广告宣传片就是在我国主流媒体上发布的。随着我国改革开放进一步深入及社会经济发展转型，我国主流媒体的传播地位与社会影响力受到了互联网、新媒体前所未有的冲击与挑战，如前

① 胡永明，杨悦．“小朋友画廊”刷爆朋友圈 互联网公益需要怎样的舆论环境？[EB/OL]．(2017-09-04)[2017-11-25]．http://yuqing.people.com.cn/n1/2017/0904/c209043-29513147.html.

② 徐凤兰．互联网时代公益传播的范式转换——基于空间与角色关系[J]．编辑之友．2020(2).

文分析，公益广告的传播发展格局也在发生着改变，尤其是伴随着社会化媒体和自媒体的兴起与发展，包括传统媒体和新媒体在内的各类媒体融合不仅是公益广告的传播渠道，也是公益项目发展的社交互动平台。

我国政府在公益领域角色转变的一个重要信号，出现在 2013 年 3 月国务院出台的《国务院机构改革和职能转变方案》中，针对国务院机构职能存在的突出问题，方案从六个方面明确了职能转变的方向、原则和重点，其中指出要充分发挥市场在资源配置中的基础性作用，更好地发挥社会力量在管理社会事务中的作用，通过逐步推进行业协会商会与行政机关脱钩，重点培育、优先发展行业协会商会类、科技类、公益慈善类、城乡社区服务类社会组织，建立健全统一登记、各司其职、协调配合、分级负责、依法监管的社会组织管理体制，加快形成政社分开、权责明确、依法自治的现代社会组织体制。① 后续出台的国务院办公厅关于实施《国务院机构改革和职能转变方案》任务分工的通知，更明确提出到 2013 年 12 月底前，民政部会同法制办一起完成《社会团体登记管理条例》等相关行政法规修订工作，对行业协会商会类、科技类、公益慈善类、城乡社区服务类社会组织实行民政部门直接登记制度。届时，民政部门按新制度对社会组织进行监督管理。到 2017 年，我国基本形成政社分开、权责明确、依法自治的现代社会组织体制，基本形成统一登记、各司其职、协调配合、分级负责、依法监管的社会组织管理体制。② 公益慈善类社会组织无须再挂靠业务主管单位实现直接登记，这无疑将极大程度地缓解各类社会公益组织因“无身份”而无法展开活动的困境。

舆论认为，这次政府职能转变提出的改革社会组织管理制度，就是为

---

① 未名．国务院机构改革和职能转变方案[N]．人民日报，2013－03－15(5)．

② 资料来源：国务院办公厅关于实施《国务院机构改革和职能转变方案》任务分工的通知。

了让公民依法通过社会组织实行自我管理、自我服务和参与社会事务管理，更好地发挥社会公民意识与精神，推动社会和谐发展。政府职能转变的一大亮点，就在于政府的简政放权，从经济型转向服务型，认同社交媒体在公益项目中的主体地位。可以说，媒体在公益项目中的作用和角色都因此发生了巨大转变。以前，我国传统主流媒体一直是在公益广告创作发布中居于重要地位，而如今，互联网新媒体在公益传播领域迅速成长，并发挥着与传统主流媒体一样不可取代的社会公益传播价值。那么，我国媒体到底能不能成为公益广告的主导者？近年来各方一直存有争议。有研究者借鉴电视媒介管理、改革理论以及西方电视公益广告运营模式提出"电视公益广告市场化运营"，要"营造社会需要的电视公益广告氛围"，需兼顾社会效益与经济效益、公益事业与社会赞助、公益广告市场化与商业化等几个主要关系；[①]也有研究者从电视媒体公益广告管理的角度，提出了我国电视公益广告发展的策略，"以公众为导向的管理策略，提高电视媒体的管理主体意识，运用科技手段创新公益广告管理服务，加强广告内容和经营运作的监管"。[②]

新媒体带来公众参与公益角色的回归和动员

公益参与，简单说来就是人们参与到公益活动中。在传统媒体环境下，公益广告的受众大多数只是单纯地接受公益信息，公益意识淡薄，绝大多数人以慈善捐助为主，公益广告传播并不能激发公民参与公益活动的主动性和行动力；而在新媒体环境下，新媒体的开放性、便利性、交互性、即时性等特征，拓展了信息传播的渠道和手段，大大提高了传受双方的参与主动性和积极性。同时网络空间可以为各个社会阶层发声，也更真实地反映出社会现实客观存在的矛盾和利益诉求，使得传受双方关系

① 司晓辉．我国电视公益广告的市场化运营研究[D]．大连：大连理工大学，2008.
② 高嫣嫣．我国电视媒体公益广告管理问题研究[D]．长春：东北师范大学，2009.

趋向更为平等、自由、共享,更利于公共利益理念诉求的广泛动员、互动表达与行动转化。2008年四川汶川地震和北京奥运会的志愿者全部采用网络招募,标志着中国志愿服务发展到了一个新的阶段。据统计,2008年全国志愿者队伍规模已近亿人,其中仅共青团、民政、红十字会三大系统全年共增加志愿者1 472万人,年增长率达31.8%。同时也有越来越多的网民通过网络捐助的形式参与到公益项目的救助中,通过网络对项目进程进行跟踪与监督,甚至发起公益项目活动。比较典型的案例"免费午餐",就是由媒体人邓飞发起,在得到了主流媒体和广大网民的赞誉后,被政府相关部门采纳,成为政府积极支持、推广的公益项目。随着新媒体公益的发展,特别是社交媒体上公益项目的推广,人们关注公益、参与公益的频次比以往大大提高。公益主题从社会公共话语空间进入到每一个人的生活空间里,利己与利他的公益价值意识激励着人们自我身份认同和日常公益行为。可以说,新媒体唤醒了社会民众的公民意识,不仅促使更多的民众积极参与到公益慈善活动中来,也促使民众成为自觉关注与监督公共领域和公共利益领域的一种重要的公众舆论力量,引发全社会对于公益事业发展的高度关注和相关公益议题的研究讨论。比如中国红十字会的舆论问责事件,在公益慈善界掀起了信任风波,暴露出公益行政化的弊端。公益组织发动民众捐款捐物,却没有相应的监督制度来保障捐赠物资的依法合规利用和公开透明执行。新媒体的舆论监督无疑是强烈警示,促使我国公益慈善机构运行管理的机制改革和创新转变,并有力地推进了我国公益慈善事业的制度化建设和现代化进程。

四、我国公益广告运行新机制的探讨

在讨论公益广告运行机制建构问题时,公益广告的两个本质特征是必须牢记的，一是公益传播，二是广告传播。“公益传播”，这个词尽管在前文叙述中已经多次出现，但都是作为“关于公益的传播”这个含义来使用的，其实“公益传播”是一个学术概念，其定义学界普遍认可的是2005年马晓荔、张健康所提出的“公益传播是指具有公益成分、以谋求社会公众利益为出发点，关注、理解、支持、参与和推动公益行动、公益事业，推动文化事业发展和社会进步的非营利性传播活动，如公益广告、公益新闻、公益网站、公益活动、公益项目工程、公益捐赠等”。这个定义有两个指向：一是宽泛的公益内容，二是严格的非营利性。“广告传播”，不算是一个规范的学术概念，在这里重点指广告，关于这个定义笔者认为也有两个问题。一是我们知道广告就是一种有目的性的传播活动，讲求策略、追求效果，那么公益广告的目的是什么？需要达到什么效果？这一系列问题就值得我们深入研究了，而不能只停留在泛泛的宣传告知层面上。二是广告创意问题，公益广告应该有着不同于商业性广告创意的创作思维，因此，公益广告创意价值如何评价？我们如何激励？这里面有公益创作个体的问题，也有公益创作整体的问题。这些提问有的在前文中已有涉及并已展开讨论，在此不再复述。公益广告资源是典型的“公共池塘资源”，政府、媒体、企业、非营利组织等各个参与主体都有着各自不同的目的，占用或使用着公益广告资源，且与其他社会组织共存于整体的公益广告资源系统当中，无论是从西方的公益广告实践还是我国公益广告现状来看，这种“公共池塘资源”的使用和管理特征都是十分明显。依照奥斯特罗姆“多中心理论”，公益广告运行机制通过多元公益主体之间的沟通、协调、监督和激励，来确立自治组织和公共秩序，建立相互信任双赢的合作机制，以减少集体行动中非理性行为，实现公共价值，这种“使用者协会”思路的公益广告运行机制的创建，既解决了我国公益广告运行主导者的微观选择问题，又化解了我国公益广告运行实际中公益资金困境和公益诉求多元化供需的宏观矛盾问题。总之，公益扎根泥土才能有勃勃生机，公益广告则需要一个各美其美、生生不息的“公共池塘资源”。

（一）公益的本质要求公益广告运行主导者具有独立性

公益界定在私利相对的公域范畴，公域中的公益即公共利益（public interests），是指不特定的社会成员所享有的共同利益，也是国家或社会为了整体的需要超越地区或集团的局部利益，是非特定多数人的利益。譬如，一项事业、公共事务或政策是否符合公共利益要求，取决于它是否有利于促进全社会所有人或非特定多数人的利益。在我国，政府作为公益广告主导者所取得的巨大成就是非常值得赞扬和肯定的，但我们不能因此忽略大部分情况下的“公益”，公共利益强调的是多数人的利益和自下而上的公共性。公益应该是政府、公民在共同的、共识的领域和场景中关注的公共事务，为维护共同的利益，推进社会公正、公平发展而采取的集体性协调行动。[①] 公益广告运行的主导者，顾名思义就是公益广告资源的发起者、拥有者、管理者和受益者。我国政府主导和媒体承担公益广告运行的最大问题就是缺乏独立的公益广告运行责任主体，公益广告运行并不是政府和媒体的主要职责，这势必会造成公益广告运行主导者在长期“兼职”和“自上而下”的状态下运行。公益资源长期由政府投入和行政性垄断运行，导致各级政府、政府扶持的非营利组织以及媒体在公益广告执行力上参差不齐，缺乏有效的激励竞争机制，公益广告作品和传播宣传质量也因此有所下降。而这其中更大的问题是公益广告在公益领域中本应该发挥的、对全社会力量和广大民众的广泛动员和激发效果被忽略，社会民众的公益创作才能在社会公益广告资源中也无法发挥应有的作用，而作为社会民间公益的非营利组织既没有独立能力，又没有平台在公益宣传中发挥作用，这就是中国公益广告运行存在的现状和困境。从西

---

① 彭小兵．公益慈善事业管理[M]．南京：南京大学出版社，2012：32-33.

方国家公益广告发展历程来看，政府、非营利性组织和企业都有成为公益广告运行主导者的实践经历和经验，但不管是何种组织承担主导者，保证公益广告运行主导者的独立性是首要条件。

（二）公益的本质决定了公益广告运行需要激励

公益是公益，商业就是商业，尽管从一定意义上讲，笔者赞同哈耶克曾经表达过的观点："商业是社会最大的公益"，可是从广大社会民众视角来看公益，公益是不属于任何特定组织、特定人群的公共利益，公益广告就是这样一个公共利益"池塘"。笔者一直呼吁公益广告纯粹性的重要性，一是出于公益的传播本质诉求，二是从公益广告作为公共传播资源正在流失公益价值方面进行的考量。目前影响我国公益广告发展的一个主要障碍就是公益广告资金短缺，这也是我国政府一直投入大量资金在公益广告传播上的根本原因，因此，鼓励企业商业化的公益投入，势必会暂时缓解公益广告运行资金短缺问题，但并不能长久性、彻底地解决此类问题。事实上企业投入公益广告的商业化动机是无可厚非的，特别是作为个体的企业支持了公益广告，借此又推销了企业及其产品，许多成功的公益营销行为都例证了这样的事实。但无论是从社会整体上来讲，还是从社会公众的公益认知角度来讲，公益广告传播的商业化参与必然会引起社会公众对企业公益动机的质疑和对公益行为的不信任。如：陈光标的慈善行为引来舆论各种"秀"声；农夫山泉"捐一分钱"的公益项目，因营销成功曾一度轰动饮用水市场，获得媒体广泛赞誉、消费者追捧，而后被爆涉嫌不透明操作触及消费者道德底线。即使是那些真正想通过公益捐钱出力的企业，也会被指责公益动机并不单纯。所以说，长期的商业化公益必然会造成社会公众对公益的曲解和漠视。

这是一个"公共池塘资源"运行管理问题，如果说独立性是符合"多中心理论"的"边界清晰"原则，那么激励也是以这个原则为前提，并且为独立性提供支持的环境和动力。坚持公益广告的纯粹性与激励商业力量参与公益广告看上去是一对矛盾的运作，却可以通过社会公共选择机制的建立来实现的。我们需要设计这样一种组织，一方面坚守面向社会公众发布的公益广告必须保持绝对的公益纯粹性，即要求所有媒体发布的公益广告作品内容不得出现任何企业商业性元素；而另一方面以一定形式的商业价值来回馈、激励和表彰企业的公益投入。我们需要通过公益广告运行主导者及其运行机制设计来隔离公益广告运行中的商业性和公益纯粹性，并且将企业的公益投入加以转换和评价，成为政府、社会以及市场等进行公益选择和企业激励的依据及参照标准。总之，企业的商业化动机和公益投入的社会评价与激励是非常合理且需要加以保护的，这也是保障公益广告传播纯粹性本质的现实要求。

政府、媒体、企业、非营利性组织等多元主体参与构建的我国公益广告运行机制，如前文所述以广告公司等企业为基础建立公益广告运行的企业型非营利组织，依据“多中心理论”中的“集体选择的安排”“分级制裁”和“冲突解决机制”，在主导者组织设计完成后，全国公益广告运行机制需要建立相应的“多中心”体制。公益广告运行是一个多层面、多环节的创作传播过程和社会支持系统，首先需要完成公益资源资金筹划、公益广告主题的筛选、作品创意创作、传播媒介计划、组织应急公益广告运行、公益广告传播效果测评等工作，还需要建立公益广告研究、公益广告人才储备、公益评估和激励机制等支持系统。建立长期的公益广告运行机构，即“企业型非营利组织”的目的就是要求公益广告传播创作具有专业性和储备性，从内容和形式上根本解决“突发的繁荣与平日的寂寥”的问题，满足和保证常态化和突发性公益广告传播需求的数量及质量。

公益广告运行机制的顺利实施需要坚持两个原则：第一，对外需要保证公益广告发布传播的纯粹性，发展初期可能难以实现，但是需要保证文本的纯粹性作为过渡；第二，对内需要保证每个参与成员的权益，让每个参与者都能实现其公益价值，这是公益广告运行机制组织能否顺利成立和发展的基础。作为公益广告的主导者，企业型非营利组织创建之后，从全国整体层面上来说我们需要依据“多中心理论”建立相应的、分散在我国各地区、各级层面、多个中心组织的公益广告运行机制（见图 5-2），形成多个本地化公益广告供需关系和良性竞争机制。

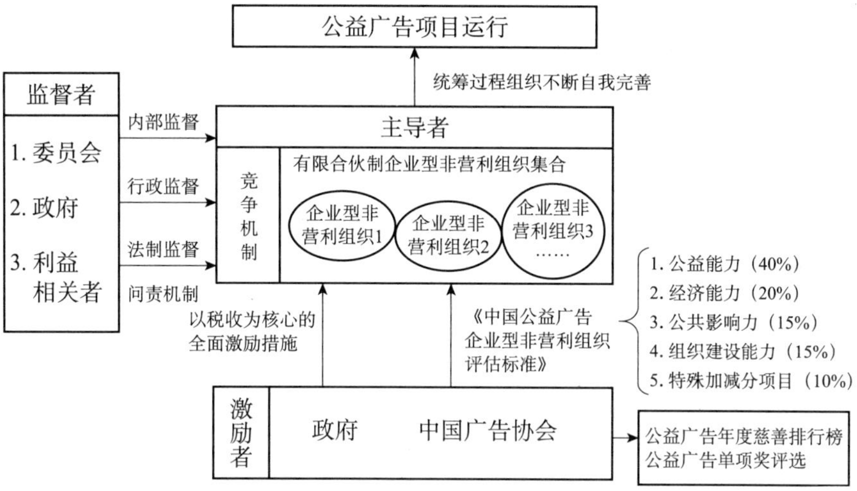

图 5-2 公益广告运行新机制

1. 统筹机制：主导者长期自我修正以及建立竞争机制

围绕企业型非营利组织为主导者建立的公益广告运行机制，将政府、媒体、企业、非营利组织四大机构融入其中，整合为职业化较强的企业形态，统筹公益广告运行流程，保证公益广告运行统一和规范，这个过程需要长期的修正。

新机制的初步建立到成熟需要一个长期的过程。初始阶段需要政府设立专门的扶持资金，减免参与企业的赋税；要求媒体捐出版面或者时段；政府出面招标，允许企业进入门槛低的非营利机构，组建企业型非营利组织；现有的非营利组织转型，或者进行企业化改造，吸纳企业、媒体成为成员；政府还需要出台相应的优惠政策鼓励组织的建立。

新机制的建立对传统公益广告运行模式是一次革命性突破，需要政府相关部门具有很大的决心，发展初期建议不要形成资源的垄断，而以扶持为主导。政府和企业型非营利组织，经过自身发展，产生一定利润，并对公益广告进行改进研究，促进组织的良性运行。当机构实力和影响力发展到一定水平时，更多的企业广告主参与，会员单位增多，新机制就能参与良性竞争，达到机制的自我维护和修正。

在企业型非营利组织的统筹机制中需要重点解决两个问题。

(1)资金筹集问题。学者倪宁在《广告新天地》里总结了世界各国公益广告事业资金的筹集方式，主要有以下几种：一是设立专项税收，工商企业按利润缴纳公益广告税；二是政府财政划拨，实行专款专用；三是社会团体组织或基金扶持；四是社会募集。① 在我国，公益广告的资金筹集需要采取多渠道方式，保证资金的充足。资金筹集的方式有：争取政府的财政政策支持，尤其是政府相关公共宣传职能部门对公益资源及宣传资金的投入；争取包括政府、企业、媒体、非营利组织，以及其他的法人机构的资金捐献；通过举办公益广告晚会等其他形式公开募集资金；建立基金自我增值的运作管理体系。

(2)公益广告的主题设定。AC 日本主要通过三种方式管理和制定公益广告主题。一是制定全年性、全国性的公益主题。每年 7 月，公共广告机构发放大量问卷以收集第二年的公益主题，并在每年 10 月的时候召集全国代表，共同确定下一年度的主题。二是制定地方性的公益广告主题。AC 日本将全国分为八大地区，每一地区根据实际情况选取不同的公益广告主题。地区公益广告主题的选取有一个特殊目的，就是促进当地经济发展和活力。三是 AC 日本为了支援其他公益组织而制定和选取的主题，如与联合国合作开展的以非洲饥饿问题为主题的公益广告宣传

① 倪宁．广告新天地：中日公益广告比较[M]．北京：中国轻工业出版社，2003：80.

活动。[1] 笔者依照我国的实际国情并借鉴日本的成功经验，提出我国公益广告主题的设定方式如下：企业型非营利组织自主设定公益广告主题；中央政府制定全国、地方、年度、季度等宏观方面的公益广告主题，各级政府、各公共组织根据自己需求申请公益广告主题；与国外公益组织机构合作制定公益广告主题；企业可以通过捐献一定的资金获得制定公益广告主题的权益，但必须保证公益广告的纯粹性。

2. 监督问责机制：主要是外部完善公益广告法制建设，并配合社会问责制

西方的一些观点认为权力的本质是邪恶的，19 世纪阿克顿爵士认为：权力必然导致腐败，所以我们需要在外部完善公益广告法制建设。我国目前关于广告方面的法律法规有 2018 年修正的《中华人民共和国广告法》和 2016 年实施的《公益广告促进和管理暂行办法》，相关具体办法条例的缺失使公益广告在资源管理执行层面上存在问题，比如公益广告资源"使用者"在运行过程中无法清晰界定商业广告和公益广告，商业广告对公益资源会变相侵占，非营利机构缺乏独立发展实现价值的平台和空间等。因此，我们迫切需要完善一系列有关公益广告的法律，为公益广告运行机制提供法律支持和保障。

企业型非营利组织初期成立以及后期发展需要依赖政府政策支持以及各类捐助，社会公众有权对企业型非营利组织的行为进行问责，有权了解组织运营状况和取得的成果以及自身发展情况，保证公益广告资源的公开透明。完善的社会公众问责机制，一般采取被问责主体主动公开、定期申明的方式，主要问责申明的内容可以分为三个方面：组织开展了哪些公益广告活动；年度财务状况及财务使用情况；公益广告取得的成果以及衡量评价。

---

① 王丹．公益广告的纯粹性及运行机制研究[D]．合肥：安徽大学，2012.

3. 评估激励机制：政府对相关公益事业的财税单列政策进行支持；建立社会第三方“公益事业价值”评估机构，独立评估企业的公益投入和声誉形象价值

在我国公益广告运行新机制下，建立企业型非营利组织的激励机制包括内部机制和外部机制两个方面。[①] 一是内部激励机制。有限合伙制下的企业型非营利组织聘请职业经理人以一般合伙人身份进行企业运营管理，经营业绩以第三方组织评估体系为基准，执行管理者收入与组织运行业绩挂钩的激励机制。二是外部激励机制。主要是指政府建立以税收优惠为核心的财税激励措施，政府有必要以公益广告组织建设为核心，推动和激励社会各方资源参与公益广告运行。以企业型非营利组织为主导，政府可以从繁杂的执行操作层面解脱出来，用经济手段特别是税收政策对非营利机构、企业进行调控。例如，美国各种类型的非营利机构可以申请注册为501C类的免税机构以免除所有的税收，包括以经营获取利润再支援公益产生的商业性收入。对于这些机构的捐款以累进税方式征收所得税，刺激个人和企业向非营利组织捐款。政府除了实施税收激励，还应根据公益广告运行第三方评估体系建立政府层面的表彰奖励措施，如对企业型非营利组织成员进行行政嘉奖和经济补贴，鼓励和呼吁社会各类法人、自然人以慈善捐助和志愿者方式支援公益广告创作及运行等。

公益广告运行的激励问题，首先是建立公益广告运行的业绩评价指标体系，其次是建立公益广告运行主体业绩评价排行及公开发布制度。公益广告作为一个公共物品，其评价指标不能以经济指标为主，必须围绕公益广告运行的公共性和激励性特征，结合我国公益广告运行现状及相关组织提出相应的措施。

依托中国广告协会建立公益广告运行的第三方评估体系

中国广告协会是中国广告界的行业组织，由全国范围内具备一定资

---

① 严密．以“第三力量”为主导——公益广告运行机制研究[D]．合肥：安徽大学，2012.

质的广告主、广告经营者、广告发布者、与广告业有关的企业和事业单位、社团法人等自愿组成。利用现有的中国广告协会的资源整合力量有利于短时间内推动新机制在全国展开。协会本身包含大量的资源,是具有先天优势的协调平台,在新的运行模式中协会还可以发挥中国公益广告网的重要作用,寻求更高效的沟通模式。同时,协会具有一定战略高度,并能协调各方力量建立"中国公益广告组织的评价标准"和"中国公益广告年度慈善排行榜",如此既能够配合国家税收政策的资格评定,保证政策落实到位,也能够及时向公众发布公益广告组织的运行状况,增加公益广告事业的透明度和提高公益广告运行质量。

作为第三方机构通过制定精准全面的评价系统实现有效评估,如此企业型非营利组织之间也能够形成竞争和合作的关系,以市场化的运作使企业型非营利组织不断自我完善和发展。第三方机构出具的"中国公益广告组织的评价标准"和"中国公益广告年度慈善排行榜",可以评估企业型非营利组织及其成员对公益广告资源的投入,这是对具有公益责任感的企业的一次集中性表彰,能够促进公益广告运行的良性发展。

笔者根据企业型非营利组织公益广告运行的特点,建立《中国公益广告企业型非营利组织评估标准》,评价指标和权重分配如下(见表 5-2)。我们从公益广告作品、经营能力、公共影响、组织建设、加减分项目等几个维度设计第三方评估体系的评价标准。公益广告作品作为核心要素占权重 40%,一级指标分解主要评定公益广告制作数量、播出数量、质量评估、公益广告占有率。经营能力占权重 20%,一级指标分解主要为资产规模、成本评估、年度营收和增长评估。组织建设占权重 15%,一级指标分解主要为成员数量、员工规模、企业文化、志愿者规模等。公共影响占权重 15%,主要指标可以分解为募集公益资金(不含成员)、开放程度、媒体评价和组织声誉。最后的加减分项目占权重 10%,主要指标分解为实验性公益广告项目、问责事件处理等。在组织运行发展过程中，会不断更新和完善标准，力求让标准更加可量化和细化。

表 5-2 《中国公益广告组织的评价一级指标体系》①

评价维度	权重	一级指标分解			
公益广告作品	40%	制作数量	播出数量	质量评估	公益广告占有率
经营能力	20%	资产规模	成本评估	年度营收	增长评估
组织建设	15%	成员数量	员工规模	企业文化	志愿者规模
公共影响	15%	募集公益资金（不含成员）	开放程度	媒体评价	组织声誉
加减分项目	10%	实验性公益广告项目	问责事件处理		

多种形式的政府激励和政策支持

企业型非营利组织参与者众多，包括政府、媒体、企业、非营利组织等，各方组成企业型非营利组织对公共资源进行管理，政府握有资金和政策优势，也能作为激励机制的推动者，进行授权激励、财政拨款激励、税收激励等。公益广告组织也应该作为激励机制的主体，制定合理的激励机制。

授权激励。企业型非营利组织成立后，为了统筹资源，合理运作，首先需要树立和面对的是公信力问题和组织独立性问题。政府作为非营利组织的成员，本身具有特殊的公共属性，因此政府充分授权可以为企业型非营利组织在招纳会员、扩大影响力方面提供担保，使企业型非营利组织能够取信于民、取信于企业和其他的组织，简化企业型非营利组织相关活动的开展程序。但是需要我们注意的是，在一定程度上要防止政府过度的权利干涉，以保证组织运行的独立性。

财政拨款激励。企业型非营利组织成立初期，其他渠道的资金来源不成熟，资金筹集规模达不到实际要求，政府作为企业型非营利组织成员，政府的资金支持对于早期企业型非营利组织的运行有很大的推动作

① 严密．以“第三力量”为主导——公益广告运行机制研究[D]．合肥：安徽大学，2012.

用。政府基于自身的公信力以及影响力出面对企业型非营利组织进行支持,有利于带动其他组织团体的加入,每年政府的财政总量不断增加,相应地对企业型非营利组织的财政支持也是政府投入社会事业的表现。

税收激励。企业型非营利组织成为主导者后,政府作为成员形式参与,可以从繁杂的执行层面摆脱出来,用经济手段特别是税收政策对企业、媒体、非营利机构进行调控。政府鼓励企业广告主、广告公司参与并成为非营利组织成员,界定这种投入资金为公益性投入,享有相关优惠税收政策支持。主流媒体作为党政机关喉舌,对于企业型非营利组织成员媒体给予行政嘉奖,对公益广告的播出时长和刊登版面制定量化标准,作为税收优惠政策实施的标准,其他法人和自然人在法人和个人所得税方面按照标准进行减免。为了加大激励机制的效力,实行一定程度的"反向激励"——增税激励机制,征收公共事业税。如高污染、高能耗的企事业单位,国税部门按照企业的大小和规模统一征收,这部分资金专门用于企业型非营利组织的资金支持。

公益回报激励。企业型非营利组织作为我国公益广告事业的主导者,其自身也能作为激励机制实施的主体,对参与的企业、媒体、非营利机构以及其他的法人和自然人实施激励。企业型非营利组织利用企业自身的公益资源,反哺社会和组织成员企业,优先考虑组织成员企业的公益诉求,并借助自身的主导地位和影响力在营销传播平台方面对企业实施激励,特别对提供无偿支援和赞助的企业、媒体和广告公司等法人和自然人予以荣誉和激励。

五、结语

从西方国家公益广告发展历程来看,政府、非营利性组织和企业都有成为公益广告运行主体的成功实践经验,其中政府和非营利组织作为"公共性"代表最有条件站在维护"公共利益"的立场上，公益广告的价值是政府和非营利组织所追求的"公共性"目标。随着企业社会责任理念的不断渗入以及企业社会责任系统内部制度化，企业成为公益广告的有生力量。可见，从各个公益广告参与主体角度去分析，每个主体都存在实现公益广告价值的合法性和合理性。笔者从我国政府主导型公益广告运行的实践回顾和理论检视层面出发，提出创建我国包括政府、企业以及社会(第三力量)在内的公益广告"使用者"组成的运行机构——企业型非营利组织，并以这种我国公益广告运行主导者模式形成一种多主体、多中心竞争格局的公益广告运行机制。

因为我国公益广告运行环境在实际变化中呈现出复杂性的特征，且奥斯特罗姆"多中心理论"的"使用者协会"模式给予我们的启示是有限的，再加上笔者自身学术科研能力有限，所述结论定有诸多不足，需要学者们的批评指正，更加需要结合丰富的公益实践加以检验。可我们不会因为一条公益广告不够精彩而忽略了它的力量，也不会因为我国公益广告机制发展研究充满许多不确定性挑战而放弃了纯粹公益理想的讨论。

笔者还是以英国著名作家诺曼·道格拉斯曾说过的这句话作为本章结束语："通过广告，你可以看见一个国家的理想。"

第六章　本体与常无

——中日公益广告运行机制比较研究的阶段性成果

我国公益广告的纯粹性研究*

邬盛根　姚　曦

改革开放三十多年来，我国经济发展取得了举世瞩目的成就，目前全国 GDP 总量已位居世界第二位。但是新的社会问题不断涌现，社会矛盾时有激化之虞，因此，对社会公共资源管理和文化思想意识的关注及研究显得非常紧急。基于社会现状，我国政府提出了构建社会主义和谐社会的主张，以求在实现经济发展的同时，实现社会、自然和个人的协调发展。公益广告作为一种承载公益主题的宣传和沟通工具，在和谐社会建设中发挥着重要作用。但是，我国公益广告事业的发展还不尽如人意，存在着种种矛盾。其中，公益广告的纯粹性同商业性的矛盾已成为公益广告的核心矛盾，该矛盾起源于公益广告的商业化。公益广告的商业化一方面背离了公益广告的公益属性，另 方面也使公益传播资源遭到商业性的侵占，严重威胁公益广告的公信力和传播效果。长此以往，我国的公益广告事业势必会遭遇信任危机，其存在和发展的价值也会遭到质疑和贬低。

* 邬盛根，姚曦．我国公益广告的纯粹性研究[J]．中国地质大学学报(社会科学版)，2011(6)．

一、公益广告纯粹性概念的提出与实践

(一)公益广告纯粹性概念的提出

公益广告纯粹性的概念在20世纪末已经有人提出。但十多年来,对于这一概念后续的系统研究却是一片空白。笔者收集了从1990年至2010年间比较有代表性的公益广告期刊论文和公益广告专著近120篇(部),其中约18处论及该概念问题。笔者对这些资料进行总结分析之后,归纳出公益广告纯粹性概念,包含以下两大假定。

1. 公益广告纯粹性是相对于商业性提出的概念

在论及公益广告纯粹性的18处文献中,笔者统计后发现,其中有12处论述出现了"纯粹性(或纯洁性、非营利性、非商业性、去商性)"和"商业性(或商业化、企业的商业性行为)"的词语或意思表达,且从行文逻辑上来看,这两类词基本是相对立而言。同样,在对8种公益广告的权威定义进行统计分析时,笔者发现阐述中提到"去商性(去商化)""非营利性"或相关表达的占37.5%。

研究对公益广告纯粹性进行论述的18处文献可以得出,大多数学者要求的纯粹性是与商业性相对而言的,他们反对的"商业性"多指在公益广告中有直接或间接的商业表达,如公益广告含有企业冠名或含有商品形象等,但是在论述中这些学者都没有详细说明公益广告"去商性"的实质内涵和运行机制。

2. 公益广告的纯粹性是指绝对公益性

公益广告的目的是"公益",而"广告"是它采用的方式,这是公益广告的根本属性——公益性所决定的。公益即公共的利益,与之相对的是私人利

益，所有的公益事物都不言而喻地排斥私利搭便车的行为，更不允许公共利益被私人占取和利用。因此，公益广告纯粹性的本质是指“纯粹的公益性”，即绝对公益性，它要求公益中不能夹杂任何私利，并且禁止私利对公益资源的占用。这与公益广告的纯粹性同商业性相对立的论点在逻辑上是一致的。

综上分析，公益广告纯粹性概念包含的两大假定：一是公益性与商业性对立，并禁止私利对公益资源的占用；二是公益广告应该以公益为唯一的传播目的，即纯粹公益性。

（二）公益广告纯粹性和商业性的争论

公益广告事业的发展始终面临一个难题，就是如何在公益目的与商业参与之间取得平衡。以公益性为根本属性的公益广告对纯粹性的追求不会停止，但公益广告的现实发展又离不开商业的参与。因此，无论是学界还是业界，对于在公益广告纯粹性和商业性之间如何取舍的争论一直存在，并由此形成了两种公益广告运行行为和方式。

1.纯粹的公益广告行为

主张纯粹的公益广告的一方认为，公益广告应该杜绝一切商业参与，不仅公益广告的内容是纯粹公益的，而且公益广告从筹集资金到创意制作、发布传播的整个过程都应该是纯粹公益的。他们的核心观点聚焦在公益性上，对商业参与持完全批评的态度。从1986年贵阳电视台播发第一则公益广告到1994年中央电视台《广而告之》栏目接受企业冠名赞助之前的这一段时间，我国的公益广告都是纯粹的。它之所以能成为纯粹的公益广告，是因为我国传媒行业市场化改革起步较晚，以及对企业公益广告意识不足。1994年我国公益广告出现了商业化的趋势之后，纯粹的公益广告也始终存在，包括中央电视台在内的各大媒体成为我国纯粹的公益广告制作和发布的最大平台。然而这一时期纯粹的公益广告背后是政府行政化干预和媒体社会责任的功能需求，同时也与政府宣传及其对社会事业的支持政策密切相关。

2. 商业化的公益广告行为

1994 年中央电视台《广而告之》栏目开始接受企业冠名赞助，此后各媒体纷纷效仿，以至于一时间商业化的公益广告成为公益广告的"主流"行为。主张公益广告应该商业化的一方认为，通过商业化的参与，公益广告可以获得发展资金和其他资源，可以引入市场化竞争机制，这对公益广告事业的发展大有裨益。

商业化的公益广告主要表现为在公益广告内容中冠以参与公益广告活动的组织名称、产品形象、隐性商业信息等。究其产生原因，主要有以下几点：一是公益广告的发展遭遇资金瓶颈，需要运用商业化措施来获得资金；二是企业出于塑造企业形象的动机主动参与公益广告事业，往往要求公益广告在形式和内容上带有企业标识等商业信息；三是"事业单位企业化管理"的媒体行为失责，导致公益广告中"过度商业化"；四是社会经济发展水平有限和国民公益意识淡薄使得纯粹的公益广告发展举步维艰，公益广告发展需要借助商业化；五是我国公益广告运行水平的不足和监管机制的缺失，客观上需要公益广告商业化来补充市场。

也有学者认为，"科学地启动商业化运作，在为企业带来经济效益和良好企业形象的同时，还能为社会的和谐发展做出贡献，可以实现企业与公益广告和谐统一、共同发展的多赢局面"。①

二、公益广告文本纯粹性的探讨

商业化的公益广告的确是一把双刃剑，有益但也有悖于公益广告事

① 曹华．公益广告中商业性信息的隐性诉求[J]．新闻爱好者，2009(10)．

业的发展，主要表现在以下几方面：第一，公益广告中出现商业信息本身违反了公益广告的公益性特征；第二，公益广告的公信力遭受质疑，受众会对商业化的公益广告产生抵触情绪；[①]第三，公益广告的传播效果被弱化，甚至危害到社会公共资源的合理利用；第四，公共传播资源被无序占用，媒体和企业合谋从中牟利。现实中，纯粹的公益广告和商业化的公益广告都存在难以克服的缺点。公益广告如何在坚守纯粹公益性的同时，又能利用成熟的商业化运作，并使两者之间取得平衡，这需要我们另辟蹊径。正如黄升民教授所说："目前我们需要新的概念来界定和推进我国的公益广告活动。"[②]

公益广告文本的纯粹性恰恰是这样的"新的概念"。首先，对于公益广告的纯粹性，我们将缩小范围，用来规范公益广告文本，即公益广告文本内容是纯粹的，不能含有任何如企业冠名和商业形象等商业信息。其次，我们主张在公益广告事业运行中引入商业化机制，通过建立公益广告商业化运行机制、激励机制和监督机制调动社会资源的有序参与，实现对商业参与的有效规范和利用，以此来保证和支撑文本纯粹的公益广告。

（一）公益广告文本纯粹性的界定

"文本"是文体学、语言学和解释学中的名词，含义较为丰富，不能做统一的界定，本文中的"文本"取其"作品"之意。公益广告的文本，即公益广告作品，泛指在创意、制作和发布过程中形成的平面公益广告、电视公益广告和新媒体公益广告等。

最早将规范公益广告内容引入公益广告纯粹性问题的学者是赵民和李东，他们认为："对于一些由企业参与制作和发布的公益广告，可以在公

---

① 段新洒．中国公益广告二十年历程回顾与未来展望[D]．南京：南京师范大学，2008.

② 黄升民．"中国公益广告"问题之辨析[J]．广告大观(综合版)，2007(5).

益广告内容之外注明其参与情况，而不能以商品形象冲击公益广告内容。”①参考他们的观点，笔者认为公益广告文本的纯粹性是指公益广告文本从创意、制作到在媒体上刊播、受众观看，整个传播过程都是纯粹公益的，不含有任何私利信息。根据此定义，目前公益广告中出现的“企业公益广告”“冠名公益广告”“含有隐性商业信息的公益广告”和“意见广告”，都不是文本纯粹的公益广告。

（二）公益广告文本纯粹性的分析

1.公益广告文本拒绝商业性信息

商业性信息是指各种以营利为目的的信息的总称。公益广告文本不含商业性信息，具体是指在公益广告文本中，不含有以营利为目的的信息，包括企业冠名、商品或商标形象、隐性商业信息等。这是公益广告文本纯粹性的核心特征，其执行标准主要有：

其一，专业广告公司或媒体在公益广告文本的创意、制作环节不应有任何商业因素的介入。这一标准要求公益广告文本在创意、制作阶段不能接受企业等营利性组织的赞助或其他要求，公益广告文本中不能直接或间接含有企业的名称或商品的形象等商业信息。该标准主要是为了规避有些企业和公益广告制作方合谋，以公益广告的形式，通过提示、暗示和联想，为企业的销售服务。这种类型的公益广告多以企业制作的公益广告为主，例如中国平安财产保险在玉树地震时做的一则公益广告，其宣传语为“中国平安，平安中国”。这样的公益广告在创意阶段就利用了汉语中的“双关”修辞，明目张胆地借公益之名、行企业广告之实。此类广告应该归于商业广告范畴。

其二，在媒体上呈现出来的公益广告文本不含有商业信息。该标准

① 赵民，李东．公益广告的现状及其发展的几点建议[J]．新闻大学，1997(2).

主要是为了规避媒体刊播出来的、呈现在受众眼前的公益广告文本含有商业信息，出现这种情况的原因是媒体和企业合谋侵占公益传播资源。这些商业化的公益广告文本伴随着公益广告作品一同进入了受众视野，既谋公益又谋私利，公益广告中夹杂了太多矛盾的东西，最后削弱的是公益广告的公信力，赞助企业和公益事业也会引起受众的反感。

其三，意见广告不能归为公益广告的一类。企业参与社会事务，在各种突发事件或重大事件发生时，可以通过广告来表明自己的态度和立场。这种广告在广告界被称为“意见广告”，也被归为公益广告的一类，但是这一分类不具有合法性。经济学中有一个“理性经济人”假设，通过这个假设，企业以自己的身份参与的一切事务都是以获取最大利益为目的的。同样，在发生突发事件或重大事件时，企业通过广告来表明自己的态度和立场，其根本出发点仍为获取利益，即在消费群体中树立良好形象、促进销售，这与公益的概念完全相悖。因此，意见广告不能归为公益广告的一类，而应该归为企业公关广告。

2. 公益主题的全面、集中和系统展现

公益广告文本纯粹性的根本目的，就是希望公益广告能够在媒体公开发布中全面、集中和系统地展现各种公益主题，排除其他干扰因素，一心一意做好公益传播。

在公益广告文本中排除商业因素，可以全面、集中、系统地提出和展现公益广告主题。这是因为：第一，企业对公益广告的追逐，根本目的在于争夺受众，因此，企业“关注热点的兴趣要远远大于对公益主题的追逐”[①]。企业参与公益广告活动，多是“因地制宜”“因时制宜”，他们不用考虑公益广告主题是否全面，更不会一味地投播某一主题的公益广告，即

① 苏晓燕．公益精神与商业目的的博弈——论企业公益广告商业化[D]．合肥：安徽大学，2010.

企业投播公益广告时，对主题的选择基本是随意的。第二，公益广告的文本拒绝商业因素，也就意味着公益广告在主题的选择上排除了企业干扰，继而通过公益广告主体管理机构的建立，形成全面、集中、系统的公益广告主题，并将之展现在广大受众面前。公益广告主体管理机构可以借鉴AC日本（日本公共广告机构）的公益广告主题筛选模式，会员单位提供各种公益广告主题提案，由地方理事会选出一部分精品上报全国理事会，最后由全国理事会决定一年的公益广告主题。然后，一年中的公益广告宣传活动都围绕这些主题进行。[①] 这些主题，在区域上分为全国性主题和地方性主题，在时间上分为全年性主题和季度性主题。这样划分，公益广告宣传活动既能针对全国性的社会、经济问题进行宣传，又能照顾到各个地区不同的社会、经济问题，在时间上，又保证了公益广告传播的连续性。

3. 主张公益广告文本的纯粹性并不意味着排斥商业化运作

主张公益广告文本的纯粹性，并不意味着公益广告事业彻底排斥商业因素。这是因为：其一，公益广告本身是一种社会事业，需要社会各方共同参与，包括政府力量、社会力量以及商业群体，理应共同承担我国公益广告事业发展的责任。其二，商业群体作为社会有机体中的一员，在商业化发展过程中逐步意识到需要合理地利用社会公共资源，来获取更大的发展空间和市场竞争优势。

因此，从公益广告发展的角度来看，充分而合理地利用商业因素是现实的客观要求；从企业的角度来看，他们有投入公益广告事业的主观热情。所以需要国家构建将两者结合起来的运行机制，合理利用商业参与的积极部分，同时还要对这种商业参与进行必要的严格规范，以促使我国公益广告事业健康有序地发展。

---

① 上述信息根据日本电通（东京）研修第三期讲座录音整理。

三、基于文本纯粹性的公益广告运行机制构建

从我国公益广告发展历史来看，纯粹的公益广告制作和播出主体是政府各相关部门和媒体，资金由政府相关部门和媒体共同筹集。作为媒体领袖的中央电视台每年都会制作和播出大量的公益广告，各地方电视台也制作了部分公益广告。但从总体来看，政府主导下的纯粹公益广告运行方式比较松散，其运营管理的路径多是通过行政手段扩展开来的，形成了政府—媒体的公益广告运行格局。公益广告事业虽然取得了一定成绩，但是公益广告的数量较少，质量不高，主题不集中、不系统，播放频率低，计划性不强，因而它所起到的公益宣传作用十分有限。缺乏合理、高效的运行机制是造成以上问题的根本原因。

我国商业化的公益广告是由企业的参与和媒体的过度市场化而形成的一种发展方式。在这种发展方式下，制作和资金筹集环节都有企业参与，企业通过出资制作公益广告，或是购买公益广告的冠名权，或是赞助某则公益广告，主动参与到公益广告事业中来。总体而言，商业化的公益广告也没有形成一种比较稳定和高效的运行机制。

（一）将公益广告文本纯粹性与运行机制商业化有机结合

公益广告文本的纯粹性强调公益广告必须以广告作品文本的纯粹性为基础，要求公益广告作品内容及其媒体呈现必须是纯粹公益性的。

当然作为一种理论设计，公益广告运行机制的根本目的还是在于指导公益广告实践，以市场化机制来运行公益广告事业，同时对公益广告事业中的商业化进行规范。因此，基于文本纯粹性的公益广告运行机制构建是现实状态下发展我国公益广告事业的一种过渡性选择。一方面，公益广告应该利用成熟的市场化运行机制，合理吸引和调配各种社会资源，

这样公益广告事业面临的资金瓶颈问题可以迎刃而解。公益广告可以对广告文本以外的公益资源进行广泛的商业化营销和传播，包括公益广告制作和发布的招标，公益广告宣传活动的开展，资金筹集、管理和其他各项附属事业的开展等，这和公益广告文本的纯粹性是不矛盾的。另一方面，采用一套商业化的运行机制来运作公益广告事业，这样公益广告的创意和制作的质量也会得到大幅提高，同时公益广告的投放也会更加有效，最终能促进公益广告传播的繁荣。反过来，公益广告的文本纯粹性，也得到了现实保障。

（二）培育一个公益广告市场，明确供需关系主体和运行体系

构建公益广告的商业化运行机制，就要培育一个公益广告市场，该市场不是以公益广告文本的买卖为主，而是以公益广告制作和播出的招标、公益活动营销、市场化资金募集和基金运作等为主。需要说明的是，公益广告市场不是一个标准意义的市场，而是一种类似于市场交易的公益广告供需体系，其本质是公共事业的一部分。围绕公益广告市场，首先，要建立主体管理机构，即中国公益广告协会，以管理协调涉及公益广告的各种活动；其次，要建立激励机制，建立从政府政策到吸引各种社会团体组织和个人进入该市场并进行交易的激励体系；最后，要建立监督评估机制，对公益广告市场上行为主体的活动进行监督，面对市场主体和受众建立第三方的公益广告反馈体系，评估利弊并及时做出调整。

四、结语

纯粹的公益广告是社会大众和所有公益广告人追求的最终理想。我们都希望通过广泛传播高质量的、纯粹的公益广告，使社会文明程度更高，使人们的人文精神更加饱满，使各种社会问题都能引起关注并获得解

决，最终使社会变得更加和谐。但现实情况还无法实现这种纯粹的公益广告的发展，企业的社会责任意识还有待提高，各方的利益诉求还无法全部归于公益。因此，笔者提出了公益广告文本的纯粹性，希望通过文本的纯粹性构建，使公益广告作品能够率先纯粹起来，逐渐过渡到纯粹的公益广告阶段。也可以说，公益广告文本的纯粹性只是一种基于现实选择的过渡形式。

关于公益广告的纯粹性问题并不是一个简单的理论探讨问题，而更深层次的意义有赖于我们在公益实践中积极探索。正如倪宁教授所说："如何在寻求公益广告自身公益性的同时，适度引入商业动力，使公益广告走上健康有序发展的道路，是我们今后应着力探讨、解决的问题。"①

① 倪宁．广告新天地[M]．北京：中国轻工业出版社，2003：80.

中国广告产业升级与国家利益表达*

邬盛根　张金海

在当今国际社会经济一体化的大背景下，经济全球化的意义悄然发生着变化——我国成为全球第二大经济体，成为世界经济稳定的重要因素。面对更加复杂的国际政治经济格局和国内经济发展压力的现实情境，面对国际市场拓展、国际分工、相互融合又彼此对抗的国际竞争环境，我国“十二五”规划所确定的国家经济发展战略更加需要站在国家利益层面上加以解读，更加需要清晰地阐释出我国制造产业升级以及广告产业升级的支点意义，更加需要有效率地表达出我国当前国家利益发展的现实诉求。

一、现阶段国家利益与我国经济发展战略选择

（一）国家利益内涵及其因素解读

国家利益是国际关系学研究中的一个核心概念，是一个国家主体保障生存、安全、发展、繁荣和世界地位的最主要的利益诉求。当前国际关系研究中出现不同的理论学派，其中以亚历山大·温特为代表人物的建构主义学派立足于反思主义认识论，与新现实主义和新自由主义理论同为当今主流学派。笔者比较认同建构主义学派“利益即观念”的主张，强

---

* 邬盛根，张金海．中国广告产业升级与国家利益表达[J]．中国媒体发展研究报告，2012：163-169.

调国家利益是一种国家物质条件发展的客观利益表达，但其与国家所持有的观念高度关联，即国家观念决定了国家认同，国家认同决定了国家利益。

国家利益在内涵和外延上是不断变化的，其判定因素包括政治、经济、人文、社会等复杂变量，大多数专家学者习惯把它们分为两大类：一类是相对稳定的常量因素，包括国家的地理环境、人口状况、国家实力等，而另一类是包括国内和国际社会政治、经济形势的变量因素，其中国内生产方式和经济增长因素对国家利益的影响是最为直接有效的。中国作为当今国际社会最大的发展中国家，30 多年的改革开放使得中国与世界各国在利益方面的交流、互补和协同一致的部分越来越多，相互依赖的程度也越来越深。因此，我国当前的国家利益强调价值多元、文化多样、国际经济互惠以及人类进步的国际关系原则和多极秩序，“十二五”发展规划中提出的国家经济发展战略正是表达了我国当前的国家利益。

（二）国家经济发展战略选择所追求的国家利益

从全球产业角度来看，当前全球经济面临着转型和重塑。以美国为代表的西方发达国家为了重振国家经济，走出虚拟经济泡沫的困境，必须重启国内的“再工业化”战略，特别是再造实体经济中制造业的产业基础地位。全球产业格局将面临重新洗牌，产业发展的“去全球化”趋势将掀起新一轮的技术革命和产业革命，产业创新与产业升级已成为当今各国所面临的共同问题。从国内产业角度来看，近些年来中国经济持续高速增长和人力成本不断攀升，制造产业面临再一次国际分工转移。因此，强化产业升级和自主创新已经成为包括中国在内的各发展中国家与新兴市场国家经济稳定发展和国家利益实现的必由路径。

从全球消费市场和需求变化来看，面对全球经济不景气和发达国家减少进口等因素导致的全球需求总量收缩问题，我国改变以往依靠投资和出口的增长方式，转向依靠消费、投资、出口三驾马车协调拉动的增长方式。其中，突出消费在经济增长中的作用，扩大内需、鼓励消费成为关键。中国作为全球最大、最具潜力的消费市场，吸引着来自全球各个国家、地区的产业投资和市场投入，但在高技术含量、高附加值和高投资回报的产品的消费市场中，我国企业却非常落后。据联合国发展计划署相关统计，国际知名品牌在全球市场中所占比例不到3%，而市场占有率却高达40%，销售额更是超过50%。[①] 相比较而言，由于我国优秀的自主品牌不足，我国企业仅仅在全球产业价值链中获得十分廉价的加工制造利益，并没有在我国扩大内需政策和旺盛的需求消费中获得更多的市场利益。因此，加快建设自主品牌和现代服务业是我国产业结构优化升级和自主创新的核心内容和关键性支撑点。

我国“十二五”规划特别强调了转变经济发展方式的重要性，其根本意义就在于强调经济增长过程中的环境友好、生活幸福、社会和谐、文化发展等超越经济因素本身之外的更加丰富的价值判断的重要性。具体表现在以下几个方面[②]：第一，占主导地位的经济发展方面的利益诉求，争取在30年内达到中等发达富裕国家和地区标准；第二，更加广泛的国家安全方面的利益诉求，不仅表现在国家主权和领土完整等政治、外交和军事利益诉求上，更加表现在经济、科技、信息、资源和环境等安全利益诉求上，且后者的重要性和迫切性更加现实；第三，文化和社会环境和谐发展的利益诉求，充分表达出传承和发扬中华民族的文化文明成果，最终实现国家软实力的提升；第四，以经济和文化输出为路径的国家认同与国家形象诉求，伴随着我国社会经济持续增长和国际社会地位的不断提升，主客观上都要求我国政府在更多的全球性国内国际事务中塑造和展示出负责

① 娄向鹏．未来30年：中国如何当老大？[EB/OL]．(2009-10-26)[2009-11-14]．http://www.emkt.com.cn/article/439/43944-2.html.

② 周天勇．如何维护21世纪中国的国家利益[N]．经济参考报，2012-05-23(7).

任大国的国家形象和国际合作能力；第五，寻求可持续和安全发展的长远利益诉求，确保资源稳定和供给足够，并长期保持不断增长的竞争能力以及突发事件的应变处理能力。应该注意到，以上关于现阶段我国国家利益诉求的5种表达，其核心是发展经济强国，但是国家利益的终极目标是传承和发扬中华民族优秀的文化以及先进的文明成果，这也是我国经济发展方式转型的战略目标。

二、中国广告产业升级的理论逻辑与现实起点

如前文分析，要实现我国产业升级和自主创新，就要大力发展我国现代服务业和加快自主品牌建设，其中鼓励发展现代服务业这个产业升级必要的中间投入，是我国在产业升级阶段面临的重要政策选择。按照罗斯托经济理论的阶段划分，我国GDP年均增长率保持在8%左右，正是处于起飞阶段和走向成熟阶段的中间过渡阶段。在这个阶段，现代服务业逐渐成为国民经济的主导，成为推动国家经济发展的主要力量。作为现代服务业的广告产业具有文化产业和创意经济的双重属性，与我国产业升级和自主品牌建设都有着密切关联。2009年颁布的《文化产业振兴规划》以及之后颁布的一系列产业振兴政策标志着文化产业已经提升为我国战略性产业，其中广告产业成为文化产业的龙头产业。文化产业与广告产业的发展，一方面能够带动消费结构转型和产业升级，另一方面能够提升文化产品和服务在国际市场上的输出。

（一）中国广告产业的发展困境与深层原因

1. 低集中度与泛专业化问题及其现实影响

低集中度与泛专业化问题已经成为制约我国广告产业进一步发展的

两大核心障碍。根据上海大学关于2011年上海市主营广告经营企业单位的调查统计，小型企业（10～100人）和微型企业（10人以下）占总比（17 658户）分别为7.94%和86.70%。[①] 在我国经历了30多年开放竞争与发展之后，即使是处在一线城市、经济发达的上海的广告业，本土广告公司规模小、高度分散化的问题仍然存在。这就从根本上出现了行业粗放式经营、创意低下和竞争无序等泛专业化问题，进而导致广告公司营利能力减弱，陷入无力进行规模化和专业化发展的恶性循环。国内不少学者对此有过非常深刻的剖析和研究，笔者不再赘述。但笔者认为低集中度与泛专业化问题对我国社会和经济各方面的现实影响远不止于此，处于全球产业价值链底端的我国制造产业存在本身需求不足和广告产业服务支持功能乏力的问题。究其原因，一方面，制造产业升级和消费市场自主品牌成长空间受限，其现状与我国是世界第二大经济体的地位和处境完全不相称；另一方面，大量低集中度、泛专业化和缺乏具有国际竞争力的本地广告企业，根本无法与拥有资本、技术、创意资源优势的跨国广告公司相抗衡，其面临着一系列的生存发展问题。更加残酷的事实是由于我国广告企业受到规模、市场竞争、资源和资金的限制，我国高等教育用将近25年培养出的广告人才资源和广告教育资源严重流失。进一步分析可以发现，我国广告学专业高等教育的理论教学与实践反差在客观上成为加重我国广告产业低集中度与泛专业化问题的助推器。实现规模化和专业化是我国广告产业的呼声，也是国家经济发展战略的关键，但不是每一位广告人及相关从业者的现实需求和行为准则。

2. 广告产业依附性和自由化是其低集中度与泛专业化的深层原因

加快我国产业自主创新，摆脱对国外企业技术和市场的依附，是我国

---

① 参考许正林在2012年全国广告学术研讨会上的论文《上海广告产业现状与转型发展面临的主要问题》。

产业升级的必然趋势，也是我国广告产业升级的挑战和机遇。我国广告业于 1979 年起步，最初借鉴以美国为代表的广告代理制度，旨在建立一种广告公司、企业与媒介三方均衡的广告运行结构和业务博弈制度，结果却是加剧了三方失衡。广告公司的弱势地位加上面临巨大的生存竞争压力，抑制了产业依附性特征应该发挥的价值增值效应，反而凸显两个弊端：一是从产业层面而言，广告公司在产业价值链中，由于广告主与媒体独大，其产业依附变成产业附属，广告公司没有独立自由的话语权和更多的生存发展空间；二是从作业层面上，广告公司定位于生产者服务业，但无序竞争、业务导向和可替代性从根本上决定了广告公司内部功能结构上的偏失，弱势依附强化了其成为企业营销工具的属性。我们认为，广告产业低集中度与泛专业化的深层原因应追究于我国广告产业的制度安排。

自由化市场竞争是我国广告产业发展的另一个现状。自由竞争本该是一个产业期待的市场环境，但是在我国尚不成熟的广告市场和产业发展上，广告公司规模化发展的自我积累进程缓慢，制造产业和传媒资本对广告产业的投入又缺乏激励性和流动性，所以主客观情况都限制了我国广告产业的规模化发展。而拥有雄厚资本、先进技术和科学管理模式的跨国广告公司不但具有规模化经营优势，还吸引着中国大批优秀广告人才的加入，产生资本和知本集聚效应，近年来我们看到的事实就是这些跨国广告公司加大了对我国本土广告公司的兼并、收购。这种“外资化”依附性不仅是外资对中国广告产业进行经济殖民化的体现，也是本土广告公司丧失独立性、缺乏核心竞争力的重要原因之一。[①] 由此可见，自由化在我国广告产业发展和市场竞争中表现出更多的是不公平竞争，突出了我国本土广告产业依附性的弊端，并且高度弱小、高度分散化的状态也使

---

① 姚曦，皮理礼．中国广告产业的殖民化倾向与广告公司的自主发展[J]. 新闻实践，2011(2)：81-87.

得我国广告公司的专业性备受质疑。

（二）广告产业的价值链定位与现实起点

根据生产者服务业理论观点，广告产业服务属于制造业产业价值链上的中间投入，最终转化为企业投入的成本，转化到产品或服务的市场竞争之中，而表现出其间接性和差异化的附加价值。因此，广告产业依附性是一种本质属性，但是从广告产业价值链上看，广告公司是广告产业的主体，广告主既是广告行为发起人又是广告服务购买者，广告公司作为满足广告主专业需求的服务供应商参与到制造产业价值链中，最终在消费终端的产品和服务上实现其价值。宏碁集团创办人施振荣先生的“产业微笑曲线”理论形象地描述了产业价值链中附加价值增值的分配规律和获利空间分布，提出了生产型服务产业作为中间投入促进制造产业升级内涵和两端延伸路径的理论分析，即制造业产品研发端和市场营销端的生产型服务嵌入问题，但是广告产业如何嵌入制造产业价值链中，并与之发挥协同共生机制，这是关键。

1. 广告产业基于垄断竞争市场结构的相对独立性

在关于广告产业的一系列国家政策中，[①]我们可以看出广告产业的现实定位经历了生产者服务业、创意经济和文化产业的转变。笔者认为，最为恰当的产业属性应是生产者服务业，依附性是由广告产业的本质属性所决定的，但现实市场服务竞争中这种产业依附性往往掩盖了广告产业作为产业价值链上中间投入的独立性。广告产业的二元性[②]决定了广

---

① 卢山冰．中国广告产业发展研究——一个关于广告的经济分析框架[D]．西安：西北大学，2005：36.

② 2006年《中华人民共和国国民经济和社会发展第十一个五年规划纲要》首次将广告产业纳入国家级规划中；2008年6月《关于促进广告业发展的指导意见》明确广告业是现代服务业，创意经济中的重要产业；2009年7月《文化产业振兴规划》将广告产业列为国家第一梯队的重点文化产业。

告产业的相对独立性，这种独立性正是基于广告产业中各色各样的，和难以相互替代的广告专业服务的独特创意能力所形成的，因此，创意和个性才是广告产业应该追求的核心竞争力。

当然从企业发展角度来看，个性化能力往往和规模化经营是对立的、矛盾的，这就必须考虑到产业发展的空间问题，而将广告产业纳入文化产业和创意经济的范畴，就是为广告产业规模化发展提供更加广阔的内容平台和营利空间。以创新、创意为核心价值的国家产业规划和制度安排必将极大地推动文化产业及现代服务产业的迅速发展，该规划和制度安排也促进了更加广泛的产业部门之间的联系，拓展了广告产业规模化发展的空间和功能。

2. 数字化传播技术的产生是整合营销传播的新机遇

数字化传播技术改变了广告主与消费者的沟通方式，也提供给广告主更多营销传播平台的选择。在传统媒体环境下，广告产业面临的一个问题就是媒体费用占据了整个广告费用的80%，广告主重媒体品牌轻策划创意。从央视黄金时间广告招标逐年增长的中标额就可以看出，争抢优势媒体资源的现象更加突出，这也使得传统广告公司无法摆脱媒体代理服务对于广告创意服务的冲击，广告公司的创意利润不断受到媒体费用的侵蚀。

而在新媒体环境下，信息流、物流、资金流“三流合一”的广告传播已经超越了信息传播本身的意义：广告主运用新媒体使广告与传统媒体的距离疏远，广告预算的分流削弱了传统媒体的中心地位，同时，数字化和平台化的整合营销传播也给广告产业自身发展注入了新的活力。

3. 广告主与消费者多元化需求呼唤创意价值回归

随着市场竞争和媒介新技术的发展，广告主和消费者所面临的营销传播环境不再是单向的、线性的控制型传播。在面对透明、互动和多元的营销传播环境下，消费者的消费形态也经历了一个由分化到重聚的多元化过程，广告主对营销传播的需求不断一体化、多元化。《2009—2010 年度中国广告业生态调查报告》显示，包括市场调研、公关咨询、互动营销、事件营销、网络营销等领域，都是目前国内外传统广告公司投资购并的新的利基市场，广告公司纷纷增设消费者研究、新媒体业务、整体营销传播设计等机构和人员，同时创意价值被作为差异化竞争的重要手段备受重视，而对于创意价值的重视必然给广告产业的产业升级带来发展机会。

综上所述，广告产业无论是强化广告产业的独立性、降低产业依附性的二元性生存要求，还是产业专业化和规模化的发展目标，创意价值的回归或重构是广告产业自身发展的内在驱动力，也是国家经济发展战略实施以及产业升级所赋予广告产业的当代使命，更是提升我国软实力和进行国家利益表达所必须具备的产业能力。

三、国家利益表达视角下的我国广告产业升级路径

广告产业作为生产者服务业的产业定位，对我国经济发展战略实施、整体产业升级具有支撑性战略地位。作为文化创意产业第一梯队的鼓励类产业，广告产业升级对于我国经济、社会和文化发展都有全面深远的影响。产业升级包括经济学内核两种基本逻辑，即产业结构改善和产业素质与效率的提高。前者是结构思路“外生”型产业升级，一般属于产业初期直观、有效的产业升级思路，多有政府主导特征和经济赶超的产业政策；后者是价值链思路“内生”型产业升级，是将一国（地区）的产业视作全球价值链的一部分，产业升级是强调技术进步的“内生”经济增长，要实现产业或企业在全球价值链上或者不同价值链间的攀越，即“提高国际分工中的价值获取”，其基本对策就是向“研发（技术）”和“品牌（管理）”两端升级。① 因此，笔者根据我国广告产业升

① 陈羽，邝国良．“产业升级”的理论内核及研究思路述评[J]．改革，2009(10)．

级应遵循有利于国家经济发展战略实施和国家利益表达原则，并结合全球价值链理论思想和我国的产业实践，提出以下升级路径。

（一）去小微化：经由政府主导型向行业自律型的产业升级

我国广告产业的产业结构改善首先遇到的问题是规模化发展的问题，而产业素质和效率的提高首先需要解决的问题是广告产业专业化的问题，因此，低集中度、泛专业化这两个问题成为困扰我国广告产业升级的现实障碍。根据“结构思路”产业升级的理论观点，政府政策应该是目前我国广告产业规模化发展最直接有效、最便捷易行的升级路径。政府产业扶持政策的具体路径不同：其一，以强制性和诱致性制度安排为手段提高行业进入门槛。按理说，企业的规模化是企业理性的自觉行为，但通过企业自身积累达到的规模化发展又是一个相当漫长的过程。从全球经济发展和跨国广告公司进入中国市场的格局来看，我们已经失去了这种市场成长机会，中国广告产业要想实现高速、独立的规模化发展，需要通过政府行政强制性和诱致性制度安排。比如工商准入制度、税收制度、产业鼓励政策等，不断提高广告行业进入门槛，以及鼓励我国业已规模化的大型媒介集团、企业集团投资广告产业，使其规模化发展。这样既可以尽快改变中国广告产业高度分散和极度弱小的状况，又可以有效抵御外来跨国资本购并风险。当然，政府主导型的广告产业升级只是权宜之计，转向行业自律型的广告产业发展才是未来方向。其二，以产业集群为支撑推动广告创意产业园区规模化建设。“高度专业化和专门化是中国广告产业竞争力提升的基础，但是高度专业化、专门化与规模化又相互矛盾。建立广告产业集群可以解决高度专业化和专门化规模不足的缺陷。”[①]同时，园区规模化的产业集群所产生的“知识

---

① 张金海，廖秉宜．中国广告产业集群化发展的战略选择与制度审视[J]．广告大观（理论版），2009(1)：60-65.

溢出”效应，可以加速广告公司相互学习的进程，进而提升园区内广告公司的综合竞争实力。近年来，国家对文化创意产业给予鼓励性政策支持，各地广告创意产业集群影响力也在不断增强。

(二)去同质化：经由资本型向知本型差异化的产业升级

据了解，广告公司规模化发展遇到的瓶颈似乎都是资金问题，于是向资本市场融资寻求发展便成为本土广告公司的一致追求。我们不能否认这个路径，但规模化不是资本化，对于广告公司来讲更是如此。从目前中国广告产业对外资的依附性可以看出，跨国广告公司在全球广告价值链中处于主导地位，并控制了广告产业链中整合营销策略部分的资源和技术，本土广告公司在多数情况下只能以跨国广告公司供应商的角色出现，或从事处于产业链中下游的广告业务。从流程升级和产品升级的角度来探讨中国广告产业升级、去同质化，对于广告公司来说，就不能仅仅停留在广告营销策略、广告作品创意和媒体发布等业务执行层面上，还应该创新广告组织、制度、知识、技术和专业服务等产业运行与管理，真正体现出广告产业“三密集”的产业定位价值。

随着技术的日益复杂化和营销传播环境的变化，传统的广告代理业务和资本投入的利润空间受到挤压。我们认为寻求新的利益增长点的根本路径就是“去同质化”，而这种“去同质化”定位的广告产业升级，最终是否能取得成功并不在于资本而是知本，取决于差异化的广告专业人才和知识创新，以及由此产生的在全球广告产业价值链上的价值地位的攀越，“其意义不仅仅是统计上的产业结构变迁，更重要的是增加价值获取，以及企业增加值、国家税赋、劳动者收入、企业与国家形象乃至自然环境等一系列条件的改善”①。

---

① 陈羽，邝国良．“产业升级”的理论内核及研究思路述评[J]．改革，2009(10)．

（三）去边缘化：经由依附性向强依附和独立二元结构的产业升级

去边缘化主要是针对我国广告产业依附性所产生的弊端过多而言，使中国广告产业摒弃单纯的营销工具角色定位，突破广告代理服务对广告主产业的依赖性，笔者认为需要两个方面的措施：一是与广告主企业结盟，成为紧密型的战略合作伙伴；二是向独立的整合营销传播服务供应商转化。这样，广告产业既可以延伸到上游的广告主营销服务中，也可以延伸到下游的媒体资源开发与信息传播活动中，这就拓宽了广告产业成为社会信息交汇中心的功能空间和产业价值，呈现出广告产业升级二元结构的路径形态。

综上所述，广告产业升级是一个系统创新问题。美国的广告产业经历过两次升级，使美国广告产业的服务空间和营利空间大大提升，加速了其规模化和集团化进程，也为其处于现今全球广告产业价值链主导地位赢得了先机。而我国要实现广告产业升级必须研究我们的后发优势和比较优势，既要研究市场方法又要关注行政手段。与此同时，制度供给、市场竞争、资源整合、跨国合作等问题也都需要考虑这个背景，这是契合当前国家利益表达、国家经济发展战略下实施广告产业升级的创新实践。

我国公益广告在突发公共事件中的价值分析*

邬盛根 胡晓雪

当前我国正处于经济和社会转型期，面临着错综复杂的各种矛盾，再加上自然灾害、事故灾难、公共卫生和社会安全事件等因素影响，随时随地都有可能爆发各种突发公共事件。自从 2003 年爆发"非典"危机，突发公共事件就在我国频繁发生，特别是 2008 年以来的各种自然灾害、多起工厂生产事故、高速交通事故、群体暴力冲突等一系列突发公共事件，都说明现阶段我国正处于突发公共事件的多发期，而每年的突发公共事件都会给国家造成惊人的损失。根据媒体报道，2003 年各类自然灾害等公共事件给我国造成的损失共计 6 500 亿元人民币，相当于我国 GDP 的 6%；2008 年全国发生的各类自然灾害给我国造成直接经济损失达11 752 亿元，与上年相比增长了 4 倍，其中 5・12 汶川大地震造成的直接经济损失高达 8 451 亿元，全国因地震和生产安全事故造成的死亡人数约 16 万人。除了直接的经济损失，突发公共事件同样给人们造成了不容忽视的间接损失，比如，给公众生活秩序、公众心理都会造成巨大冲击和不可抚平的创伤。

一、突发公共事件过程中公益广告运行问题

自 1986 年我国第一则真正现代意义上的公益广告诞生以来，公益

---

* 邬盛根，胡晓雪．我国公益广告在突发公共事件中的价值分析[C]//张金海．中国媒体发展研究报告：2013 年广告卷．武汉：武汉大学出版社，156-161.

广告事业在我国已经走过了二十多年的发展历程。近年来,公益广告除了作为引导舆论、促进社会问题解决的一种有效方式,还在应对我国突发公共事件的过程中发挥了不容忽视的作用,成为推动我国社会和谐进步的特殊力量。但是公益广告还存在很多急需解决的问题,笔者结合突发公共事件的突发性、严重的危害性、广泛的关注度和危机的扩散性等特征,分析突发公共事件过程中公益广告及运行问题的主要表现。

第一,同质化的公益广告诉求多且创意贫乏。突发公共事件中的公益广告很多都是临时制作出来的,从主题到创意仓促成篇,根本不去顾及受众以及公共事件中受灾人群的情绪和心理状态,用过度渲染悲惨或是简单粗陋的画面和语言文字来呈现公益诉求,主题单一、内容直白、表现雷同。大多数公益广告作品都停留在口号宣传和简单的说教层面,必然是空洞无物、枯燥乏味,根本无法触及人心。设计者不用心,受众更没感觉,达不到宣传目的又浪费了媒体资源。

第二,企业参与的公益广告商业化倾向明显。近年来我国企业的社会责任感不断提升,勇于承担社会责任的优秀公益广告作品也越来越多,但仍然可以看到以追求企业商业利益为目的的公益广告。企业参与运作的公益广告、公益活动带有商业色彩,严重损害了公益广告的纯粹性,降低了其公信力。

第三,井喷式的公益广告传播缺乏统一运作。针对突发的公共事件,政府、媒体、社会团体以及企业等都踊跃地参与到公益广告中。但由于公益广告主导机构的缺位,同一事件的公益广告主题设计盲目没有计划,且内容上各不相同:有些是激发社会各界支援灾区的,有些是偏向于及时引导公众舆论的,有些又是给公众灌输避险自救常识的,都没有按照突发公共事件发生发展的阶段性要求有序地展开。这种状况,一方面在客观上导致了突发公共事件发生后公益广告没能很好地发挥舆论宣传引导作用;而另一方面又强化了我国公益广告一直以来所呈现出的“平日的寂寥与突发的繁荣”不良现象。

二、我国突发公共事件中公益广告行为主体分析

目前,我国公益广告运行机制的缺失和公益广告传播主体的空洞化,[①]造成了突发性公共事件中公益广告的多层多元发力却没有核心机制的状况。当然,在我国推动突发公共事件中公益广告发展的主要力量无疑是政府和媒体,因此,我国公益广告运行主体虽然呈现出多元化趋势,可是在我国突发公共事件中推动公益广告发展的主要力量无疑仍是政府和媒体。

(一)突发公共事件中起主导作用的政府

作为我国社会管理的主体,突发公共事件一旦爆发,政府就要立即组织相关人员对事件进行详细调查和处理。如何高效而及时地应对突发公共事件,是政府应急管理的重要内容。当前我国正处于社会转型期,政府如何及时、有效地处理突发公共事件,是全社会共同关注的焦点,也是考验党和政府执政能力的有效手段。随着我国应急管理工作的不断进步以及政府对自身形象建设重要性认识的不断加深,在应对突发公共事件时政府的反应也越来越迅速及时。以5·12汶川大地震为例,在地震发生后的第一时间我国政府就紧急行动起来,国家领导人高度关注灾区情况,中央政府密切配合四川地方政府展开救援工作并出台相关政策,这一切内容都通过公益广告的形式在主流媒体上及时发布,反映了我国政府应

---

① 陈刚.目前公益广告运行机制的两大弊端[EB/OL].(2007-04-12)[2012-05-17].http://blog.sina.com.cn/s/blog_49836a36010009bj.html.

急管理水平和能力。美国《纽约时报》这样评论我国政府的此次行动："温总理对灾区群众关切的问候和他亲临一线的身影一次次出现在电视屏幕上，与其他一些国家发生灾害后政府的迟缓表现形成了鲜明的对比。中国领导人通过行动证明了在关键时刻中国政府能够做到反应迅速。"国外其他媒体也都对我国政府给予了高度评价和赞赏。

（二）负责刊播公益广告的主流媒体

因为突发公共事件的发生往往涉及社会公众的切身利益，所以这些公共事件成为媒体高度关注的对象。例如，在南方特大冰雪灾害、玉树地震、舟曲泥石流等一系列重大突发公共事件中，作为社会公共信息的主要传播者——主流媒体都积极主动地参与了报道，满足了社会公众的知情权。同时，媒体还发挥了其舆论引导功能，为凝聚民族精神、激发公众爱国热情等起到了关键作用。在突发公共事件发生后，媒体进行灾情报道的同时，还刊播了大量公益广告。我国的公益广告在此时展现出鲜明的时效性和快捷性的特征，呼吁社会公众及时关注灾情，对受灾地区和群众伸出援助之手，号召大家齐心协力，共同应对灾害。与此同时，公益广告还要积极配合其他宣传工作。根据中国最大的媒介及市场研究公司CTR对汶川地震前后全国电视媒体的广告全天候监测对比，震后电视媒体商业广告减少37%，减少近99亿人民币，而公益广告投放费用增长92%，增长了6.7亿人民币，即广告总投放减少33%，共计减少92.2亿人民币，其中省级卫视缩减了47%的商业广告播出，而公益广告增幅却高达182%。[①] 电视媒体为改善赈灾节目的播出环境及受众的情感需求快速调整了广告经营策略，为当时的抗震救灾工作做出了巨大的贡献。

除了电视媒体，报纸、广播、杂志、户外、网络等各类媒体在突发公共

① 数据来源于CTR媒介智讯市场研究。

事件发生后也都做出了迅速的反应。在汶川大地震发生后,《人民日报》整版刊登了抗震救灾的公益广告,与此同时,很多地方的报纸媒体也都刊登了各自精心制作的公益广告。在此次抗震救灾活动中,广播电台以其独特的传播方式连续播发抗震救灾的公益广告,广告中动情的音乐、温柔的话语,极大地慰藉了受灾群众的心灵。

(三)敢于公益担当、具有社会责任感的企业

随着社会经济的发展,中国企业的品牌理念逐步过渡到可持续发展阶段——以企业承担社会责任为品牌核心理念。今天的企业在注重企业盈利效益的同时,更加注重企业的可持续、健康发展,更多地考虑企业的社会美誉度和承担一定的社会责任。从整体上说,社会责任是企业发展到一定阶段后才会认真关注的问题,而社会责任的承担与企业品牌文化是相辅相成。品牌文化厚重则更注重社会责任的宣传与承担,注重社会责任的承担则有助于品牌文化的进一步积淀。所以,当突发公共事件爆发时,很多企业都争先恐后地为受灾地区捐款捐物,甚至有一些企业会派人派车赶赴灾区,使当地受灾群众尽早感受到他们的关心。

(四)社会各界公益团体以及个人自发的公益行动

重大突发公共事件一旦爆发,无论是在电视或报纸,还是在灾区一线,我们都能看到一些非官方公益团体的身影,并能深切地感受到其强大的感召力。众多的中国公益团体和个人自发的公益行为,在此时所爆发出的前所未有的力量,将国人的大爱精神提高到历史新顶峰。由于社会公益团体和个人都不以营利为目的,跟媒体和企业相比,他们既不具备大量的媒体资源也没有特别雄厚的资金力量,所以他们大多选择在网络媒体或户外媒体中宣传他们的公益理念。很多公益团体还通过与广告主合作来进行公益广告的制作与发布,广告主出资,公益团体出力,二者共同

完成此项公益活动。一般来说，与其他主体相比，由社会各界公益团体所组织的广告活动具有更强的持续性，在突发公共事件过后其他广告主体渐渐转移视线的时候，社会公益团体依然会坚持自己的公益理念，继续组织有效的公益广告活动。

三、突发公共事件的社会影响与公益广告价值分析

突发公共事件的发生会对社会产生深远的影响，首先，会影响到公众的生命和财产安全以及他们正常的社会公共生活秩序。其次，会涉及政府应急管理以及政府在公众心中的形象。突发公共事件一旦爆发，社会基本上要进入一个紧张状态，特别是在影响比较重大、后果比较严重的事件发生时，政府的每一个举措都备受媒体和公众的关注。如果政府在此时管理不到位或者对外信息发布不够及时准确，往往会造成公众对政府的信任危机。最后，必须考虑到突发公共事件地区人员的身心健康，因为在突发公共事件中，公众作为直接的受害者，非常容易产生悲观、怀疑和指责的负面情绪，需要及时对事件相关人员进行心理辅导和疏导，让他们获得社会公众的支持，帮助他们提振信心。

近年来，面对突如其来的公共事件，公益广告快速有效地参与其中，充分发挥了其在影响社会公众对公共事件价值理念的形成、突发公共事件事前事中事后的态度、事件本身正面宣传、公众舆论引导、信息交流渠道补充等方面的积极作用，使公益广告在突发公共事件中的全面价值越来越受到重视。结合发达国家在公益广告方面的经验和我国的公益广告实践，笔者具体分析了以下几个方面。

（一）建立和宣导社会公众所需要的公共观念和行为体系

在我国突发公共事件的高发时期，公众对突发事件的认知态度和个

人管理意识还比较薄弱，因此，对公众进行突发事件管理知识的普及教育工作势在必行。其中，帮助公众规范自身的社会行为成为当今我国社会发展的迫切要求，这也为公益广告的发展提供了广阔的空间。在公益广告发达的国家中，公益广告已经成为国家对公众传播信息、增加公众了解社会问题从而改变他们对问题的看法和态度的有效方式。同时，公益广告也有利于促进公共事件可能触发的一系列社会问题的缓解和解决。日本正好位于亚欧板块与太平洋板块交界处，是火山爆发和地震频发的国家，可以说该国在自然灾害方面是重灾大国。据资料统计，全世界每年发生的里氏 6 级以上的地震，有 20％发生在日本。频发的自然灾害使日本政府意识到对公众普及防灾抗灾知识的重要性，公共安全教育必须进入课堂，所以连日本的小学生都知道基本的防震避震常识，这也是在 3·11 地震灾害后日本最大限度降低灾害影响、社会秩序仍然有序的主要原因之一。

（二）注重公益广告针对性和时效性，助力媒体正面宣传

媒体新闻报道较为重要的一个要素就是新闻的时效性，对于公益广告的宣传来说，时效性同样也非常重要。在突发公共事件发生后，媒体及时地通过公益广告把事件的现状和情形反馈给公众，不仅能缓解公众的紧张情绪，使他们尽早地获得事件的真实情况，也能帮助他们采取有效方式来应对突发公共事件。例如，在 5·12 汶川地震中，中央电视台做出了较为迅速的反应，新闻频道从 5 月 12 日 15:00 起持续推出《关注汶川地震》与《抗震救灾，众志成城》的直播报道和特别节目，并且在 5 月 13 日晚间迅速推出抗震救灾的公益广告。中央电视台的此次行动不仅在较短时间内满足了公众的知情权，更是在抗震救灾的关键时刻起到了正面宣传的积极作用，对公众舆论起到了有效的引导作用，同时也充分发挥了公益广告的社会宣传功能。

(三)更加广泛地激发社会公众的爱心和公益力量,增强社会公众信心

突发公共事件发生后,公益广告通过各种媒体把事件的真实场面以及事件背后的感人故事等内容,以独特的传播方式和情感沟通方式呈现在公众面前,深深地感染了社会公众,激发了他们同心协力、共同抵御灾难的决心。针对突发事件制作出来的公益广告很多都是纪实叙事的风格,它们通过借助新闻报道的手法,对突发公共事件中比较有代表性的人和事进行重点报道。这种主题公益广告,再现了客观事实,很容易引起人们的共鸣,因而在应对突发事件的关键时刻,给社会公众带来了一股强大的力量,有效调集了社会各界的力量并快速投入到公益行动中去。

(四)关注事件更加广泛的相关群体利益,有利于事件有序推进和合理解决

公益广告以短小轻便、喜闻乐见的形式针对突发公共事件进行引导,影响相关利益群体以及社会公众舆论,维护社会正常秩序,促进突发公共事件的应急工作有序运转直至合理解决。突发事件一旦发生,给受害人的身体和心理都会造成巨大的伤害和打击,也会给整个社会相关利益群体带来正面或负面影响。因此,对于受灾群众来说,最需要的就是人们的爱心和关怀。针对突发公共事件而专门制作的各类公益广告,通过紧扣主题、感人的画面等传达着公众抗击灾难的决心和勇气,消除受灾群众的心理障碍,以此发挥出公益广告不可替代的、抚慰人心的文化功能。对于整个社会来讲,公益广告在调节社会恐慌情绪,培养积极的社会心态,引导理性的公众行为方面起到了极大的作用。[①] 因此,公益广告与社会和

---

① 汤天甜．突发事件中公益广告的功能初探——以5·12地震中的公益广告为例[J]．现代视听,2008(8).

谐发展的理念是完全一致的，它不仅能够应对社会突发性公共事件，而且也是推动社会和谐健康发展的有效沟通工具，被公认为协调社会矛盾、倡导社会高尚道德、引导社会心理、规范人们社会行为、影响社会舆论的利器。①

（五）对突发公共事件持续关注，弘扬公共理念和公益精神

公益广告关注的问题是长期的，是有关人与人、人与自然、人与社会的可持续发展问题。公益广告应该以其独特的表现方式对突发公共事件进行持续关注，打破公益广告井喷式的运作和传播怪圈，促使社会公共价值观念和公益精神得到发扬光大。特别是在突发公共事件时期，公益广告主题及其相关活动应以温暖人心的内容和方式弘扬中华民族大爱无畏和无私奉献的公益精神。2009 年至 2011 年连续三届“四川依然美丽”大型主题公益活动就是利用公益广告，向全世界人民及时传达了“四川依然美丽”的信息，而以此为主题的公益广告展示出中华民族强大的凝聚力、向心力，展现出四川灾后重建成果和人们自觉投入到建设西部的热潮，赢得了社会广泛赞誉和普遍关注，也促使全社会更多人关注公益、奉献爱心。

---

① 左明霞，周大为．公益广告在和谐社会构建中的作用——以抗震救灾公益广告为例[J]．新闻传播，2009(10)．

1971—2010 日本公益广告主题变迁及比较研究*

邬盛根　钱　敏　王　丹

一、日本公益广告主题 40 年变迁的梳理

日本的公益广告经过 40 年发展，在借鉴美国等国家的先进经验的同时，结合日本自身社会经济环境的特点走出了一条独特的公益广告发展道路。目前，日本公益广告已形成了一套较为完善的运行管理机制。笔者主要以日文版《日本公共广告 35 年》以及《AC Japan 2010 电子映像资料》所梳理的日本公益广告主题为基础，大致归纳整理了日本公益广告 40 年间各个时期的代表作品以及公益主题。

1971 年是日本对社会公害最为关注的一年，日本广告界谋划并正式成立了“关西公共广告机构”，随后就以“环境保护”和“公共道德”为主题，制作了一系列的公益广告作品，其中代表作有《唤起公益心》（见图 6 - 1）、《让我们一起去思考》等。

1972 年，日本公益广告主题是“环境、资源和公共道德”，代表作有 *Keep Japan Beautiful*（《保持日本美丽》）、《用水创造的地球》、《蓝天碧海　蜻蜓　小泥鳅》等。

1973 年，日本公益广告增加了“社会福祉”的主题，与原先的“环境”主题形成两大类别。

---

* 邬盛根，钱敏，王丹．1971—2010 日本公益广告主题变迁及比较研究[J]．广告研究（理论版），2012(3).

图 6-1 日本第一则现代意义上的公益广告《唤起公益心》

1974 年，同样以“社会福祉”和“环境”为主题，代表作品有《老奶奶早上好》等，号召政府及大众对社会老龄化问题给予关注。

1975 年，日本公益广告作品以“社会福祉”“社会老龄化”“公共道德”为主题，代表作品有《现在请您闭上眼睛一分钟》《我们内心的日本疾病》等。

1976 年开始，“青少年自杀”“家庭虐待儿童”等问题成为日本社会关注的重点，所以 1976 年日本公益广告以“教育”和“粮食”为主题。另外，由于日本社会青少年自杀以及家庭虐待儿童现象非常普遍且日趋严重，“教育”主题也成为 1978 年到 1987 年十年间日本社会一直关注的重点主题。其间，代表作品主要有 1978 年的《防止离家出走》和《赞成还是反对》，1979 年的《父亲你就是我的教科书》，1980 年的《爸爸不小气》，1981 年的《孩子是您的再现》，1983 年的《餐桌上的交流》，1987 年的《有教养才为之人》，等等。

据当时日本公共广告机构的调查，孩子独自在家吃饭的现象在冲绳地区尤为明显：全国小学生一人在家吃饭的比例占到了总体的 2.2%，而冲绳地区高达 4.1%；中学生一人在家吃饭的全国平均水平是 6.9%，而冲绳地区高达 12.4%。[①] 为了缓解这种现象，倡导家长和孩子之间多交流，日

① 资料来源：《AC Japan 2010 电子映像资料》。

本公共广告机构制作了《别让孩子独自吃饭》的公益广告(见图 6－2)。

图 6－2　面向冲绳地区制作的《别让孩子独自吃饭》广告截图

1977 年和 1978 年,随着日本经济和社会的全面发展,“国际交流”成为日本公益广告的新主题,代表作品主要有《明治四年,我八岁去了美国》《1890 年,北里柴三郎》等。

1979 年和 1981 年的公益广告主要以“珍惜资源”“公共道德”和“教育”为主题,其代表作品主要有《请您思考一下》和《易拉罐足球》等(见图 6－3)。

图 6－3　《请您思考一下》(左)、《易拉罐足球》(右)

1980 年,公益广告作品主题依然是“老龄化”“教育”“环境”等方面,代表作品主要有《老人的幸福是什么》等,反映出日本社会老龄化所产生的一系列问题,号召人们关爱老年人,关注年轻人与老年人之间的交流和沟通,提出老年人如何将自己的生活安排充实等内容。

1982 年和 1983 年的广告主题除“福利”外,只涉及“教育”。

1984—1990 年间,公益广告主题主要有“福利”“教育”“公共道德”和

“国际交流”等。

1991—1996 年,“环境”和“交通安全问题”成为日本公益广告所关注的重点,代表作品主要有:*WATER MAN*(《水人》,见图 6-4)、*Drop by Drop*(《一点一滴》)、《家庭排水与美人鱼》、《为了地球开始行动吧》等。

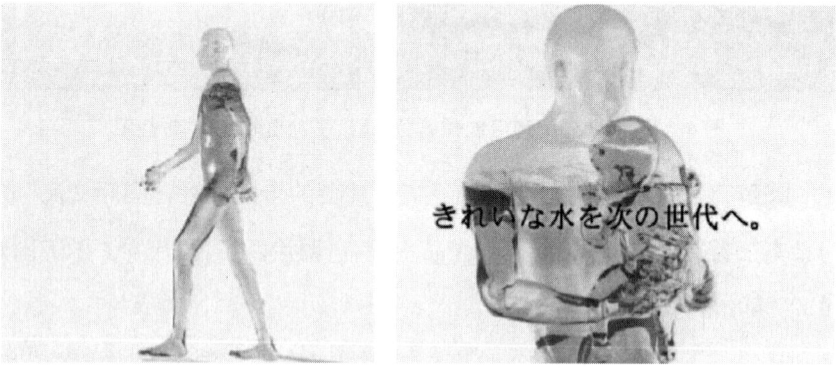

图 6-4 1996 年公益广告片 *WATER MAN* 截图

1995 年是日本公益广告史上极其重要的一年,被称为“日本公益广告元年”。这一年日本遭遇了阪神大地震,公益广告主题成为全社会的焦点和一致的价值认同,因此,当年公益广告的年度主题定位为社会福祉类的“抗震救灾”。

1997—2000 年,公益广告作品主要以“环境问题”“教育”为主题,另外,还涉及“国际交流”和“公共道德”等方面,代表作品主要有《肯尼亚医疗援助》(见图 6-5)、《森林的精灵是消失的星》(见图 6-6)等。

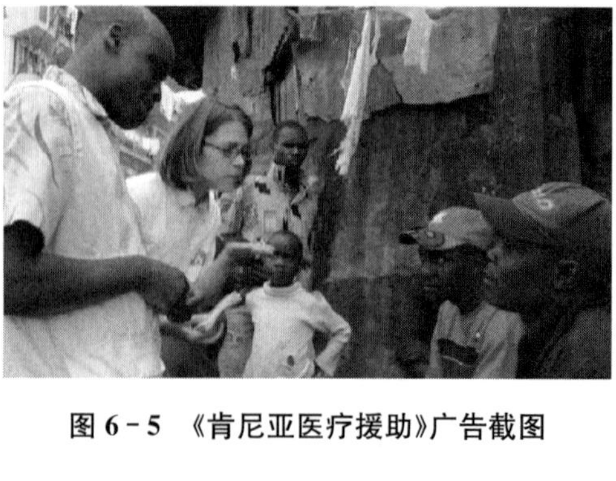

图 6-5 《肯尼亚医疗援助》广告截图

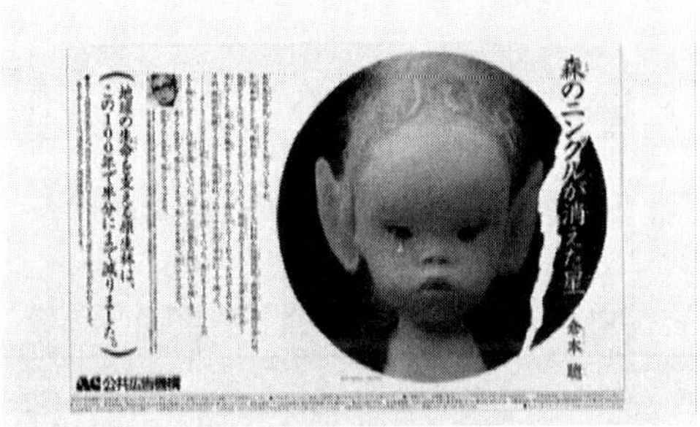

图 6-6　《森林的精灵是消失的星》广告截图

2001 年，日本公益广告以“公共道德”“社会福祉”“教育”“交通安全”为主题；2002 年，则出现了“地方振兴”的新主题；2003 年，又回到 2002 年的主题；2004 年，以“环境资源”“地方振兴”和“社会福祉”为主题；2005 年，增加了“教育”的主题；2006 年，以“环境资源”“公共道德”为主题；2007 年，公益广告的主题是“亲子交流”和“个人与环境”两类；2008 年，是“教育”“社会福祉”和“环境资源”等，其中主要集中在公共文明方面，比如在教育孩子的过程中不只是双亲的责任，周围的人也会给孩子带来影响，因此要注意公共场合的文明等；2009 年的年度主题主要是“环境”“教育”“公共道德”，公益广告诉求的重点是文明与道德素养的提高、亲子之间的交流、生命的重要性、人与人之间的相互体谅等；2010 年的年度主题主要是“环境”“公共道德”“人类社会”三个方面。笔者结合以上内容梳理了各年度日本公益广告主题，并做了一些统计分析（见图 6-7），发现日本公益广告 40 年间涉及次数最多的年度主题分别是：“环境资源问题”28 次；“社会福祉类”26 次；“公共道德类”21 次；“教育问题类”21 次；“交通安全类”5 次；“国际交流类”5 次；“地方振兴类”2 次。

研究发现，日本公益广告每一年都有一个明确的年度公益主题，而在这一年当中，所有的公益广告也都围绕着这个年度主题来展开。随着时间的推移，同一主题在不同时期所表现的内涵也不尽相同，如资源问题，一开始日本公益广告将诉求的重点放在了节约资源上，之后逐渐

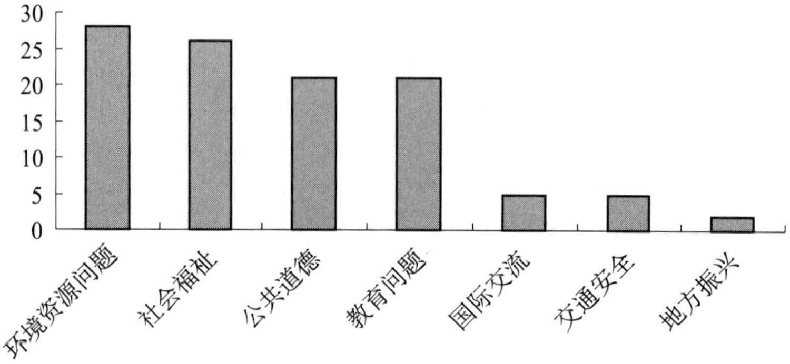

图 6-7 日本 40 年间公益广告主题涉及次数

转变为资源循环利用。此外,年度主题在选择范围上也呈现出不断扩大的倾向。

二、日本公益广告主题变迁背景与特性比较分析

由于受到不同的社会背景和社会发展进程的影响,公益广告在不同国家和地区呈现出不同的发展道路和发展水平。日本公益广告机构在选择公益主题时,需要考虑同一时期的政治、社会、经济、文化等背景因素和现实状况。笔者比较中日两国公益广告主题,得出以下分析。

(一)公益广告主题变迁背景比较

1. 经济背景比较

从经济方面来说,中国和日本两国经过几十年的发展和努力,都取得了令全世界瞩目的成就。在这个发展过程中,中国和日本同样都经历了阵痛期和转型期。日本经济的发展大致可以分为两个阶段:第一阶段是 1971—1990 年日本经济高速发展时期,其中 1974 年日本的 GNP 总值位居世界第二位,仅次于美国;第二阶段是 1990—2010 年,日本经济在萎缩

和低增长中徘徊，1990 年是日本战后经济的分水岭。中国经济在改革开放之后以 1992 年为界，也分为两个阶段：第一阶段是 1978—1992 年，是以计划经济为主，市场经济为辅的经济体制阶段；第二阶段是 1992—2010 年，市场经济体制逐步确立阶段。笔者对中国（1978—2010）和日本（1971—2010）在经济发展历程中出现的与经济发展有关的主要公益广告主题做了一个比较（见表 6－1）。

表 6－1　中日两国有关经济发展的公益广告诉求主题比较

	中国	日本
第一阶段	环境资源问题 公共道德问题	环境资源问题 公共道德问题 就业问题
第二阶段	就业问题 赈灾与地方振兴 教育问题	地方振兴 国际交流 环境资源问题

可以看出，在经济起步的初期，中日两国都是以大量牺牲自然环境资源来换取经济的快速发展，尤其是中国，在 1978 年之前和之后相当长的发展时期里，经济以粗放、低效的发展方式为主，很大程度上破坏了资源的生态平衡，造成了严重的环境破坏和资源失衡问题。因此，在第一阶段，中国和日本公益广告关注的重点都是环境资源问题、公共道德问题。之后随着市场经济的发展和收入的增长，贫富差距、地区差距不断扩大，人们的道德水平有所下降，各类社会问题凸显。而在第二阶段的比较中，虽然中日两国公益主题的阶段划分时间相近，但由于两国经济体量和发展水平的差距，所面临的经济社会问题各不相同，公益广告主题在内容和深度上存在较大差异。特别需要指出的是，我国当前面对经济发展所产生的社会问题，在“教育”“公共道德”主题上的公益宣传是明显不足或偏失的。

2. 社会文化背景比较

中国和日本同处于亚洲东部，历史上有很多渊源，所以中国和日本在文化上也有很多共同之处，比如对工作、家庭、礼仪、敬老爱幼、谦虚和同情道义等公共意识方面的宣传都比较重视，具体体现在公益广告号召国民提升自身的公共道德心、关爱残疾人、关注儿童成长等。当然也存在不同，日本自古是一个等级制度非常严格的国家，即使在现在，等级意识依然很明显；中国人把“孝道”放在首位，而日本人则是把“忠”放在首位；中国改革开放以来受到西方文化冲击，偏重于个性、个体的价值观的展示，日本则一直注重集体意识。当然两国也同样面对社会发展和个体和谐的问题，比如日本人的团队意识和近乎疯狂的工作方式使得他们的工作压力非常大，社会问题和职业病较为严重，所以日本在就业、工作方面的关注点是号召人们放松心情、缓解压力，而中国近年来也出现了越来越多的就业、工作方面的问题，如留守儿童问题、富士康事件等，我国也开始对此类公益广告主题宣传有所关注。

3. 历史地域因素比较

日本是一个岛国，资源贫乏、地域狭小、自然灾害频发，这样的自然条件使得日本人不得不终日为资源而奔波，在其内心深处逐渐形成了一种强烈的生存意识。这种岛国生存意识要求人们必须从属于某一个集体才能生存下去，而有了集体还要维系这个集体，因此集体内部的和谐就显得尤为重要。日本民族成分简单，大和民族占到了总人口的 98%，所以日本公益广告的主题没有涉及民族问题，大部分公益广告主题都将焦点集中在如何与人和谐相处，如何增进人与人之间的团结等方面。而中国幅员辽阔，是一个拥有 56 个不同民族的国家，如何团结 56 个民族、共同促进经济发展、建设和谐社会是我国政府在民族问题上关注的重点。从政府的一些政策上我们也可以看出，我国政府对少数民族的扶持力度很大。

在这一背景下，我国各级媒体贯彻落实了政府的民族方针政策，积极创作了一大批社会福祉类的、以“民族团结”为主题的公益广告。值得注意的是，此类公益广告作品的创作手法从中央到地方媒体几乎相同，而大部分以“民族团结”为主题的公益广告是站在汉族的立场上来号召少数民族人民团结的，很少有以少数民族群众为主体视角的公益广告。①

（二）公益广告主题呈现特性与利弊分析

1. 公益广告主题的问题意识

从对日本公益广告主题40年变迁的梳理可以看出，公益广告主题都是关注一些社会周遭的热点问题或是突发性公共事件，反映现实、倡导理念、提供方法等公益诉求离不开应时、应景、应急的角色，这是公益广告从诞生之日起便承担起来的社会角色和责任。我国公益广告主题和日本一样，始终密切结合当时的时代背景和社会热点，如1997年的“自强创辉煌”，1998年的“抗洪救灾”和“下岗职工再就业”，2003年的“众志成城，抗击非典”，2007年的“迎奥运，讲文明，树新风”等，都直接或间接地反映了社会热点问题。从两国的公益广告实践来看，公益广告主题也确实在“环境资源问题”“公共道德问题”“就业问题”“人际交流与家庭关系问题”等方面做出了巨大贡献。但不可忽略的是，这种突击型、集中性、运动式的公益广告角色也存在很多诟病，比如短视行为、无计划性、规划整合差等，这些问题在我国公益宣传上表现更加突出。

2. 公益广告主题的历时性与共时性问题

在全球经济一体化、传播一体化的大背景下，尽管中日两国社会经济发展水平、政策文化环境以及公益广告运行机制存在较大差异，但是公益

---

① 潘泽宏．公益广告导论[M]．北京：中国广播电视出版社，2001.

广告主题及其变迁上存在着很多相似的经历和需要共同面对的问题，“环境资源”“公共道德”“地方振兴”“教育问题”“交通安全”等主题，以及经济发展产生的“区域差异问题”等，都是两国已经关注或需要关注的公益广告主题。比如，经济发展产生差异的这种“二元性”问题在中国一般可以解读为两组关系：城市和农村、东部地区和西部地区。而在日本主要是沿海城市和内陆农村之间的关系。日本在战后30年左右的时间内完成了欧美发达国家用了100多年时间才完成的城市化过程，在城市高度发达的同时，农村经济的发展则相对缓慢。1972年，日本政府出台了《列岛改造论》，大胆主张人们不要再涌入向城市集中迁徙的洪流，将民族活力和日本经济的强大余力散发到整个日本列岛。而在我国，为了解决城乡二元问题，我国从国家战略的高度指出要着手进行社会主义新农村建设。我国从20世纪90年代中后期开始投入大量人力、物力、财力来制作面向农村，涉及“教育”“社会福祉”“公共道德”“地方振兴”等公益主题的系列公益广告，如扶贫攻坚系列公益广告、希望小学系列公益广告、留守儿童系列公益广告、建设社会主义新农村系列公益广告等，可见中国和日本政府都高度重视经济发展的不均衡现象，在出台一系列政策的同时，加大了这一公益主题的广告投入，也取得了很好的宣传效果。

3. 公益广告主题的主体意识

公益广告主题反映出公益行为主体意识和一般性问题，反映出社会普遍的主流意志或者多数人的意愿，这或许是符合公益伦理和公益需求的。日本的公益广告主题制定机制是以日本公共广告机构为核心，会员大部分是大企业财团。从这一逻辑上来讲，日本公益广告在主题选择上带有一定的取向性，如选择选举类、地方振兴类等带有明显主体色彩的公益广告主题。同样，中国公益广告的行为主体是政府和媒体，所以公益广告主题更多体现政府意识，政策性色彩更加浓烈一些，在公益广告运行上也更多地体现出自上而下的“举国模式”。当然，我国公益广告主题的政策性并不排斥反映公众需求、公众利益和社会热点。在主体意识问题上应该处理好多数意识与少数意识、重要意识和紧急意识、长期意识和短期意识等三种关系，使得公益广告主题的产生、选择以及公益运行机制得以良性有序地发展。

4. 公益广告主题的规划性

日本公益广告主题规划明确、延续性强，日本公共广告机构对社会热点问题的关注通常会持续很多年，其中以“环境问题”和“节约资源”两个公益广告主题最为突出。在日常生活中，日本公益广告非常注意对受众进行潜移默化式的教育，以便给受众留下深刻的印象，使日本公益广告的传播及其活动能达到最佳效果。就公益广告主题的规划来说，长期以来我国公益广告在主题的选择上基本处于一种无规划的状态，公益广告主题也会随着政府政策导向和影响力或突发公共事件而改变，表现出主题的集中性、临时性、口号性，因此，公益广告作品在创意上也常常表现出一般性、肤浅性和随意性。另外，公益广告主题传播的井喷式“轰炸”也严重违背了公共意识传播构建和教育的规律性，在多数情况下这种传播不像是一种公益传播，更像是一种政策性运动，这种无规划的公益广告传播是不利于我国公益广告良性发展的。

诚然，公益广告主题问题只是公益广告发展中的一个问题。我国的公益广告事业发展还有很长的一段路要走，借鉴发达国家公益广告运行与管理的成功经验及研究成果，结合我国社会经济发展的良好趋势以及我国公益广告事业本身的具体特征，我们完全有信心建设我国公益广告事业的光辉未来。

公益精神与商业利益博弈下的企业公益广告*

邬盛根

在全球公益广告事业发展过程中,企业的参与为公益广告注入了资金和活力,促进了公益广告的快速发展。我国公益广告运行机构的缺位、运行资金的不足等问题,凸显助力公益事业的重要性。随着我国企业的社会责任意识不断增强,企业自觉主动参与公益事业的行为越来越多,这不仅为企业树立了良好的公益形象和社会口碑,而且还能最终实现企业社会效益转化为经济效益,促进企业发展。

在企业公益形象提升和社会效益转化的过程中,不同的企业、不同的经营理念、不同的公益广告运作和公益投入期待产生了差别化的公益认知和公益态度,强化或弱化了企业进一步的公益信心和公益行为,这也进一步检视了企业的公益精神追求和公益策略运行效率。归根结底,这是公益广告中企业公益精神和商业利益的博弈问题。

一、企业的资本属性与现实的公益取向

企业投放广告的主要动机是促进产品销售以及提高企业知名度,企业管理者的这种投放动机源于企业组织的自然属性和社会功能定位。但这种动机直接导致了企业公益广告具有不同程度的商业化价值取向,反过来讲,正是因为公益广告在塑造企业形象、提升企业知名度方面较商业

---

* 邬盛根. 公益精神与商业利益博弈下的企业公益广告[J]. 暨南学报(哲学社会科学版), 2012(12).

广告更具优势，公益广告才成为很多企业积极投入、乐于参与的公共传播活动，企业期望在表现公益精神的同时体现出企业形象或产品信息。因此，在这个过程中，公益精神与企业商业利益存在此消彼长的博弈关系，而这种博弈关系包含了以下几个层面。

（一）政府公益需求与企业公益需求的错位

梳理我国企业公益广告的发展历程，政府扶持为企业公益广告的快速发展提供了保障。根据政府制定的主题进行公益广告创作，企业能够更好地搭乘媒体宣传的顺风车，在媒体上展现企业的社会责任并建立良好的企业形象。比如，“中华好风尚”“迎奥运，讲文明，树新风”等主题公益广告活动，在政府号召的时期内，都得到了充分表现和广泛传播。在中国的三星集团非常热衷于公益事业，问及三星集团如何选择公益投放领域时，负责公益活动的沈宪燮部长解释说，在三星进行各项公益活动时，“我们的方法很简单，就是看中国政府关心什么，而这正是中国地区最需要的”。[①] 三星的公益投放思路直接影响了其企业公益广告的选择方向，这样的投放方式代表了我国大多数企业的思路：围绕政府关心和关注的问题投放企业公益广告。

企业追逐社会热点、政府和公众关注的社会焦点，是企业欲通过企业公益广告树立企业形象的商业思维所决定的，而以人类价值理性、平和心态关注社会问题，则是公益精神的内在要求。我国地广人稠，由于地域、民族、阶层等差异而呈现出的社会问题存在长期性、分散性、差异化和区域性特征。政府制定的公益主题往往是站在国家发展的宏观层面上的（通过历届公益广告主题月活动的广告主题可以看出）阶段性的热点主题和有关国计民生的社会焦点问题，但这也只是众多社会问题中的冰山一

---

① 简约．三星——公益背后的哲学[J]．国际广告，2007(10)：28.

角。因此，现有的企业公益广告在反映社会问题时习惯于跟随政府的步伐，这导致了众多企业的公益关注点高度一致，甚至与企业本身应该关切的社会问题错位。

企业公益广告的作用是引起大众对广告中的问题或事件的注意并达到认同或改变的效果。也就是说，企业公益广告要发挥其作用，首先必须能够吸引大众并在大众心目中塑造自身企业形象。但很多时候，政府制定的公益主题脱离了社会大众的急切需求，因此导致了公益主题虽然在媒体上沸沸扬扬地宣传，但大众却很少关注的情况。可见，在公益需求上，政府、大众和企业并不完全一致。此外，政府的公益主题传播具有阶段性和周期性，并不完全符合具有常态化和经营性的企业公益需求。针对某个社会问题，政府的公益宣传常常集中在某个阶段，之后便销声匿迹，但此问题并不会因此而消失，社会问题的呼吁和解决是一个长期的过程，在这一点上企业公益广告的宣传与大众需求相一致，与政府公益需求是错位的。

（二）外在功利目的与内生战略驱动的抉择

企业的社会形象和声誉对企业发展有着深刻影响，企业非常看重自身公益行为在社会上所获得的反应和评价，而企业公益广告就是反映一个企业社会责任意识并向社会展示自己社会责任的平台之一。然而很多时候，企业赞助公益广告并不是真正出于企业的公益责任和公益战略选择。这些企业投放公益广告更多的是注重外在的社会关注度，倾向于在突发公共事件或社会热点事件的传播过程中投放企业公益广告，并非投放适合企业自身战略发展或与企业休戚相关的公益广告。

我们应该清晰地认识到，企业逼不得已选择投放公益广告和企业自主选择公益战略之间存在理念差异。受外在功利目的驱使企业被动地投放公益广告给人以“应急应景”的感觉，口号式的公益标语、突发事件现场或是企业公益行为场景、标注明显的企业名称等，类似这些状况在社会重点事件及突发公共事件发生期间表现得尤为明显。5・12汶川地震后，电视媒体的持续关注和公益广告宣传发挥了举足轻重的作用。毫无创意的公益广告作品在有限而珍贵的大众媒体上空喊口号无疑是巨大的资源浪费，一方面媒体的公益资源没有得到最大化的价值利用，而另一方面企业公益广告又因为缺乏优秀创意而没有发挥应有的宣传和影响作用，双方都造成极大浪费。可见，我国大多数企业公益广告没有战略性的规划，往往是昙花一现，企业对公益广告没有形成战略性的思考，更缺乏持久性的公益经营。

（三）短期热点追逐与长期资源占有的思考

社会热点总是不断变化的，公益主题也会随着环境和事件具有时效性，而公益资源是长期存在的。企业公益广告追逐社会热点话题，围绕相同主题的创意粗陋雷同，纯粹为获取媒体曝光率的现象更不在少数，尤其是在政府和社会重点事件以及突发公共事件发生期间表现得非常突出，呈现出我国公益广告运行中“平日的寂寥与突发的繁荣”不和谐的状况。长期关注和短期热点追逐永远是一个值得思考的问题，在企业层面上也体现出不同的经营理念和不同的核心竞争能力上的差别。以抗震救灾为例，从地震发生那一刻，灾区人民就开始被社会各个层面的关爱所包围，在当时的情况下，这些关爱成为灾区人民渡过难关最有力的帮助。但是灾区人民要重建自己的生活却是一个漫长的过程，与救灾时期的帮助相比，让灾区人民精神状态恢复到震前的安静与平和同样重要。但在灾难过后的一年多里，媒体上关注灾区重建的报道却寥寥无几。很明显，正如新闻的热点效应一样，热点过后灾区情况将不可避免地渐渐淡出公众的视野，毕竟中国这么大，每年都会有不同的事件需要人民和媒体的关心。但是作为企业公益广告，它不应该只关注热点，单纯追求热点效应的企业公益广告无疑是短视的。

政府以及媒体的公益广告主题有一定的阶段性、周期性和时效性。而企业公益广告作为广告的一种，要发挥其传播效果，一定的选择性、重复性和持续性是必要因素。目前，企业赞助公益广告往往随政府政策方向而定，对于同一主题没有做到足够的持续性和重复性，政府主题改变，企业公益广告主题就改变的现象非常普遍。这与企业缺乏长期占有公益资源的意识和公益战略眼光有关，企业公益广告只是公益商业化的一种表现，而不是公益战略选择的具体表现。

二、企业公益广告商业化倾向的本质分析

企业公益广告商业化现象在我国出现有着历史的必然性。公益广告事业发展需要大量资金投入，而我国目前由于公益广告运行机构缺位，政府或自愿捐助的资金有限，很难满足公益广告发展需求。企业为了谋求可持续发展机会，也需要通过公益广告塑造良好的社会形象，因此，企业投资公益广告成为一种现实选择。当然，任何事物都具有两面性，企业对公益广告事业的促进作用大家都非常认同，但公益广告在发展过程中出现的商业化倾向也是现实的问题。如前文所述，不少企业的公益广告画面上出现赞助企业的产品或名称，使受众产生疑虑和困惑，从而影响了受众对企业公益广告所要表达观念的认同。

（一）企业公益广告的商业利益表现

1997年，中宣部、国家工商行政管理局、原广播电影电视部、新闻出版署联合发出《关于做好公益广告宣传的通知》，通知明确规定可以在公益广告片尾标注赞助企业的名称，但不能出现商品信息。这一规定激发了企业赞助公益广告的兴趣，从现实情况看，“企业署名公益广告”是最符

合我国国情和公益广告现状的、公众普遍认同甚至是鼓励公益广告商业化的方式。署名公益广告得到了大力推广，成为我国政府、媒体和企业支持投资公益广告最直接有效、现实易行的公益回报方式。然而从美国和日本公益广告的署名来看，美国的公益广告多由政府和社会公共机构倡导并署名，鲜有企业署名；日本的公益广告则得到企业的大力支持，但电视公益广告很少出现企业的名称，而是统一署名"公共广告机构"。由于这些机构和组织是非营利性质的，是以保护和提高社会公共利益为组织目标的，因此由这些机构和组织主导的公益活动以及署名的公益广告，对公益诉求和公共利益表达更具有说服力和权威性。

另外，"社会热点新闻或突发公共事件的公益诉求""商业内容植入的公益诉求"等形式的企业公益广告也引起了业界的广泛关注和疑虑。2008年，为迎接北京奥运会，冯小刚导演拍摄了一组"迎奥运，讲文明，树新风"的企业公益广告片，七部短片全部以明星为主角，通过明星在广告中的行动展示公益主题，广告片极富节奏感，公益情感的表现也恰到好处，公益精神传达得比较到位。但是其中几个片子里频繁出现了某一个北京楼盘的标志，有的片子里甚至还给过特写镜头，商业内容几乎占到了三分之一。不断植入商业信息的企业公益广告，虽然形式丰富多样但其本质都是在不断挑战着受众的公益信心底线和相关组织机构的公信力。

（二）企业公益广告的商业化本质：工具理性

公益广告正是因为其公益纯粹性、非营利性才能够得到社会受众的认同，进而发挥它的传播效力，[①]企业公益广告发展的理想状态是传播其纯粹的公益精神。然而现阶段我国企业的公益意识不够成熟，在赞助公益广告的行为中追求利润的本质往往战胜了承担企业责任的想法，导致

① 邬盛根，姚曦．我国公益广告的纯粹性研究[J]．中国地质大学学报(社会科学版)，2011(6)．

公益广告在运作中出现商业化倾向。加之政府监管、公益事业运作机制和评价机制方面不足，企业公益广告的商业化现象比较普遍。企业公益广告商业化作为一个社会现象，它的产生与现行公益制度、经济因素和企业执行层面均密切相关。

从制度层面上看，企业公益广告商业化现象的存在，与政府的监管措施、相关法规的空白以及公益广告本身的运行机制有着密切的关系。我国目前公益广告运行机制中的核心和主导力量无疑是政府，但政府对公益广告运行和监管的关注度不具有持续性，这就造成公益广告管理主体的缺位和各种相关保障政策的缺失。而我国媒体身份的双重属性也规避不了其经营性动机，加之外在监督管理不足，经常出现媒体与企业的暗箱交易，为企业公益广告商业化提供了温床。正如陈刚教授所提到的，现有运行机制中负责公益广告执行与管理的公共传播主体空洞化，造成了管理部门存在多层管理但又没有核心主管部门的局面。[①] 公益广告发布前没有严格的审核措施，发布后没有适当的效果评估以及对整个公益广告市场的监管，从而导致企业公益广告商业化现象的出现。

从经济层面上看，制约公益广告发展的重要因素就是资金匮乏。公益广告的资金来源主要有政府拨款、企业赞助、社会资助或捐款，因我国当前公益广告事业的投资责任主体缺乏机制性规定，公益广告事业资金也没有获得机制性保障，因此，企业赞助成为公益广告的资金来源。由于企业本身公益理念不成熟，他们赞助公益广告更多的是为了追逐社会热点、焦点话题而获取政府支持和媒体曝光，是出于经济利益和商业价值的考量，这很大程度上决定了企业公益广告中必然会出现商业化倾向和雷同粗陋的公益广告创意。

---

① 陈刚. 目前公益广告运行机制的两大弊端[EB/OL].(2007-04-12)[2012-05-17]. http://blog.sina.com.cn/s/blog_49836a36010009bj.html.

从执行层面上看，一般企业很少会根据自身情况选择适合自己的公益广告主题，很大一部分原因是因为企业对公益广告的认识不够清楚和重视程度不够，这些企业往往把公益广告当成一种“公关”途径，但他们对公益广告的本质——公益精神却没有领悟，只是以追求利润的心态进行一次短暂的公益广告投放，而没有顾及公益精神的传播。在公益广告发达的国家，企业投资公益广告都有明确的指向性，而又不会在公益广告中加入商业信息。比如，日本的上班族长期生活在工作的重压之下，出现了很多亚健康情况。因此，日本新干线出资制作了一组旨在关注上班族健康状况的公益广告《日本，休息吧！》，该公益广告的内容是让上班族在周末出游放松心情，没有出现任何的商业信息，就是这则不署名的公益广告在日本社会产生了广泛的心理共鸣和深远的影响，当季新干线的营业额取得了大幅增长。日本企业在不破坏公益广告的监管规则和审美需求的前提下，很好地平衡了企业社会公益责任和自身商业利益追求。

从以上分析可以看出，企业公益广告的商业化是在企业商业利益与公益精神的博弈下出现的。广告作为市场营销的工具一直被企业广泛地接受、利用，多年来“没有销售力的广告就不是好广告”的业界教条颇有市场，于是广告的销售目的和工具意义被无限放大。法兰克福学派代表人物霍克海默把达成这种目的的方式和手段称为“工具理性”。他在1974年出版的《工具理性批判》一书中强调，理性由于被局限于目的—手段的关系，已蜕变为“技术理性”，“既被当作统治自然的纯粹工具，也发展成一种社会统治形式”。如果人们对“工具理性”过分追逐和颂扬，工具化思维就会成为人们态度言行上的特征，并且成为一种精神旨归，如此下去必然会导致人们对价值理性的忽略和漠视而走向非理性，这种忽略和漠视就是霍克海默批评“工具理性”在无限膨胀后所形成的负面效果。对于企业公益广告的判断我们只看到了商业利益而不见隐身其中的公益精神。虽然我们把企业公益广告简单等同于商业广告，但是企业公益广告和商业广告在广告信息、画面表现等方面的侧重点是不同的。商业广告的重点在于产品的宣传,决定了产品信息是主角,而企业公益广告必须服从于所要表现的公益内容,公益广告的纯粹性和社会公益的承载功能决定了企业公益广告不能表现出商业性的色彩,不能有一丝一毫趋同于商业广告思维的迹象。

纵观众多的企业公益广告,其中公益精神是其表现出来的社会责任,正是由于这种社会责任,企业向广大公众传达了对某一事物的态度和建议,因此,社会责任是企业公益广告的灵魂所在。公益精神与商业利益的博弈是企业公益广告商业化的表征,而企业甚至社会所有人追逐的“工具理性”才是企业公益广告商业化倾向存在且一直存在的根本。

三、我国企业公益广告的未来发展

在分析了企业公益广告商业化产生的原因及本质之后,笔者突然发现还有必要用“企业公益广告”来表达吗?没有企业署名的企业公益广告和纯粹的公益广告还有什么区别?公益广告的理想状态是表现纯粹的公益精神,商业化无疑有损公益精神,企业公益广告也不例外。可现实是纯粹的企业公益广告是未来的发展之路,需要足够的资金、完善的运行机制、较高的公益意识等多方面支持。但目前企业在公益广告中谋求商业利益有其合理性。不可否认的是,正是由于这种“商业化”吸引了更多企业投入到公益广告事业中来,从而促进公益广告的发展。因此,探索商业利益和公益精神的结合问题仍然是我们的责任。笔者在研究过程中查阅了国外很多企业公益广告发展的经验和方法,综合国内实际情况,提出了一些解决的办法。

(一)建立一套有关企业公益精神的价值评估体系

随着社会的发展,一部分企业开始关注社会问题,大多数企业的公益意识也正在萌发。现阶段效果良好的公益广告能够快速提升赞助企业的企业形象，这一结果使企业有了更大的赞助热情，但我国更加需要建立一套有关企业公益精神的价值评估体系，让企业的公益精神和社会责任显现化，这有利于鼓励企业的公益积极性和公益投入。英国强调企业的社会责任，并利用政策导向将企业的发展与企业的社会责任相结合，以企业评定为依托，促进企业社会责任的实现。为了衡量企业管理状况，英国工商联出资建立了公司责任指数的评价体系，旨在支持企业改善其对社会和环境的影响，使企业能够了解其在社区活动管理、环境保护、销售市场和工作场所等四个关键领域中，能够从多大限度上把战略转化成社会公益。该指数至今已经吸引超过 800 家英国企业，其中大多数都是英国富时指数 FTSE100① 的成员。哪个企业公益广告做得多，企业指数就会上升，这个指数因此也成为评定企业非常重要的基准之一。这一指数的运用，大大促进了公益广告在英国的发展。

（二）鼓励企业的公益策略和创意行为

"公益广告无策略"这句话在一定程度上展示了我国大多数企业运营公益广告的状态。《公益时报》总编辑吕朝曾谈到国内企业公益广告所谓的"策略"，"国内企业公益广告的发布一般是以响应国家号召的多，系统规划的少；针对大灾大难和公共危机的多，日常性的少；带有企业领导人个人色彩和喜好的多，代表企业文化和理念的少"。② 其实公益广告运营同商业广告一样，需要有科学细致的运作策略、富有创意的广告表达。如前文所提到的日本新干线关注上班族健康状况的公益广告《日本，休息吧！》，企业

---

① 伦敦证券交易所的基准股价指数，该指数的成分股为英国市值最大的 100 只股票，占股市成交量的近三分之二。

② 吕朝.《公益时报》总编辑吕朝谈寻找中国的卡耐基[EB/OL].(2004－04－29)[2012－05－17]. http://finance.sina.com.cn/roll/20040429/1916746/42.shtml.

公益广告活动在良好的策略运营下，使公益精神与商业利益得到了完美结合，这充分体现了企业公益广告策略和创意的重要性。

（三）鼓励企业意见广告的发展

意见广告类型的公益广告，虽然传播的是公益内容，但由企业署名，并且所选择的传播主题和表现方式往往同企业本身的品牌传播相关。企业通过此类广告的宣传，可以把自己对某一社会问题的看法、认识公之于众，力求唤起社会公众对企业的认同，树立良好的社会口碑和企业形象。随着企业社会责任意识的增强和企业之间商业竞争更加激烈，将会有越来越多的企业使用意见广告类型的公益广告。特别是目前这种免媒体发布费的企业署名公益广告一旦取消，且政府和社会对企业公益广告行为监管越来越严格，意见广告类型的公益广告在未来会有很大的发展空间。

意见广告类型的公益广告，它不仅没有占用公益广告的资金、媒体资源，而且还是企业自己出资、发布，很好地对公益思想、公益精神进行了传达表现。在企业公益广告还未发展成熟的阶段，政府和社会应着力引导和鼓励意见广告类型的公益广告的发展，从而使得多的企业以更多样化的方式参与到公益广告传播中来。

当下我国企业形象建构的缺失与重构*

——基于企业社会责任理论与实践视角的考察

邬盛根　李迎曦

衡量一个企业的标准，从20世纪80年代开始就已经不再仅看其产品和服务的质量，而是要看它对社会问题、对自然环境的关注度和对此所采取的行动。企业社会责任已经成为公众衡量一个企业的新标准，并将直接或间接地影响企业的生存环境，比如税收优惠政策、人才吸纳等方面。2008年国务院国有资产监督管理委员会出台了《关于中央企业履行社会责任的指导意见》，并专门成立了中央企业社会责任指导委员会；2011年11月国资委明确要求，到2012年年底所有央企必须发布企业社会责任年度报告。而与此对照的是，由于我国发生的一系列企业公共危机事件，社会公众、媒体舆论越来越关注企业社会责任，而是否履行企业社会责任已经成为企业未来发展不同走向的分流岛。迈克尔·波特(Michelle Porter)认为，社会责任对于企业来说，不仅是成本、约束以及慈善活动，还是其提升竞争力、实现创新的重要推手。他将社会责任分为反应型社会责任和战略型社会责任，企业只有将社会责任上升到企业战略层面，才能使自身对社会的积极影响达到最大，同时使收获的商业利益最大化。①

---

* 邬盛根，李迎曦．当下我国企业形象建构的缺失与重构——基于企业社会责任理论与实践视角的考察[J]．广告研究，2014(3)．

① PORTER M E，KRAMER M R. The competitive advantage of corporate philanthropy[J]. Harvard business review，2002，80(12)：56－69.

一、企业社会责任实践与企业形象建构的缺失

一直以来,经营管理实践中追求“经济效益和社会效益相结合”是我国企业比较主流的思维方式,但因为相对于经济效益而言的“社会效益”的内涵和外延的模糊性和笼统性,再加上我国原有体制下政企不分的状况,此思维方式一直在学术界和企业界的研究实践中表现为道德道义层面上的一般表达。2000 年左右,西方“企业社会责任”的概念引入我国,从中国知网搜索有关“企业社会责任”的文献主题和数量可以看出,2006 年之前,研究文献主要针对“企业社会责任”理论概念进行研究与探讨,文献数量每年约在 50 至 500 篇之间;2006 年之后,每年研究发表的文献数量急速增加,每年约 1 000 至 1 300 篇。学术界和企业界有关我国企业的“企业社会责任”实践与评估标准的研究越来越多,甚至有学者将 2006 年称为“中国的企业社会责任运动元年”。“企业社会责任”俨然成为各类学术期刊、报纸甚至社会公众日常谈话交流中高频率出现的热门话题,也渐渐被我国政府和企业广泛认同并积极响应,甚至政府开始鼓励企业向社会公众公开披露企业社会责任履行的信息。据不完全统计,企业社会责任报告数量已从 2006 年的 32 家增加到了 2011 年的 817 家,但从央企 2012 年度已发布的企业社会责任报告总体来看,报告质量优劣不一,很多报告在内容上等同于上市公司年报节选、企业年度总结,慈善捐助、公益业绩的荣誉罗列,在形式上报告披露了信息编制发布标准的不规范、不统一,相关数据指标又缺乏第三方审核认证等。这些现实反映出企业社会责任实践存在着较大的反差和缺失,究其原因主要体现在企业内外两个方面:第一,企业对于社会责任概念认识不足,企业社会责任实践缺乏企业系统和经营决策的支持,大多数是取决于企业决策层的公益取向和个人价值观,企业社会责任实践也常常以“捐赠”的形式出现。从 2012 年

已发布的央企企业社会责任报告来看，慈善捐赠作为一种最简单、最直观的方式被央企广泛采用，但根本没有系统的战略引导，与其企业战略、业务单元或产品品牌不相关，缺乏企业经营基础的企业社会责任形象往往趋同、单薄和表面化，甚至同时存在与企业社会责任相矛盾的违法违规经营行为和危机事件。第二，缺乏企业社会责任的评价、激励和监管机制，企业社会责任实践没有明确具体的方向和规范的行动指南。特别是缺乏政府和社会双效的制度安排，不良企业的经营行为不断试探和挑战消费者及社会公众的底线。特别是近期一些世界知名品牌也在蓄意侵犯我国消费者权益。目前，根据我国《消费者权益保护法》所规定的消费者九大权利评价调查反馈，人身财产安全权、自主选择权、知情权仍然是我国消费者最关注的问题，而知情权、求偿权、监督权最差，其中知情权的争议最为突出。结合中国社会经济发展背景和企业社会责任实践现状，并参照国际标准化组织发布的ISO26000标准体系，我国建立适合我国国情的企业社会责任的具体内涵、层次界定、组织行为规范、评估测量和激励监管体系等内容。

从西方国家和我国企业社会责任的实践变化对照来看，西方国家企业在经历了曲折的企业社会责任“过度活跃”论战之后，企业社会责任的变迁已进入内部规则主导阶段。在这一背景下，西方国家企业开始重视企业社会责任战略的规划，包括公益元素在内的公共性因素在企业中得到越来越多的运用，如善因营销、战略性慈善营销已随处可见。而我国的企业社会责任如前文分析大多体现在社会公共事件的慈善捐助捐赠等行为上，并且是在政府引导下或是带有政府色彩的企业去履行的，表现出非常明显的政企不分的外部规则特征，企业形象只是体现在广告营销传播层面上或慈善捐款等道德意识与行为上。从本质上讲，只有当我国企业社会责任实践由外部规则向内部规则演进时，良好的企业形象基于一个企业内部制度运行的结果，特别是基于企业社会责任理论实践时，企业形象才能具有良好持久的制度保障与动力源泉。

二、企业社会责任的践行逻辑与演化特征

企业社会责任(CSR,corporate social responsibility)的概念来自西方,最早由克拉克(1916)在《改变中的经济责任的基础》中提出。自企业社会责任概念提出之日起,企业有无社会责任的争论就一直没有停止过。关于企业社会责任的理论研究从20世纪60—70年代的“自利”理论框架,到90年代之前的“企业社会表现”框架,再到90年代之后的“利益相关者”框架,最后发展到21世纪以来的“企业社会责任与企业绩效”框架。美国佐治亚大学的卡罗尔教授则具体提出了CSR四层次模型,即经济责任、法律责任、伦理责任和慈善责任。

在西方企业社会责任理论观点形成和实际践行的过程中,我们发现,起初的企业社会责任是企业及企业家类似于公益慈善的心态和行为,完全是一个“外部”问题,并没有和企业经营管理相结合。这一时期甚至还在争论企业应不应该承担经济责任以外的所谓的社会责任。当时的主流观点认为即使企业有企业社会责任,也是追求经济利益最大化。因此,企业履行社会责任的动机虽然不排除内在的公益精神、慈善动机的驱使,但大多数是来自外部因素压力,有社会意识、市场潮流的进步要求,有法律法规方面的强制约束,还有伦理道德方面的无形规范等。自2009年以来,全球范围内包括尊重人权、保护环境、保护劳工权益、社会公益等问题,受到国际社会的普遍认同而不断发展。此时的企业不再以获取利益作为企业唯一的目标,企业社会责任已经成为企业有效的经营理念和行动规范,企业社会责任已被纳入企业的日常经营管理活动中,成为企业竞争力提升的战略性资源。企业社会责任演化逻辑和特征表现在以下几个方面。

（一）企业社会责任从外部约束到内部规划

政府、社会和消费者对企业社会责任的期待是一种社会文明进步的外在要求，企业迫于所面临的经商环境、慈善理念和政府政策引导履行企业社会责任，认为其仅仅是一种应尽义务，或是企业呼应外在期待所做出的一种被动回应。这是所有企业面对履行企业社会责任必经的初级阶段，特别是在我国政府对社会公共资源事务大包大揽和政企职能不分的体制中，社会责任理所应当成为政府职责，对于企业来说只是利润再分配里的公益慈善预算而已。中国 WTO 论坛统计数据显示，2001 年到 2009 年公布企业社会责任报告的中国企业数量迅猛增加，但是开篇列举我国违法违纪的企业事件和企业社会责任报告中仅有慈善捐款等内容，表明我国的企业社会责任要达到一种社会共同认知和企业内部规则主导的境况还有相当长的路要走。我们希望看到越来越多的企业意识到企业社会责任是企业创造差异化竞争优势、可持续追求长期利益的战略投资，是企业形象建构提升的内在观念、动力和机制。

（二）企业社会责任由经济责任到社会责任

对于企业和企业社会责任的定义及其发展解读，卡罗尔（1979）提出了 CSR 四层次模型，即经济责任、法律责任、伦理责任和慈善责任，且四种责任所占比例为 4∶3∶2∶1，强调经济责任的首要性。企业作为经济组织的“自利”动机是一切企业行为的原动力，因此，让企业承担社会责任的理念和行为也自然是从起初的经济利益“一元”驱动逐步到今天“多元”的企业社会责任追求。如前文所述，从西方国家企业社会责任的曲折演化过程我们可以看到，企业社会责任对于企业来说首先是一个有关“自利”和“他利”的观念问题研究，曼德维尔悖论阐述了“恶花结善果”的实现路径；迈克尔·波特则在《企业慈善事业竞争优势》中认为：企业从事公共事业的目标，从表面上看是要博得更多的认同，而实质上则应该专注于公司竞争力的增强。有学者认为这是具有二元性的，即把利益群体和企业利润看得一样重要。也有学者将企业社会责任视为企业潜在的竞争力，如李洪彦认为：企业承担社会责任所带来的长期收益大于承担社会责任的成本；企业承担社会责任符合企业相关者利润最大化的目标实现。因此，当今企业社会责任实践是有层次的，企业社会责任首先必须注重企业利益动机的经济责任和法律责任，在此基础上才能提及伦理责任和慈善责任，并且注重经济效益和社会效益相交汇区域的企业经营管理行为，才具有长期收益最大化的战略性意义，而没有经济责任和法律责任基础保障的企业社会责任是不会长久的。

（三）企业社会责任从结果导向的外部贡献到过程导向的内外价值

在企业经营和企业行为的全方位、全过程中践行企业社会责任，不仅是企业所处的社会舆论、经济伦理、历史文化、道德习俗等环境文化因素不断内化的结果，更是企业自觉将社会责任由外向内逐步纳入企业内部组织制度建构过程中的意识和努力。日本电通研修课程《企业社会责任》讲师、现为吉田秀雄基金会理事长松下隆代子女士在总结企业社会责任时说，将企业的经营活动和社会活动的关系进行企业社会责任转变的阶段性划分：第一阶段，企业的经营活动与社会活动是完全割裂的，先有经营活动再有社会活动，经营结果好了才去做社会贡献，并且投入公共事业的财力和精力是根据企业经营结果所决定的；第二阶段，企业的经营活动与社会活动的关系是同等重要的，企业一般会成立一个专门从事与企业经营管理活动相关的社会责任和贡献职能的部门，在日本电通这个部门叫作“社会贡献部”，从企业内部践行社会责任并被提升到与企业经营活动相同的地位，这并不是一个简单的企业经营管理行为的变动，而是一种企业理念和经营战略的变革;第三阶段,企业的经营活动就是社会活动,企业社会责任理念融入企业组织和制度建设的各个领域,企业从社会责任的角度考量其经营管理行为,并通过企业社会责任实践获得其最大化的利益。可见,企业社会责任是企业从重视经营结果导向的外部贡献,到强化企业社会责任在企业经营管理过程中价值增值导向的责任。

(四)企业社会责任的履行需要企业、政府、社会多元的互动

企业社会责任首先关注的就是企业的利益相关者,即股东、合作者、员工及消费者。在当前市场竞争环境下没有企业是孤立存在和发展的。供应链管理理论更是直接告诉我们,现代企业之间的竞争就是竞争企业所在的产业链之间的市场博弈,因此,市场成败的关键不再仅仅是企业本身经营要素的优化整合问题,而是与企业的利益相关者的共同发展成长问题,企业社会责任更进一步关切到非利益相关者群体的利益诉求等。这些今天看起来非常合理的社会生态理念是否能获得广泛共识,对于企业来说需要经历一个演化的过程,因此,对于企业来讲,企业社会责任理念和实践并不能孤立地要求企业社会责任内部规则的建设和运行,其真正的驱动还需要依赖企业外部建构企业与政府、社会、环境之间超越经济目的的信息交流与互动支持平台,使企业接触社会多种潜在的增长性的优质资源。在日本,由企业发起的公益广告活动常常关注环保、家庭暴力、老年人健康等不涉及经营的社会问题,这些公益广告由社会相关的评价机构评定并公开发布,在社会舆论和消费者市场上产生很好的反馈和长远影响,有利于企业形象的塑造。客观上越来越多的日本企业认识到也体会到履行企业社会责任能够给企业带来的诸多利益,包括市场竞争、品牌建设、企业形象提升、吸引优秀员工、取得公众对企业的信任和降低企业经营风险等。2011 年 Giving USA 发布的年报调查数据显示,美国慈善捐赠 2010 年增加了 100 亿美元,增长了

4%，总额达到近 2 910 亿美元，最大的接收者是宗教组织，占全部的35%（见图 6-8）[①]。可见，企业社会责任履行的内容是非常多元的，因此，我国现阶段的企业不能再将企业社会责任仅仅等同于企业捐赠或者参与公益事业，这样的理解是不全面的，甚至是有害的。

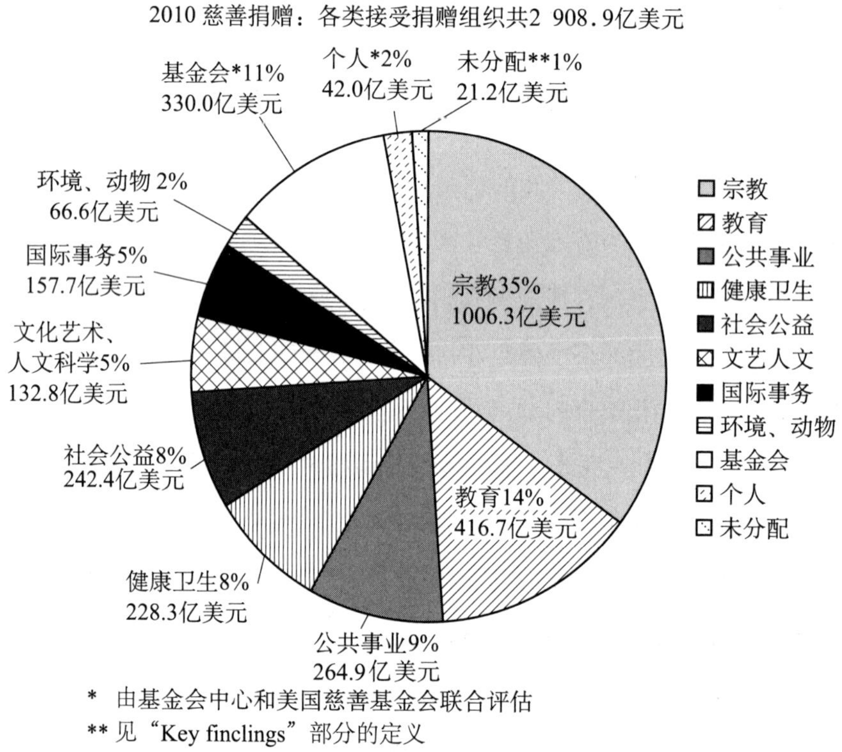

图 6-8　2010 年度美国慈善捐赠接受组织比例图（根据 Giving USA2011 年报整理）

三、企业实践社会责任与企业形象建构的关联分析

企业社会责任理论与实践演化逻辑是分阶段的、多层面的，企业践行社会责任是寻求与社会共生且可持续发展的自主性经营活动，并从外在

---

① 根据 Giving USA2011 年报整理，网址为 http://www.npengage.com/nonprofit-research/giving-usa-2011-report/。

的企业社会责任实践及传播推广逐渐转变到企业经营过程中内化的社会责任机制建设上来。企业社会责任实践本身就是企业形象的建构过程，企业形象不仅是企业个体经营管理行为和活动的结果，也是企业所处的社会舆论、经济伦理、历史文化、道德习俗等环境文化因素内部化的综合作用结果。

（一）企业社会责任实践和企业形象建构在内容上是一致的

从目前国际通行的各种企业社会责任发布标准和披露的信息内容上来看，企业社会责任涉及的领域和内容主要包括环境、能源、公平雇佣、人力资源、社区参与、产品安全、研究与开发、企业的国际活动等，而所涉及的这些领域既是政府和社会以及社会公民非常关心且身在其中的公共领域，也是政府和社会投入大量人力物力来维持和保障的领域，又恰恰是各种企业危机事件易发多发的领域，更是企业形象易损易失需要重点关注的领域，可以说企业社会责任实践和企业形象建构在内容上是一致的，从这个意义上来说企业社会责任就是一种企业形象。因此，企业社会责任是企业自身的可持续发展和社会共生的自主性活动，以期实现企业与社会、环境可持续和谐发展目标以及与之匹配的企业形象。

（二）企业社会责任实践和企业形象建构在形式上是一致的

企业社会责任是一种从经济责任出发逐渐发展到履行法律责任、伦理责任、慈善责任的自主性活动。而企业形象一般包括产品形象、组织人员形象（产品提供者）、文化环境形象等要素，可见，向消费者提供优质满意的产品和服务是企业社会责任实践和企业形象这两种企业自主行为的共同的形式。按照卡罗尔的四层次企业社会责任及以上分析论述，笔者认为，企业的经济责任和法律责任是企业基本的“公共性”责任，企业是独立的经济组织，追逐利润是首要责任，在这里，我们看到了作为经济组织的企业在追求自身利益发展时所面临的社会"公共"问题或者说是"公共"资源，也看到了政府和社会环境对于企业社会责任实践的约束和引导。企业原本的经营管理问题关系到政府、社会和公民个人的和谐发展，任何成功的企业社会责任都是企业内外资源互动协调的系统工程，包括产品、组织、人员、社区、区域市场、社会环境等要素的互动交流，而这些要素也建构了社会公众对于目标企业形象的认知。

（三）企业社会责任实践和企业形象建构在逻辑上是一致的

企业社会责任和企业形象都是从企业自身的利益出发而履行的，企业履行社会责任并不是为了慈善而慈善，企业形象更是企业寻找内在动力的自主性行为，两者都是从企业发展利益出发，逻辑顺序一致，是由内而外发挥作用的经营管理活动，因此，企业社会责任和企业形象具有战略目标的一致性。企业希望通过参与公益树立企业形象，这一商业思维决定其将不断追逐社会热点，关注政府和公众关注的焦点。企业看重的是公共性热点的注意力价值，而以人类价值理性、自由、公平的公共性诉求的公益更加关注全社会整体利益问题，是社会公共精神的内在要求。社会问题的呼吁和解决是长期的，恰好在这一点上企业公益需求与社会公众需求相一致，常态化和经营性的企业公益需求更多情况下是相对于社会"公共性"的回应，或者说是一种政府公益诉求的互动与补充。因此，企业社会责任实践和企业形象建构都是一个企业与社会、政府等因素交互作用的系统工程，往往企业的公益需求只是众多社会公共性问题中的一个。我们看到美国 2010 年慈善捐款占当年美国 GDP 比例的 1.985%，而我国 2011 年慈善捐款占当年我国 GDP 比例的 0.105%，二者相差近 19 倍，[①]这说明我国的企业社会责任无论是从内容体量上还是从履行理

---

① 根据中国民政部网站数据整理，网址为 http://www.mca.gov.cn/article/zwgk/tjsj/。

念机制上都处于初期阶段，也可以理解为企业社会责任层面上政府外部规则的退出和企业内部规则跟进的空间很大，因此，企业社会责任实践和企业形象建构既需要企业战略性规划和长期持续性的投入，也需要政府政策和社会文化、舆论、公益意识等社会环境因素的支持和保障。

四、基于企业社会责任实践的企业形象重构

如前文分析，企业社会责任实践的过程实质就是企业形象建构的过程，以企业社会责任为核心建构的企业内部规则自然成为企业不断履行企业社会责任、建构良好企业形象的动力保障。笔者所提出的企业形象重构是指企业通过企业社会责任的内部规则导入与实践来建构企业形象，而不是指企业危机事件中改变社会公众对于现有恶劣形象认知的公关含义。塔菲尔（Tajfel）的社会认同理论认为，社会认同是由社会分类、社会比较和积极区分原则建构的，其强调积极的社会认同是通过内群体和相关外群体的比较来获得“共同情感和价值意义”的加强及身份“自尊”。李友梅教授提出社会认同是社会成员共同拥有的信仰、价值和行动取向的一种集体观念，强调与利益联系相比，注重归属感的社会认同更加具有稳定性。我们认为企业形象重构应该是一种强调企业形象内生性、企业经济动机合埋性和企业社会责任践行的社会认同过程。结合社会认同理论和企业社会责任内部规则演进要求，笔者从企业角度，对企业社会责任实践中的企业形象重构提出如下分析。

（一）企业社会责任制度化实践保障企业形象的稳定性

很多时候企业公益参与并不是真正出于企业的社会责任和公益战略选择，而是迫于外在的社会关注度和企业形象传播价值。我们应该认识到，企业参与公益，即使是主动积极地践行社会责任也会表现出“应急应

景”的公益宣传，追逐社会短期的热点话题，缺乏对公益资源长期思考和持久性的公益战略。我们看到，单纯追求热点效应的企业公益行为无疑是短视的、外在的，企业只有注重公益资源“占有”的长期意识和内生战略规划才是正确的。

建立企业社会责任的内部控制制度是当前我国企业自身规范管理和风险管控的内在要求，也是企业践行社会责任和促进企业社会责任文化观念形成的制度保障。近期频频发生的产品安全事件暴露出我国企业在企业社会责任内部控制的责任意识、制度建设和执行监管上的不作为或不完善。从企业社会责任角度看，经济责任和法律责任是企业的基本责任，特别是企业遵守法律、道德、伦理等制度底线要求企业承担相应的社会责任，如保护环境、报税纳税、尊重股东、尊重员工、保护消费者利益、尊重社会道德风俗等。这些看上去都是社会外部对企业的要求，实际上内生性才是企业社会责任的意义所在，如同企业的采购、生产、销售、融资、投资等环节一样，企业社会责任的履行将成为企业经营管理的重要环节，企业应就企业社会责任的组织、人员、措施和预算等建立制度、增加投入。因此，企业社会责任的内部制度建设与履行是企业形象重构的源头，是稳定企业形象的根本制度保障。

(二)企业社会责任多元化实践增强企业形象的识别性

践行企业社会责任的过程既是内化的又是外化的，其作用在于提升企业群体的归属感和自尊感。企业从最初唯一的经济责任到担负更多相关利益群体期待的社会责任，有影响力的企业在完成自身经济责任和法律责任的基础上，对相关利益群体和非相关利益群体投以更多的关怀。尽管我国企业在公益营销领域还处于初期捐款、做品牌公益广告等层面，但是在社会公益发展的大前提下，已有企业意识到作为公益的捐助者，不再仅仅是一个捐钱表态的角色，企业可以选择与企业理念更相符的公益领域进行深度合作，充分利用公益行动，使之为企业经营管理与发展服务。比如2012年4月，奇瑞公司呼应由邓飞等500多名记者和国内数十家媒体联合中国社会福利教育基金会发起的爱心公益项目——“免费午餐”，对外宣布凡是在华东地区（上海、江苏）23家奇瑞专营店购买2012版瑞虎新车的客户，专营店将以客户名义向“免费午餐”捐助1个孩子2个月的午餐费用，同时客户有机会参与“瑞虎·虎贲军”车友爱心自驾活动，到山区看望受捐的孩子们，此活动获得了瑞虎车主群体的大力支持和取得了良好的社会影响。在这里我们可以看出，带着某种商业目的所展开的公益营销活动，对参与其中寻求合作的群体、慈善团体和企业以及受助对象等是有效可行的。每一个企业的产品、服务、经营管理和利润都有其独特性，因此，企业社会责任也应该具有差异化，这也是我们不太赞同企业以慈善捐款的方式来履行社会责任的理由之一，这种善因营销成功的关键是公益慈善资源在整合营销传播的过程中“营”造出企业社会责任形象，企业的呼吁能使目标消费群体产生情感认同。因此，企业与公益机构加强合作，丰富公益实践，既满足了企业社会责任实践多元化需求，又增强了企业社会责任与企业经营管理活动的关联性和识别性。

（三）企业社会责任公共性实践提升企业形象的影响力

在新经济、新营销的传播环境中企业竞争已经不是单纯的市场竞争，而是声誉的比拼，企业与社会的关系从某种程度上讲决定了今天企业竞争格局和市场地位。在企业社会责任和企业形象竞争的领域里，商业化和公益化都具有企业战略意义，企业责任也从最初唯一的经济责任到担负更多的社会责任。开放且持续经营的企业在达成经济责任和法律责任目标的基础上，同样对相关利益群体和非相关利益群体投以更多的关怀，这不仅是企业社会责任中慈善责任的价值取向，更是基于社会公共资源建构传播企业形象的公益战略选择。从企业社会责任角度看，经济责任和法律责任是企业的基本责任，超越经济责任的企业社会责任实践有利于提高企业与社会公众、消费者之间的沟通效率。笔者认为企业社会责任的理想状态是：一方面，企业作为践行社会责任的主体，与同社会责任相关联的企业经营管理决策系统，与利益相关群体和非利益相关群体保持着全员、全过程及全方位交互；另一方面，形成政府、社会、第三方机构的社会责任投资①、评价回馈与支持机制，向社会公众传播企业社会责任的理念、文化、形象，直至形成企业社会责任的社会共识。因此，企业应坚持不懈履行其社会责任，接受第三方评估机构参与，增加透明度，强化企业形象公信力，②并且不断推动全社会形成企业社会责任理念和文化共识，提高企业与社会公众、消费者之间的沟通效率和影响力。践行企业社会责任是企业的一种内在逻辑，呼吁更多企业参与践行企业社会责任的"回馈与激励"价值评估与支持机制的建设，企业社会责任应被推崇为我们社会所共识的企业标准和战略性投资，从而我国企业真正实现内外双重驱动的公益自觉。

尽管以上的分析和观点是从企业社会责任的内生性逻辑出发的，但基于企业社会责任实践和企业形象重构的视角，我们还是应该强调企业参与践行企业社会责任的"回馈与激励"价值评估与支持机制建设的重要性。施与受是践行企业社会责任的一种内在逻辑，企业社会责任必将成为未来企业形象竞争中更持久、更具决定意义的战略性投资理念。

---

① 社会责任投资（Socially Responsible Investing，简称 SRI），是一种特别的投资理念，即在选择投资企业时不仅关注其财务、业绩方面的表现，同时关注企业社会责任的履行，在传统的选股模式上增加了企业环境保护、社会道德以及公共利益等方面的考量，是一种更全面的考察企业的投资方式。

② THAO M C. 法国公益广告行业的职业化扶持了第三方产业[J]. 中国广告，2008(2).

独立与激励：我国公益广告运行主导者的创设*

邬盛根　严　密

从西方发达国家到正处于社会转型时期的中国，人们的行为方式逐渐朝着以自我为中心的方向发展。在市场经济的逻辑下人们社会生活的安全感渐渐缺失，食品安全、群体暴力、社会诚信等企业责任事故和公共危机事件频发，面对不断涌现的社会公共问题仅仅依靠政府或市场力量来解决的思路是狭隘的，必须寻求社会“第三力量”①。英国学者保罗·霍普提出了通过建设公共精神文化来实现共同体重建的概念，呼吁社会需要一种超越政府和市场的公共精神的重塑与表达，来培育和引导人们的“公共性”价值观念。公益广告是一种公共传播资源，是公共精神文化的重要组成部分。

一、我国公益广告运行主导者实践与理论争议检视

从1986年贵阳电视台播发我国第一则电视公益广告至今，我国公益广告事业已经走过了整整28年。由政府主导、中央和地方媒体播发的大量公益广告在社会精神文明建设、重大活动、自然灾害及突发公共事件、慈善捐助等方面发挥了重要作用，并积累了丰富的公益事业实践经验和公益成果。2013年因“中国梦”系列公益广告强势发布，被媒体称为“中

---

* 邬盛根，严密．独立与激励：我国公益广告运行主导者的创设[J]．江淮论坛，2014(5).

① 非营利组织被称为第三部门(the third sector)，亦称第三力量，与政府部门(第一部门)和企业界的经济部门(第二部门)，形成三种影响社会的主要力量。

国公益广告元年”。大街小巷随处可见颇具中国特色的公益广告，如以“讲文明，树新风”“社会主义核心价值观”为主题的公益广告不断传递正能量，宣扬积极向上的价值理念。但不可回避的事实是，迄今为止影响我国公益广告发展的瓶颈仍然是我国公益广告最初阶段所出现的问题：政府主导公益、公益广告集中发布、资金匮乏、创意水平低下、商业侵蚀、人才缺乏等。而更大的忧虑是这些问题交织在一起所产生的不良循环：政府公益独大、社会公益乏力。公益广告作为一种公共传播资源的价值乃至社会公信力在无形中降低与流失。

根据中国公益广告网①作品库截至 2012 年 3 月数据统计分析来看，保护生态、交通安全、扶弱助残、社会和谐、反腐倡廉、公民教育、北京奥运和四川依然美丽等二级分类主题内容在各个分类中均居于高位（见图 6 - 9）。目前我国的公益广告多为政府主导或媒体发动，公益广告的主题多与政府的政治经济政策、重大事件、主流意识形态、自然灾害及社会危机事件等相关联，公益广告传播呈现出相对集中统一、应急应景和事件运动式的发布特征，反映出我国公益广告运行实践中主导者单一和缺乏公益广告运行的常态机制。

我国在具体实践和理论研究中没有形成一个有效的公益广告运行机制。公益广告问题理论层面的探讨回应了实践的需要，而公益广告运行机制问题是争议最集中的话题：大多数学者赞成照搬已经成熟的协会模式；部分学者认为社会营销符合双赢的利益，允许公益实行市场化运作；还有少数学者提出与非营利性机构合作的设想，总之学界观点分歧较大

---

① 中国公益广告网是在中央文明办、国家工商总局、国家广电总局、国家新闻出版总署多个关于公益广告宣传工作通知的指示下，由中国广告协会电视委员会主办、广东金长城国际广告有限公司策划执行、北京联合力量文化传媒有限公司提供技术支持的全国性公益网站，是国内首个以公益广告为主体，融合影视、广播、平面、户外立体、动画漫画等多元广告形态的专业性公益门户网站。中国公益广告网建立于 2009 年 5 月，是目前中国可查询的公益广告最多、范围最广、最具有代表性的网络媒介。

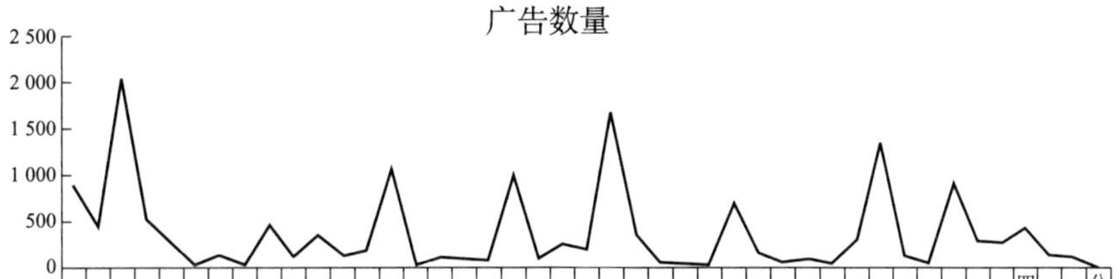

类别	项目	广告数量
环保类	保护动物	883
环保类	保护资源	441
环保类	保护生态	2 029
环保类	节能减排	519
环保类	治理污染	251
环保类	资源再生	23
健康类	心理健康	116
健康类	药品安全	20
健康类	禁毒戒烟	461
健康类	环境卫生	111
健康类	抗疾防病	340
健康类	科学保健	129
安全类	抗灾救灾	174
安全类	交通安全	1 066
安全类	生产安全	33
安全类	食品安全	100
安全类	防火防盗	79
安全类	安全用电	58
功德类	扶弱助残	1 006
功德类	诚实守信	88
功德类	和睦家庭	234
功德类	励志人生	197
功德类	社会和谐	1 684
功德类	行为规范	349
功德类	职业道德	48
社教类	打击犯罪	52
社教类	打非扫黄	24
社教类	反腐倡廉	682
社教类	法制普及	162
社教类	知识产权	39
社教类	政府职能	76
社教类	维护权益	43
社教类	思想观念	286
社教类	公民教育	1 346
企业类	服务企业	112
企业类	生产企业	45
其他类	北京奥运	910
其他类	上海世博	283
其他类	广州亚运	260
其他类	四川依然美丽	417
其他类	和谐广州	137
其他类	民族团结	96
公益组织宣传片		7

图 6－9　公益广告内容详细分类及制作数量

但都缺少深入研究，对此陈辉兴和李振寰都曾做过详尽的归纳。其中代表性观点如下：张敏就公益广告的运作模式多次强调公益广告的繁荣机制来源于第三组织的建立，建议“由中宣部或者中央文明办出面，会同国家工商总局共同设立专门组织‘中国公益广告基金会’，负责沟通和协调党政机关各部门、社会组织、广告代理机构、媒体、企业各界的关系，建立筹集审核计划、吸引管理资金、制定落实规范、保障公益均衡、推进相关活动、组织赛事测评、鼓励学术研究的长效机制，充分发挥公益广告在市场体制中的公共宣传职能”；黄升民否认了众多学者建立公益广告专门管理协会的方式，提出“公益广告最终目的是促进社会进步，而不该去计较是否有商业意图”，但同时黄升民也强调“为了和世界接轨，公益广告是明确的非营利性的”，“我们需要新的概念来界定和推荐我国的公益广告活动”；陈红则认为，“非营利性社会组织能够推动专项公益广告的发展”，非营利性社会组织设置了许多相关领域的公益项目，对我国公益事业的发展做出了巨大的贡献；董文琪主张非营利性组织可以同其他机构展开合作营销，“通过与政府、企业及其他公益组织的合作，达到优势互补、资源共享，最终提高营销绩效的目的”。各学者研究角度不同、观点存在差异，特别是这些讨论公益广告运行机制和主导者的观点交锋为笔者对公益广告机制的系统设计和深入研究提供了基础思路。

笔者通过对我国公益广告运行实践和理论研究两个层面的梳理，发现构建公益广告运行机制的核心问题就是明确公益广告运行主导者的问题，在此笔者仅对我国公益广告运行主导者问题的相关讨论做出检视与补充。

第一，政府主导模式的公益广告运行不利于平衡公益供需矛盾。公益广告传播从中央到地方媒体传播口径统一、主题趋同、集中发布，出现了“突发的繁荣与平日的寂寥”现象。特别是大部分政府发起的公益项目都是应对灾难的救助捐款捐物。然而真正的公益不仅仅是“应急救急”，这完全缩小了公益的内涵，必然导致政府有限的公益投入和无限的社会公益需求产生冲突。特别是在党的十八届三中全会决议进一步明确打造法治政府和服务型政府，公益广告的供需矛盾更加突出。

第二，政府主导模式的公益广告运行不利于社会公益成长。政府主导模式的公益广告运行缺乏市场竞争机制，在公益广告创意、制作、发布等各个环节中，更多的是行政公文式的任务摊派。行政化的公益组织性质从初期对行政的“依赖性”转化为“惰性”，消解甚至失去了公益机构对民生关注与开拓创新的发展意识，导致“自下而上”的公益自发性驱动不足。非营利性公益组织长期的虚弱和缺位，抑制了社会公益健康成长，这也是我国社会长期以来各类公益组织包括官方或非官方机构难以独立承担公益广告运作的制约因素。

第三，政府主导模式的公益广告运行不利于公益资源的可持续发展。政府、媒体和企业的公益投入具有双重动机，或保守或投机，有限的公益广告资本和知本投入导致公益广告运行质量不佳，一是公益广告创意成本投入不足，二是公益广告没有树立“公共传播资源”有偿使用的观念。这种政府主导的公益广告运行从根本上局限了公益广告的公益资源价值和社会贡献，同时商业色彩越来越凸显的公益广告，又一直在消磨与损害公益广告本身的公信力和社会受众的公益认同，动摇了媒体、企业公益投入的信心，恶性循环导致公益资源的双重制约，最终商业与公益失去了相辅相成、共同发展的机会和平台。

二、我国公益广告运行的关系问题与主导者转变

公益广告是为了维护公共利益而进行的传播活动，本质上属于公共产品范畴。西方国家的公益实践表明，非营利组织在本质上有成为公益广告运行主导者的可能，但在我国现有的社会制度下过于弱小的非营利组织无法解决资金困窘的问题和承担最大化利用社会公共资源的责任。面对不断发展的社会问题和社会公益需求，作为政府又不宜取代非营利组织而过多地承担社会责任，因此，以政府为主导者的公益广告运行模式所引发的问题已经成为制约我国公益事业发展的瓶颈。强烈的公益行政化和公益商业化色彩冲淡了公益广告的公共产品本质，政府和企业成为公益广告运行主导者的两个极端而进退两难。

笔者认为想要解决公益广告运行主导者的问题必须厘清以下三个关系问题：一是坚守公益广告的纯粹性与商业性参与的关系问题。由于我国公益广告长期以来由政府主导运行，原本并没有太多关注纯粹性这个问题，但现阶段政府公益逐步退出，引入商业性参与公益广告运行，以解决资金匮乏的问题是必然的趋势。因此，需要在公益纯粹性和商业性参与之间寻求平衡方法，比如运用“公益广告文本纯粹性”概念隔离公益广告商业参与对于纯粹公益的影响，并构建“第三力量”将商业参与的利益动机进行合理转化、激励和监督。二是公益广告运作的专业性与公共性的关系问题。公益广告作为一种公共物品，政府和市场供给都会存在“失灵”，我们必须在公益广告运作的“公平与效率”“竞争与合作”等方面寻求明确的主导者，它既能够促进公益广告运行的专业程度，提升质量水平，

又能够保证公益广告作为公共传播资源得到有序开发、利用和补偿，实现公益增值。三是公益广告运作的中央权威与地方分治的关系问题。公益的内在逻辑是自发的，公益广告运作的真正活力应该源于“自下而上”的社会基础，然而在我国现有体制以及地广人稠、发展不均衡的国情下，我国的公益事业需要多元主体的存在。其中政府又是不可忽略的公共力量，一方面，政府控制着社会公共资源；另一方面，非营利组织独立成长需要一定时间和过程。康晓光、韩恒就提出中国社会是“行政吸纳社会”的观点，即国家和社会不是分离的，更不是对立的，而是相互融合的关系。所以在考虑我国公益广告运行主导者时必须慎重考虑政府要素，合理利用政府资源，包括政府、媒体、企业、非营利组织等各方参与公益广告运行都需要得到激励和监督，如此才能处理好公益广告的地方自治和中央权威的关系，这既关系到公益广告运行主导者组织内部架构问题，又关系到公益广告运行外部制度安排设计问题。

我国公益广告运行“主导者是谁”的分析一直是公共资源治理的问题。目前在我国几乎所有的研究文献和观点讨论对政府主导模式的公益广告运行都持以否定态度，但现实中我国公益广告的政府主导又有着不可否认的现实合理性，也发挥了无可取代的积极作用，更加重要的是，这才是我国公益广告运行问题和现实出发点。如前文分析，我国公益广告运行主导者需要明确的三个关系问题：第一，是研究公益广告运行的纯粹性坚守与商业性补偿问题，这是关系到公益广告运行主导者的组织设计原则；第二，是研究公益广告运行资源的有偿性和增值性问题，这是对公益广告主导者运行环境和公益资源可持续发展的思考；第三，是研究公益广告运行机制的治理结构问题，研究处理好公益广告运行中主体与客体、主体与主体、个体与整体之间的合作竞争、冲突平衡和互动发展问题。那么在现实中作为公益广告运行主导者的政府应该如何遵循这三种关系的现实转变呢？笔者提出如下建议：

第一,从政府主导到政府引导。以我国改革开放的经验来看,政府在转变职能时并不是革命式的彻底转变,而是需要一个逐步改进的过程。政府既要看到在公益广告事业发展中的资源优势,也要有意识地逐步建立“退出机制”,“政府引导”意味着政府需要在公益广告运行上不断简政放权、弱化公益行政色彩,同时需要不断培育社会公益力量,增加对公益广告运行的参与和投资的信心,由区别对待到平等分享“公益广告”优质资源。公益广告运行主导者的多元化才是我国公益广告健康发展的必由之路。

第二,从全面主导到政策主导。从西方发达国家的广告产业来看,大多数公益广告创作都会成为广告创意发展的有机部分,也会因成为整个广告产业发展的一种道德支撑力量而备受社会关注。在我国,公益广告首先得到了政府的重视和投入。我国公益广告的政府主导是一种国家社会体制、历史文化、经济发展水平、企业管理层次等多种因素综合所致的“政府的完全担当”,但同时我们也看到公益广告的公益本质在发展之初就被限定在一定的空间里,并且几乎所有企业层面的公益广告行为都具有非常直接的商业性目的。随着我国政府职能的转变,从全能政府到有限政府“公共性”的理性回归,公益广告发展需要政府从全面主导到政策主导的转变,特别是政府需要通过政策扶持与激励促进公益广告发展。

第三,从利益驱动到社会驱动。商业参与是我国公益广告事业发展和公益广告运行主导者无法逾越的现实问题,从政府政策制定和实施的角度来看,必须首先尊重公益广告主体“利益诉求”。我们发现,功利主义给我们的启发就是,私益有可能成为公益的一个有效路径。曼德维尔悖论非常明确地肯定了企业参与公益行为的“私益”动机所具有的道德正当性,比如说政府在税费制度上给予公益广告主体优惠激励政策。政府通过政府内部放权和向社会分权两种公益政策途径,鼓励各级政府、媒体、企业以及社会力量共同参与公益广告。中央到地方各级政府本身也是利益诉求主体,改变以往从中央到地方各级政府整齐划一、行政文件式的公益广告行为，最终实现从利益驱动公益到社会驱动公益的目标。政府职能转变，实现国家与社会有限均衡的政府"公共理性"，体现在将公共权力分权于社会，并清晰界定政府权力边界和社会及个人权力制约的合法性。公益广告表达公共利益的出发点和最终归宿是社会公益力量的成长，包括非营利性组织和企业等非政府利益组织参与的公益广告，且不断增强所发挥的主导作用。

三、我国公益广告运行主导者分析——"第三力量"

明确公益广告运行主导者是一个公共资源治理问题，矛盾集中在公益广告的纯粹性与商业投资公益的冲突上。奥斯特罗姆在1990年出版的《公共事务的治理》一书中第一次详细阐述了"多中心理论"，即在人类公共领域实现多中心治理体制的可能性。其核心理论认为：在私有化和国有化两极之间还存在着其他可行的方式。作为社会和社区自组织的治理，"多中心理论"是一种"没有政府的治理"，既超越了国家和政府，也超越了市场的"第三条道路"。笔者认为奥斯特罗姆"多中心理论"中的"使用者协会"模式对于解决我国公益广告运行机制现实困境和确立公益广告运行主导者有着一定的启示和借鉴意义，我们需要设计这样一种超越政府和市场的方式，以解决公共资源治理的"第三力量"组织，坚守媒体发布的所有公益广告必须保持绝对的公益纯粹性，也就是说公益广告与商业参与需要保持一定距离。笔者一直呼吁公益广告纯粹性的重要性，既是出于公益内涵的本质规定，又是针对我国目前公益广告价值和公信力资源因商业参与而在流失的现状。诚然，影响我国公益广告发展的主要障碍就是公益广告资金短缺问题，但事实上没有限制的公益广告商业化倾向却是以侵占和损害公益广告资源为代价的，特别是在传统公益视角下，公益广告的商业参与倾向于"将公益为我所用"观念，倡导所谓的双赢策略，似乎是企业支持了公益而留名，社会民众认同了企业而接受其产品，许多成功的公益营销行为都印证了这样的逻辑。但不可否认的是，这同样也直接导致了社会民众开始对企业的公益动机产生怀疑。“第三力量”组织明确以一定形式的商业价值回馈来激励企业公益投入的信心和积极贡献，这就要求清晰地规定公益广告主体的产权边界，回归公益广告运行主导者的独立性。《辞源》中“公益”的定义为“公共之利益，相对于一个人之私利、私益而言”。“公益”强调的是多数人的利益和自下而上的公共性。公益应该是政府、公民在共同的、共识的领域和场景中关注的公共事务，为增进共同的利益，推进社会公正、公平发展而采取的集体性协调行动。尽管我国政府主导的公益广告运行在公益广告资源整合上有着巨大的便利条件，但最大问题也恰恰是作为公益广告运行主导者的政府长期“兼职”的状态和“自上而下”的行政模式，公益运行始终缺乏自发性和独立性，严重扭曲了公益本质和公益活力的社会基础。

奥斯特罗姆的“使用者协会”模式，以政府、媒介、企业、广告公司、其他非营利性公益组织等“使用者”参与形式，实现公益广告资源整合利用的最大化，这种介于政府和市场之间的“第三力量”应有以下特征：

第一，非营利性，包含两层含义：一是必须坚持非营利性，即利润不可分红，再投入以保证公益广告运行（公益广告文本纯粹性）的纯粹性；二是非营利性并不排除市场化经营行为，市场化经营有利于进一步实现组织稳定和提高服务水平，但市场化必须受到监管。据了解，美国非营利组织的市场化经营收入比例高达55%，因为政府资助相当有限，依靠捐助又极其不稳定，所以市场化经营并不是使之功利化，而是将所得利润用于进一步提高服务水平以此实现组织宗旨。

第二，“使用者协会”自主治理模式，即面对公共资源和服务使用中的困境，如何组织使用者团体采用集体行动解决问题，并遵循“谁使用、谁投入、谁受益”的原则。作为公益广告的主导者应是社会各种公益力量的集合体，在此特别强调，这里的“协会”是指具有企业性质的独立性协会，并不是我国现有协会的组织性质，更不是半官方机构。政府以公益广告“使用者”身份而成为组织一员，这恰恰符合我国政府转变职能服务社会的现实主张，也是我国“第三力量”与西方“第三力量”的最大区别和公益广告运行机制设计中的创新点，即政府参与但不依赖政府。

第三，多元主体的多中心竞争格局，即在公益广告运行主导者之间引入竞争机制，只有提供给“使用者”更好的公益服务才能获得更多的公益资源和支持。因此，在我国现有社会体制、人多地广、发展不均衡的国情下，公益事业需要多元主体的多中心竞争格局。

四、我国公益广告主导者的组织实现与运行

笔者提出公益广告运行主导者的“企业型非营利组织”的概念和组织架构设计是借鉴了英国社会企业联盟定义的“社会企业”以及迪斯(Dees)在 2008 年出版的《企业型非营利组织》著作中的同一概念，并有所创新延伸。作为公益广告运行新机制的主导者——“企业型非营利组织”(见图 6－10)，专门从事公益广告资源运行及其商业回报管理，服务于组织成员以及社会的公益需求与发展。

(一)企业型非营利组织的注册、组织形式与业务运行

公益广告运行主导者以企业型非营利组织进行工商登记注册，具有合法性和独立性。作为一个专业从事公益广告资源运营的服务型企业，公益广告运行主导者内部治理结构采用有限合伙制，[①]组织成员包括政

① 有限合伙制是指在有一个以上的合伙人承担无限责任的基础上，允许更多的投资人承担有限责任的经营组织形式。

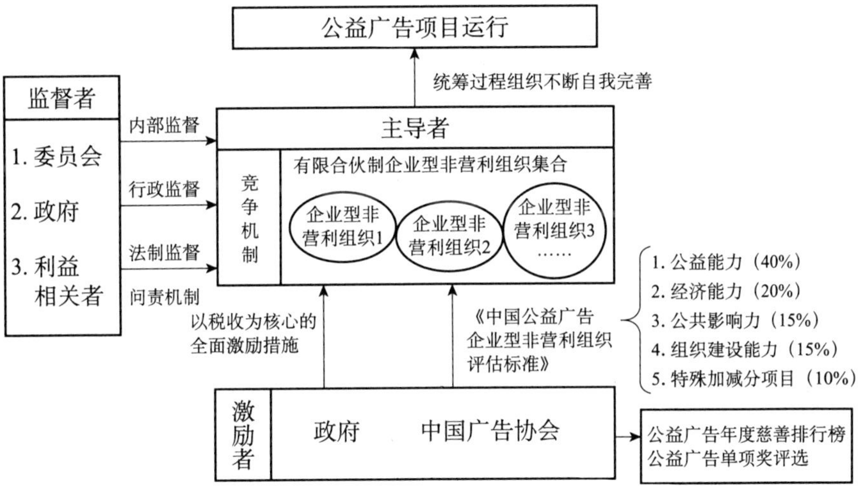

图 6-10 公益广告运行新机制

府、媒体、企业、广告公司和其他非营利性公益组织等。建议使用“XX 公益广告机构”，一般不以“公司或研究会、基金会、协会”等名称，也不建议使用行政区域名称作为冠名，而是以注册商标方式进行组织命名，如“新安公益广告机构、东方公益广告机构”等，以利于日后公益广告主导者之间的跨区域竞争扩张和联盟战略。

公益广告纯粹性在公益广告运行业务中具有绝对意义，即制作和发布的所有公益广告作品均只署非营利组织名称，不得出现任何企业 LOGO 和商业化元素。主要业务包含两个方面：一是公益广告资源的经营业务，全面接受组织成员的公益资源投入和需求代理，为组织成员提供全程专业化的公益广告资源服务。二是公益广告绩效评估与管理。由于在公益广告运行的纯粹性和商业参与之间建立了一道不可逾越的“隔离墙”，组织成员的公益资源投入在公益广告传播发布层面上无法直接体现，因此，组织成员公益广告投入的绩效评估和转化回报管理就显得非常必要，这是保障公益广告纯粹性和商业参与之间隔离又可持续运行的基础。

（二）企业型非营利组织的启动、监督与激励

(1)启动机制:主导者的自我修正和竞争机制的建立。初始阶段建议以广告企业和非营利组织为基础进行摸底排查,采取自愿原则,组织申请、审核和修正,拓展、吸纳各级政府、企业、媒体成为组织成员,尽快形成公益广告运行新生力量和多元主体的多中心竞争格局。

(2)监督机制:运用有限合伙制的协议制度优势加大监管。企业型非营利组织的公益广告运行是对公共资源的占有和使用,从这个意义上讲也是一定利益集团对某种公共资源的经营行为,因此,必须体现出有偿性和补偿性原则,同时其经营管理行为和过程应该受到必要的监督和约束。第一,委员会监督。在有限合伙制组织中主要有两种:一是有限合伙人委员会,类似于公司制组织中的董事会;二是专家咨询委员会,即由有限合伙人所聘用的公共事务、技术、经济、财务等各方面的专家组成,对管理者的行为进行价值评估并实施常态化监督。第二,定期信息披露制度。通常明确规定一般合伙人应定期向有限合伙人提供有关公益广告运行发展情况及其财务状况、发展前景等重大信息。第三,无限责任与退出机制。有限合伙制保留两种风险控制制度:一是一般合伙人作为管理者承担无限责任,从而在一定程度上缓解了其过度冒险的经营行为;二是有限合伙人自主退出机制。

(3)评估激励机制:政府对相关公益事业的财税单列政策和第三方权威"公益"评估给予企业激励和声誉形象价值。依托中国广告协会建立公益广告运行第三方评估体系,如建立"中国公益广告组织的评价标准"和"中国公益广告年度慈善排行榜",这既能为政府税收优惠政策评定、调控和激励措施提供决策依据,又推动和激励了社会各方资源积极参与公益广告运行,促进我国公益广告事业良性发展。

亚当·斯密在《国富论》中提到,当每个人都在寻求自身利益时,每个

要素在市场上的相互作用将会带来整体的社会利益，这正是本文研究的逻辑起点。从公益广告运行视角来看，“使用者协会”模式给中国公益广告运行机制的困境问题带来了启示，即建立包括政府在内多方参与的“第三力量”。同时，“企业型非营利组织”的提出也为我国现有的各种非营利组织的生存、成长和壮大提供了一个有益的探索路径。

附　录

附录一:1971—1991年日本公益广告运行状况资料统计

附录二:1992—2007年日本公益广告运行状况资料统计

附录三:1971—2011年日本公益广告主题比例统计

扫二维码　查看内容

后 记

从多年前一直专注广告学专业教学而浅谈公益广告的旁观者成为一个特别关注公益广告事业发展问题的学习者，公益广告于我个人而言有两件事必须提及，它起到了非常机缘巧合的催化作用，一是2008年我有幸成为教育部与日本电通高等教育合作项目——“电通·中国广告人才培养基金项目”的一名研修员赴日本东京学习广告，其间接触到AC日本一群从事公益广告事务的工作人员，当时就让我联想起来了在国内结识的“格桑花”民间公益项目组织的朋友们，同样展示出那种朴实、低调而令人尊敬的人格魅力，在这个物欲横流的世俗世界里我被深深地感动了，强烈地意识到这就是公益广告传播应该有的责任感和使命担当。二是我从日本回来，在磬苑校区学院的某个周三下午工作例会之后，时任学院分管科研工作的副院长姜红教授提醒我赶紧申报一个广告方向的国家社科课题项目，而那时离国家社科基金项目申报截止日期只剩一周的时间，看到申报指南上有公益广告的题目，我眼前一亮，快马加鞭，填报完毕，待2009年发榜时居然非常荣幸地中标了，特别想借此机会，由衷感谢当年姜红教授有心的那一句“催促”和诸位学界大佬们无私的关照，意外激发了我进一步学习、研究公益广告的热情。一路从此走来，如沐春风，无限感恩。

感谢教育部以及学校学院领导、同事们的鼓励和支持，还有黄埔一期05级广告班一众可爱的同学们簇拥在一起合影留念，感谢时任日本吉田秀雄基金会理事长松下隆代子女士、日本电通(东京)株式会社社会贡献部部长池田京子女士和田子琪老师提供的日本公益广告日文资料。感谢曾亲赴日本东京参与教育部与日本电通广告师资研修项目的各届老师——中南民族大学徐红、暨南大学陈桂琴和东北财经大学王仕军等老师所提供的 2008 年、2011 年广告研修资料和笔记稿，为书稿补充了非常有价值文献资料。感谢我的硕士研究生李迎曦、苏晓艳、王丹、钱敏、胡晓雪、严密、刘尚晶、宁利娟等一直跟随着我，关注研究公益广告问题并撰稿发表论文，感谢我的硕士研究生何花、陶丹丹、王岳桥、黄旭、朱玉等为了完成课题进行了大量的前期文献收集整理和相关调研工作，感谢武大读博期间张金海教授、姚曦教授对我研究公益广告的指导和鼓励，书中的很多观点正是受到两位恩师的影响和启发而成文的。特别感谢铜陵学院钱敏老师团队帮助我完成书稿附录中有关日本公益广告发展历程的图书、影像资料的日文翻译，且分文未取；第六章中的论文作为本人国家社科基金项目的阶段性研究成果已在《中国地质大学学报(社科版)》《暨南学报(哲社版)》《江淮论坛》《中国媒体发展研究报告》《广告研究》等刊物上独立发表，在此谨向以上杂志社及编辑老师一并表示诚挚谢意。

感谢中国广告协会会长、国际广告协会全球副主席张国华先生，北京大学新闻与传播学院陈刚教授，武汉大学新闻与传播学院姚曦教授为本书作序推荐。特别感谢安徽大学新闻传播学院 2017 年拨专项经费支持本书出版，感谢中国传媒大学出版社副社长张毓强教授立项签约合作，感谢出版社张莉莉、裴向敏、钟晓晨三位老师在本书编辑中付出的精力和给予我的帮助，特别是在疫情居家期间裴老师仍不忘编审、协调校对，终于今日闻到墨香，甚为欢喜感谢。

最后特别感谢家人、师友、学生们的陪伴。

感谢公益的繁荣与柔软。

且以长情。

邬盛根

静安　平型关路 615 弄

2021.5.1

图书在版编目（CIP）数据

突发的繁荣与平日的寂寥：中日公益广告运行机制比较研究/邬盛根著．--北京：中国传媒大学出版社，2021.6
（杏坛学术论丛/姜红主编）
ISBN 978-7-5657-2759-7

Ⅰ．①突… Ⅱ．①邬… Ⅲ．①公益广告-对比研究-中国、日本 Ⅳ．①F724 ②F733.13

中国版本图书馆 CIP 数据核字（2020）第 152330 号

杏坛学术论丛
突发的繁荣与平日的寂寥：中日公益广告运行机制比较研究
TUFA DE FANRONG YU PINGRI DE JILIAO：ZHONGRI GONGYI GUANGGAO YUNXING JIZHI BIJIAO YANJIU

著　　者　邬盛根
责任编辑　张莉莉
特约编辑　裴向敏　钟晓晨
封面设计　拓美设计
责任印制　李志鹏

出版发行　中国传媒大学出版社
社　　址　北京市朝阳区定福庄东街 1 号　　**邮　　编**　100024
电　　话　86 10-65450532　65450528　　**传　　真**　65779405
网　　址　http://cucp.cuc.edu.cn
经　　销　全国新华书店

印　　刷　唐山玺诚印务有限公司
开　　本　787 mm×1092 mm　1/16
印　　张　17
字　　数　219 千字
版　　次　2021 年 6 月第 1 版
印　　次　2021 年 6 月第 1 次印刷

书　　号　ISBN 978-7-5657-2759-7/F·2759　　**定　　价**　79.00 元

本社法律顾问：北京李伟斌律师事务所　郭建平